Você conhece esta pessoa?

- ☐ Ele come cereal em uma bacia enorme.
- ☐ O quarto dela parece um depósito de lixo... Nos dias bons.
- ☐ Ela troca de roupa três vezes antes do café da manhã.
- ☐ Se houvesse um Oscar para melhor revirada de olhos, ele ganharia.
- ☐ O esporte favorito dela é responder.
- ☐ Seus fones de ouvido estão constantemente colados nas orelhas.
- ☐ Ela consegue enviar mensagens de texto como um pica-pau maluco enquanto assiste ao seriado na TV, ouve sua música favorita e faz a lição de casa, tudo ao mesmo tempo.
- ☐ Em alguns dias ele acha que vocês, os pais dele, são as criaturas mais idiotas que já caminharam sobre a face da Terra.

Parabéns! Você tem um adolescente em casa.
A vida nunca mais será a mesma (você já sabe disso). Mas pode ser *melhor do que você jamais sonhou*. Eu garanto.

TRANSFORME SEU ADOLESCENTE ATÉ SEXTA

KEVIN LEMAN

TRANSFORME SEU ADOLESCENTE ATÉ SEXTA

Conquiste o respeito, a confiança e o coração de seu filho em cinco dias

Traduzido por LIZANDRA DE ALMEIDA

mundocristão
São Paulo

Publicado originalmente por Revell, uma divisão da Baker Publishing Group, Grand Rapids, Michigan, EUA.

Dados Internacionais de Catalogação na Publicação (CIP)
(Câmara Brasileira do Livro, SP, Brasil)

Leman, Kevin

Transforme seu adolescente até sexta: conquiste o respeito, a confiança e o coração de seu filho em cinco dias / Kevin Leman; traduzido por Lizandra de Almeida — São Paulo: Mundo Cristão, 2012.

Título original: Have a New Teenager by Friday: From Mouthy and Moody to Respectful and Responsible in 5 Days.

ISBN 978-85-7325-712-0

1. Pais e filhos 2. Pais e adolescentes 3. Papel dos pais I. Título.

11–09853 CDD — 306.874

Índice para catálogo sistemático:
1. Pais e filhos: Relacionamento: Psicologia 306.874
Categoria: Educação

Publicado no Brasil com todos os direitos reservados por:
Editora Mundo Cristão
Rua Antônio Carlos Tacconi, 79, São Paulo, SP, Brasil, CEP 04810-020
Telefone: (11) 2127-4147
www.mundocristao.com.br

1ª edição: setembro de 2012
A partir de 2017 esta obra passou a ser
impressa em sistema digital por demanda.

Para meu pequeno *muffin*, também conhecida como Lauren, LB, Lorney, Lorney Beth, a última cria dos Leman a deixar o ninho.

Que seus melhores sonhos se tornem realidade. Eu mal posso esperar para ver o que você vai realizar na vida.

Sua compaixão pelos outros, sua ética no trabalho e sua natureza amistosa e extrovertida — sem falar na sua amabilidade evidente — vão levá-la às alturas. Então voe, meu doce anjo, voe!

Eu amo você,

Papai (e Mamãe também)

Sumário

Agradecimentos

À minha editora, Ramona Cramer Tucker, cuja paixão por desenvolver um relacionamento saudável entre pais e adolescentes é tão profunda quanto a minha, e que é a melhor mãe para uma de minhas adolescentes favoritas, Kayla.

À minha editora na Revell, Lonnie Hull DuPont, que sempre acolhe bem as ideias criativas deste autor caçula. Ela executa um ótimo trabalho ao fazer com que eu "me comporte".

E a Jessica Miles, minha irrepreensível editora de projeto, que não deixa passar um erro.

INTRODUÇÃO

Estou avisando: eles vão ficar ainda mais esquisitos

Você acabou de entrar na era da Grande Metamorfose.

Recentemente eu estava no aeroporto, tirando os sapatos, o cinto e praticamente todo o resto, exceto a roupa de baixo, para colocar numa daquelas bandejas de borracha e em seguida passar pelo posto de controle de segurança. Aconteceu de eu estar levando um exemplar dos meus livros *Transforme seu filho até sexta* e *Transforme seu marido até sexta* — com um elástico em volta — de modo que também os coloquei na bandeja. Depois de ser tocado com a varinha de condão e liberado pela segurança, estava recolhendo minhas posses terrenas, ainda descalço, quando uma mulher atrás de mim exclamou:

— Olha, do dr. Kevin Leman! *Adoro*!

Virei-me na direção dela, que apontava para *Transforme seu filho até sexta* na minha bandeja.

— Ele é tão prático — disse ela entusiasmada. — Ele me ajudou a criar todos os meus filhos.

Sorri.

— Bem, eu o adoro também.

Eu ia deixar por isso mesmo... Até que ela franziu a sobrancelha um pouco, acrescentando:

— Ele está por aí há um bom tempo. Na verdade, gostaria de saber se ainda está vivo.

Achei então que era melhor eu me render. Apontei para o livro.

— Bem, "ele" sou eu.

O rosto dela parecia em choque.

— O senhor está brincando.

— Não.

— Oh, meu Deus!

— E eu ainda tenho uma adolescente em casa — contei-lhe. — Está no último ano do ensino médio. Na verdade, tivemos uma filha quando minha esposa tinha 42 anos e eu 44, e outra quando minha esposa tinha 48 e eu 50.

— Uau — ela balançou a cabeça. — Acidentes.

— Não — disse eu. — São duas filhas ótimas.

Cada palavra era verdadeira.

E, melhor ainda, eu *realmente* estou por aí há um bom tempo, e a boa notícia é que ainda estou vivo! Mesmo tendo sido exposto cinco vezes aos anos de adolescência com meus filhos!

Se você pegou este livro, é porque acabou de entrar na era da Grande Metamorfose, aqueles anos mais que esquisitos, críticos, nos quais seu filho tem idade entre 11 e 19 anos. Chamo-os de *anos críticos* porque o que seu filho faz durante esse período pode afetar o resto da vida dele, e vocês, pais, nem sempre estarão ali para observá-lo por cima do ombro.

5 requisitos para criar adolescentes

- Senso de humor saudável.
- Perspectiva de longo prazo.
- O bom-senso que Deus lhe deu.
- A capacidade de dizer uma vez, sair andando, e não dar bola para o que virá depois.
- Alguns analgésicos... e uma boa soneca.

Não que você realmente *queira* saber todas as coisas que seu adolescente faz. Se você não acredita nisso, pare e pense por um instante. Que histórias você compartilha com seus amigos hoje sobre as coisas loucas que fez quando era adolescente? As brincadeiras idiotas que fez, que fariam sua mãe ter um surto de urticária ou seu pai ganhar alguns cabelos brancos a mais? Coisas que seus pais não tinham a menor ideia de que você fez até anos depois, quando as crises passaram, e vocês todos se tornaram capazes de rir a respeito?

Mas ninguém precisa contar a você que foram anos de grandes mudanças, precisa? A prova está bem à sua frente. Seus bebês preciosos estão crescendo mais rápido do que você jamais poderia imaginar. De repente, as pernas das calças ficaram curtas demais, o apetite é insaciável, os sapatos estão apertados, e a língua não cabe mais na boca. Alguns filhos permitirão que você os abrace até se casarem; outros, que costumavam ser crianças calorosas e meigas, vão, como um zagueiro de futebol americano, afastá-lo com o braço esticado e a mão aberta se você ousar tentar abraçá-los na frente dos amigos deles. E não se esqueça do "olhar", que diz que seu lugar agora é três metros *atrás* de seu adolescente, isso se vocês realmente tiverem de caminhar na mesma calçada. E Deus não permita que você tenha de deixá-lo na porta da escola, onde os colegas dele podem ver que seu carrão não é tão novo assim. Cada adolescente é diferente — faz parte do pacote. Uma noite ele odeia frango, na seguinte odeia lasanha. Saiba que, para um adolescente, nenhum jantar que você preparar será perfeito... mesmo se for o pedido exato que ele fez há uma hora. Isso porque suas preferências e aversões mudam mais rápido que a direção do vento.

Relembre seus próprios anos de adolescência — as roupas que você costumava usar, o estilo de cabelo, as coisas que costumava dizer. Posso me ver agora mesmo quando era adolescente: cabelo com brilhantina penteado para trás, atitude arrogante com A maiúsculo e um cigarro pendurado no canto da boca. Claro, eu era o descolado dos descolados, e sabia disso. Pelo menos era o que dizia para mim mesmo.

Pensar em você mesmo quando tinha entre 11 e 19 anos vai lhe dar perspectiva e senso de humor sobre aquele seu menino que está usando calças que deixam a metade do traseiro aparecendo. Diante de uma moda como essa, só garanta que seu filho tenha umas cuecas *boxer* apresentáveis, porque elas certamente vão estar à mostra para muita gente ver.

Algum dia sua adolescente vai rir de si mesma nas fotos, assim como você tirou sarro de sua própria cara "lá atrás". Ela vai mostrar aos próprios filhos os estilos e ideias idiotas dos quais era adepta. Mas hoje, neste exato momento, ela leva muito a sério tudo sobre seu mundinho. A vida, para os adolescentes, não é algo engraçado. Então, quando você realmente precisar rir dos apuros deles, sugiro que faça isso privativamente, ou pelo menos no canto da cozinha. No mundo de um adolescente, toda espinha é do tamanho do monte Vesúvio. Todo comentário embaraçoso é dupla ou até triplamente embaraçoso. Cada olhar de esguelha ou revirar de olhos de um colega significa "odeio você", ou "você é um mané", e pode arruinar até o melhor dos dias. Momentos de baixo astral significam *muito* baixo astral, e as emoções correm tanto quanto seus hormônios. É por isso que a maioria dos adolescentes vive como se estivesse em uma montanha-russa.

> No mundo de um adolescente, toda espinha é do tamanho do monte Vesúvio.

O melhor que você pode fazer por si mesmo e por seus adolescentes é ter um senso de humor saudável, porque, nesse período, o desenvolvimento deles vai parecer um sismógrafo durante um terremoto — cheio de ondas e linhas rabiscadas. Você precisa ser a linha mais ou menos reta — observe que eu não disse linha reta *perfeita* — sabendo para onde a família está indo. Você é aquele guia estável que os mantém na linha, não o pai helicóptero que paira sobre cada movimento deles. Na verdade, quanto mais você "ficar em cima" durante esses anos encharcados de hormônio, mais provavelmente empurrará seu adolescente para a rebeldia contra você e tudo o que você acredita.

Transforme seu adolescente até sexta vai ajudá-lo a estar ao lado de seus filhos e a confrontá-los, e vai auxiliá-lo a arrumar as malas deles com tudo que vão precisar na vida (coisas como integridade, atitude correta e respeito às pessoas) em casa, na escola e no mundo adulto. Pode ser que seu filho tenha 11 anos. Se for assim, você tem uns bons seis anos ou mais antes de estar diante da porta do quarto de república chorando e dizendo adeus, enquanto ele ingressa na faculdade. Se seu filho tem 14, você tem alguns anos menos. Esse tempo vai desaparecer mais rápido que areia numa ampulheta, então por que não tirar vantagem dele? Esses anos são ótimos, os melhores e mais divertidos com seus filhos... se você compreender a missão que tem e mantiver o equilíbrio enquanto isso.

Esse tempo vai desaparecer mais rápido que areia numa ampulheta, então por que não tirar vantagem dele?

Puxa, como vai ser divertido! Confie em mim. Eu não só sobrevivi como aproveitei totalmente os anos de adolescência de *todos os meus cinco* filhos — e com Lauren, a última no ninho, ainda estou no meio desses anos excitantes. Na verdade, estava sentado à mesa da cozinha trabalhando neste livro, quando Lauren entrou.

— O que você está fazendo, papai? — ela perguntou.

— Quebrando a cabeça com meu novo livro, *Transforme seu adolescente até sexta.*

Lauren me deu uma olhada e disse calmamente:

— Ei, eu quero colocar um *piercing* no nariz com uma correntinha que vai até a boca.

— Não me diga, querida — eu disse. — Hoje à noite vai ter espaguete.

Lauren virou para mim com um brilho nos olhos.

— Humm, papai, que *bom.*

O ponto é: pais, vocês não precisam reagir a tudo. Mantenham o senso de humor. Não transformem um cupinzeiro em uma montanha. Assim, vocês vão poder aproveitar esses anos e garantir a si mesmos muitas lembranças das quais se lembrar e rir como família.

Se você acha que perde toda a influência sobre seus filhos logo que eles se tornam adolescentes, está redondamente enganado. Você ainda está no jogo. Mais ainda, você é o treinador. Sim, o tempo passa e o jogo pode ficar complicado de vez em quando, mas ainda não terminou. Esta é apenas a metade do segundo tempo da vida com seus filhos, e a maneira como o jogo acaba tem tudo a ver com você. Se seguir os princípios deste livro, vai estabelecer autoridade, ganhar o respeito deles, dar-lhes direcionamento e saber o que fazer. Garanto também que você terá um novo adolescente em cinco dias (ou até menos). As atitudes vão mudar, o comportamento vai mudar e o caráter que você realmente aprecia será formado — algo que vai durar a vida toda. Seu adolescente será íntegro, agirá de maneira correta e será um membro respeitoso e colaborativo de seu lar.

O segredo todo está em como você dá as cartas na criação de seu filho. É você quem está com os ases. Você é muito mais importante na vida de seu adolescente do que imagina ou do que ele jamais admitirá (pelo menos até que vá para a faculdade e queira saber como lavar a própria roupa).

O segredo todo está em como você dá as cartas na criação de seu filho.

Como encorajamento adicional para que você se mantenha firme — as recompensas valem a pena! — estou incluindo algumas histórias que chamei de "Funcionou para mim". Elas foram tiradas de relatos de pais entrincheirados, que experimentaram esses princípios comprovados pelo tempo, sobre os quais falei em seminários, no rádio, na televisão, em minhas séries de vídeo e agora neste livro. Hoje esses pais estão sorrindo de orelha a orelha, e logo você também estará.

Se você tem um filho respondão e ranheta na segunda-feira, em menos de cinco dias esse mesmo filho vai entrar em sua sala e dizer: "O que posso fazer para ajudar, mãe?".

Prepare-se para cair de costas.

Apenas certifique-se de estar perto de uma poltrona macia.

Ele costumava ser normal. O que aconteceu?

Essa criatura alienígena não se transformou da noite para o dia. Como fazer os ajustes necessários para a nova vida de vocês.

Você já viu algumas camisetas que as mulheres usam quando estão grávidas? Aquelas que dizem: "Bebê em construção"? Elas sempre me fazem rir, porque vão direto ao assunto. Afinal, o bebê está sendo formado e vai crescendo, mesmo que você ainda não seja capaz de ver seu rostinho de anjo. Aí o bebê vem ao mundo, e você passa os primeiros dez anos interagindo com ele, ensinando, amando e disciplinando sua criança.

Em seguida, vem o que eu chamo de *anos do grupo hormonal* — idades de 11 a 19 — e você é pego de surpresa pela metamorfose da criança em adolescente.

O que aconteceu com seu doce filhinho para ele se transformar na criatura alienígena com a qual você agora convive diariamente? O filho cuja capacidade linguística definhou até se resumir a um grunhido ocasional? A filha ingênua, cuja aparência era tão perfeita que poderia ter sido modelo de comercial de hidratante — "Sinta na pele esta emoção!" — mas cuja cútis agora se adequaria melhor a um comercial da Pizza Hut? Um filho que não quer mais que você o abrace e beije na frente dos colegas e quer que você ande um quarteirão atrás dele? Uma filha que telefona da delegacia por que foi presa após furtar uma loja? Um filho que lhe manda ver se ele está na esquina quando você o proíbe de usar o carro? Uma filha que é profissional em digitar mensagens de texto, bater portas e brigar com a irmã? Um filho que se recusa a ajudar em casa e responde mal quando você o lembra disso — ou, pior, ignora você? Uma filha que costumava ser extrovertida, mas que agora parece triste, chora muito e quer ficar sozinha? Um filho que toma multa por dirigir embriagado e você nem sabia que ele bebia? Uma filha que dorme até as três da tarde todo sábado e depois quer sair com as amigas à noite?

Reagir é fácil. Basta abrir a boca e soltar qualquer coisa antes de pensar. Frases como:

- "Você *nunca mais* vai dirigir de novo. Nunca!" Você é capaz de cumprir essa promessa? E da próxima vez que você estiver preso em um compromisso e precisar que seu filho pegue o irmão caçula na aula de futebol?
- "Fale comigo!" Essa exigência apenas garante que a boca do adolescente vai continuar fechada.
- "Rapazinho, nunca mais fale comigo dessa maneira! Você nunca mais sai de casa!" Mas você realmente está pronto para levar essa afirmação a ferro e fogo, pela vida toda? E quando ele tiver 40 anos e ainda estiver em casa, arrotando e deixando bordas de *pizza* no sofá?
- "Já está na hora de ir para a cama. Sem chance de você sair com seus amigos. Você tem uma montanha de tarefas para fazer em casa primeiro." Mas depois quem vai ter de lidar com o comportamento irritado, as portas batendo e o olhar de ai-que-ódio pelo resto da tarde e noite? Você. Então, quem ganha, afinal?

Reagir é fácil.
Basta abrir a boca.

- "Pelo jeito você está com algumas espinhas. Isso não é nada. Eu também tive, e sobrevivi." Relembre por um momento, pai, o dia em que seus pais lhe disseram a mesma coisa. O primeiro pensamento que veio a sua cabeça foi: "Bem, isso com certeza é útil. Mal posso esperar para seguir esse conselho"? Ou foi mais do tipo: "Uau, eles realmente não entendem nada, né? Vivemos em planetas completamente diferentes!"?

NÃO ESTAMOS NO MUNDO DA VOVÓ

As crianças de hoje estão crescendo mais rápido do que nunca. O mundo delas não é o mundo em que você cresceu, e certamente não é o mundo de sua avó. Seu adolescente está enfrentando questões como cortes e mutilações, drogas, depressão, suicídio, anorexia, ameaças terroristas e um futuro econômico incerto, além de tudo que os adolescentes tradicionalmente já enfrentam há gerações: pressão dos colegas, mudanças hormonais, cada vez mais tarefas escolares, estresses da vida, preparação para o trabalho, preocupação com o ingresso na faculdade ou no serviço militar etc. As taxas crescentes de morte de jovens entre 11 e 19 anos, motivadas por suicídio, embriaguez ao volante e *overdose* de drogas, são um sério lembrete de que boa parte dos integrantes do grupo hormonal de hoje simplesmente está sobrecarregada e não sabe para onde ir.

Eis aqui um pensamento assustador: nos Estados Unidos, uma garota de 17 anos pode fazer o que quiser. Ela pode dirigir um carro legalmente, o que significa ter acesso a muitos lugares aos quais você não quer que ela vá. Ela pode andar com rapazes que você não conhece. Pode beber? Claro. Tudo que precisa é de uma identidade falsa dizendo que tem mais de 21 anos, e é fácil conseguir isso pela internet. Pode usar drogas? Obviamente. Mas minha pergunta é: se os adolescentes *podem* fazer todas essas coisas, então por que muitos *não* fazem? Por que tantos adolescentes escolhem *não* beber, *não* usar drogas, *não* dormir fora e *não* ficar na rua depois do horário combinado?

Este livro é exatamente a resposta para essa pergunta. Veja, atitudes não surgem da noite para o dia; elas se constroem ao longo do tempo.

DE QUE TIPO DE REFORMA VOCÊ PRECISA?

Pai, você já sabe que tem trabalho a fazer nesses anos do grupo hormonal, ou não teria sequer aberto este livro. Evidentemente você quer ver algumas coisas mudarem em sua casa. Mas a primeira coisa que precisa avaliar é o trabalho a ser feito.

Sempre que um empreiteiro faz um orçamento para realizar algum trabalho em sua casa, ele precisa conhecer a natureza do serviço. Ele vai reconstruir totalmente a casa? Vai reformá-la? Arrumar um quarto? Consertar a estrutura que está rachando? Pintar uma parede ou trocar os azulejos do banheiro?

Vamos dizer que você queira transformar um cômodo do sótão em uma sala de jogos. O empreiteiro chega, começa a fazer a estimativa para o que você acha que seria um trabalho bem simples, e então ele percebe que há uma rachadura na viga de sustentação. De repente aquele trabalhinho simples está parecendo muito maior do que você jamais poderia ter imaginado. Por quê? Porque a fundação — a estrutura de sua casa — apresenta problemas. E antes que qualquer outra coisa seja feita, você precisa consertar isso.

Sinais de um adolescente na casa

- A TV só exibe *reality shows*.
- Sua conta do supermercado aumentou 30% este mês.
- São 14h30 de sábado, e você já ouviu a expressão "tanto faz" 59 vezes.
- O vocabulário está abreviado por OMG, KKK, \o/, BJS, VLW.
- Preferências e aversões oscilam tanto quanto uma lâmpada incandescente.
- A palavra "tipo" é usada como conjunção, preposição, substantivo, verbo, advérbio e adjetivo.

Algumas pessoas leem este livro porque sabem que a estrutura está ruim. Seu adolescente está se envolvendo ou já se envolveu em grandes apuros. Outros precisam reformar um quarto ou dois ou derrubar algumas paredes. Alguns de vocês precisam somente de alguns retoques — uma mão de tinta para revitalizar o ambiente.

O que você quer conquistar nos próximos cinco dias? Vai fazer uma reconstrução total, uma reforma parcial ou apenas uma pintura? Se seu adolescente está lhe mandando ir àquele lugar e usando a palavra com F para se relacionar com você, eu diria que você precisa partir para a reconstrução total, porque a atitude dele está dizendo tudo, em alto e bom som. Se seu filho ficou preguiçoso e não quer fazer as tarefas, ou "se esquece" de fazê-las, uma reforma parcial pode resolver. Ou talvez seu filho apenas esteja entrando na adolescência, começando a ficar respondão, tornando-se o sr. Sabe-Tudo, e você não gosta disso. Uma boa pintura nesse estágio provavelmente vai dar conta do recado — e durará anos se você fizer direito.

Você vai fazer uma reconstrução total, uma reforma parcial ou apenas uma pintura?

Para transformar seu adolescente até sexta-feira, você primeiro precisa saber *por onde* começar. Depois, você precisa saber *aonde* quer chegar. Como diz o lí-

Funcionou para mim

Anne sempre foi maria vai com as outras, e isso a colocou em grandes apuros. Quando ela estava com 13 anos, juntou-se a um grupo de garotas mais velhas que fumavam maconha. Essas garotas chegavam a nossa casa dopadas e ficavam lá por horas, bagunçando tudo. Eu não sabia o que fazer, porque não podia impedi-la de usar a droga. (Eu também fumei maconha na adolescência, então pensei: "Quem sou eu para dizer que ela não pode?".) Mas eu não queria que ela se recuperasse do "barato" em outro lugar que não em casa. Então ouvi seus conselhos num programa local de rádio e decidi experimentar.

No dia seguinte, quando Anne chegou em casa com as amigas, eu estava preparada. Pedi a nosso vizinho Kenny para me ajudar, já que sou mãe solteira. Kenny é grandão e realmente parece assustador para quem não o conhece. Depois que Anne passou pela porta da cozinha, ele bloqueou a entrada para que as outras garotas não pudessem passar e depois trancou a porta e permaneceu ali. Anne ficou furiosa e começou a gritar.

Eu lhe disse calmamente: "Suas amigas não são mais bem-vindas aqui". Então me virei e fui andando até outro quarto. Ela me seguiu, gritando e xingando, mas fui para meu quarto e tranquei a porta. Eu conseguia ouvi-la adulando Kenny para que ele deixasse as garotas entrarem. Mas ele havia combinado comigo de se manter firme.

No dia seguinte depois da aula, Anne veio para casa sozinha, muito, muito brava. Quatro horas depois, ela berrou: "Você arruinou minha vida! Agora elas não querem mais falar comigo".

Não respondi, mas sorri por dentro. Eu havia me livrado das pragas indesejáveis de minha casa.

Um mês depois, Anne chegou sozinha e se escondeu no quarto por duas horas. Ela havia recebido notícias bem ruins. Uma das garotas de seu antigo grupo havia acabado de obter licença de aprendiz de direção e estava levando as outras três meninas para andar de carro. Sob o efeito da maconha, chocou-se a toda velocidade contra uma barreira de concreto. As quatro garotas estavam hospitalizadas com múltiplas lesões; uma ficou paralítica.

Não precisei dizer nada. Só abracei Anne enquanto ela chorava.

Anne acabou de completar 15 anos. Ela não fumou mais maconha desde o dia que suas antigas amigas se machucaram. Ontem, quando ela voltou a mencionar o acidente, eu finalmente compartilhei com ela algumas das coisas horríveis que aconteceram comigo quando eu fumava maconha na adolescência. "Eu não quero ver essas coisas acontecerem com você também", disse a ela.

Então minha filha fez algo que eu jamais esperava. Ela me abraçou. Obrigada, dr. Leman, por me incentivar a me manter firme. Não foi nada fácil, mas, uau!, que resultados!

Angela, Nova Jersey

der de renome internacional Stephen Covey, "Comece tendo em mente o fim".[1] O que você quer que seu filho ou filha seja daqui a cinco dias? Você quer um filho com personalidade mas que não seja um personagem? Quer que ele seja respeitoso e obediente? Pretende que ele escolha seus amigos de maneira mais sensata? Deseja que ele se afaste das drogas? Quer motivá-lo a fazer seus trabalhos escolares — no prazo?

Se você sabe o que deseja realizar, é mais provável que consiga. Além disso, se você tem apenas um trabalho de pintura a fazer, talvez tenha um novo adolescente na quarta-feira, se aderir aos princípios deste livro. Mas se você vai partir para a reconstrução total, então definitivamente precisará ir até sexta-feira — e talvez um pouco mais, especialmente se seu adolescente se envolveu com automutilação, anorexia, bulimia, alguma seita, álcool ou drogas, e precisa de ajuda profissional.

> "Comece tendo em mente o fim." O que você quer que seu filho ou filha seja daqui a cinco dias?

Alguns também vão precisar chamar a dedetização. Às vezes você abriga algumas dessas criaturas chamadas insetos em sua casa. O fato de tê-los não é um castigo contra você como dona de casa; eles podem entrar na casa de qualquer um, e frequentemente é o que fazem. Mas quanto antes você se livrar deles, mais feliz será.

Fiz treze comerciais para uma empresa de dedetização em Tucson chamada 5-Star Termite & Pest Control [Controle de cupins e pragas 5 estrelas]. Quando os comerciais foram ao ar, as pessoas que o assistiram riram histericamente. "Sou o dr. Kevin Leman", eu dizia, "e tenho uma esposa, cinco filhos e baratas. Eu estava lá na garagem ontem e vi uma barata de costas — exatamente como eu gostaria de vê-la, a propósito. E logo antes de empacotar, ela olhou para mim e disse: 'O cara da 5-Star me pegou!'".

Mas a verdade é que, para aqueles que têm baratas indesejáveis infestando sua casa (os amigos com quem seu filho está andando e que não são bons para ele), isso está longe de ser uma piada. Vocês, pais, precisam se livrar do problema imediatamente. Isso não significa que não haverá mais problemas adiante, mas os indesejáveis têm de ir embora. Agora mesmo. Às vezes isso significa levar e buscar seu filho na escola, ir a eventos escolares para monitorar o que está acontecendo, dizer "não" para saídas com determinado grupo de amigos, esconder as chaves do carro em algum lugar em que não possam ser encontradas, ou mesmo transferir seu filho para outra escola. Sim, todas essas situações são emocionalmente difíceis e exigem tempo, mas a alternativa é assustadora. Há coisas demais em jogo para você não agir agora mesmo.

Portanto, de que tipo de ajuda você precisa? Um pouco de orientação sobre uma pintura? Um empreiteiro que possa reformar um quarto? Uma equipe inteira de obras? Ou de uma indicação para a dedetizadora 5-Star?

O DESENVOLVIMENTO DA CARNALIDADE

As reações de seu adolescente têm tudo a ver com respeito — o respeito dele por você, e seu respeito por ele. O respeito começa nos estágios mais iniciais da vida e aumenta ao longo dos anos de relacionamento juntos.

A batalha das vontades — o que eu chamo de *desenvolvimento da carnalidade* — geralmente se inicia quando seu filho tem cerca de 18 meses, descobre que tem vontade própria e percebe que pode exercê-la. O que acontece depois desse ponto tem tudo a ver com você, pai ou mãe, porque a atitude e o comportamento de seu filho foram criados no espaço de sua casa.

> A atitude e o comportamento de seu filho foram criados no espaço de sua casa.

A partir desse estágio inicial, é fundamental que vocês, pais, escolham suas batalhas com cuidado e que, conforme as situações apareçam, vocês não *reajam*, mas *ajam*. *Reagir* remove você do assento de motorista e o atira para dentro da montanha-russa emocional momento a momento com seu filho. *Agir* permite a você sentar-se, relaxar, dizer coisas uma vez e manter-se firme, permanecendo calmamente no controle, sem se importar com as consequências.

Assim, quando seu pequeno de 2 anos soltou aquela, como você respondeu?

- Você disse: "Oh, Dani, você não devia falar assim. Não é legal. Vou lhe dar mais uma chance de ser bonzinho".
- Você disse: "Rapazinho, você acabou de ganhar um castigo. Fique no canto pelo resto da manhã".
- Você se virou, caminhou para outro cômodo e o ignorou. Depois, quando ele quis brincar com seu brinquedo favorito, você disse: "Não, você não vai brincar com esse brinquedo hoje. A mamãe não gosta da maneira como você falou com ela". Aquele olhar pidão nos olhos azuis tampouco conseguiu demovê-la.

Qual tipo de cena se desenrolou seguidamente em sua casa? Seu filho não se transmutou da noite para o dia nessa criatura adolescente alienígena. Adivinhe quem deu uma força nesse sentido? Seu modo de agir como pai e a maneira de administrar sua casa têm tudo a ver com a pessoa que seu adolescente é hoje.

Veja só o que aconteceu com a primogênita Shannon, aos 3 anos. Quando ela foi teimosa e desrespeitosa na hora do almoço, sua mãe a deixou de castigo. Ela calmamente pegou o cadeirão — com Shannon presa a ele — e o levou para fora da cozinha, no corredor, onde Shannon não conseguia ver a mãe. Esses cinco minutos parecem uma eternidade para a criança que não quer ficar longe da presença materna. Quando a mãe finalmente apareceu, Shannon disse na mesma hora: "Tá bom, mamãe, tá bom".

Atualmente, a Shannon de 12 anos se lembra daquele episódio e ri. "Acho que percebi: 'É, isso não funcionou muito bem'. Eu era uma criança esperta, então nunca tentei novamente. Essa foi a primeira e a última vez que minha mãe me colocou de castigo. Eu sabia que ela estava falando sério e que não voltaria atrás". Hoje Shannon e sua mãe têm um relacionamento muito próximo, edificado sobre o respeito, e elas já atravessaram dois dos primeiros e intensos anos do grupo hormonal.

Compare agora com Jeferson, que tem 15 anos e trata a mãe como se ela fosse a escrava da família. "Cadê meu *short* de ginástica?", ele vocifera um minuto antes de sair para a escola, e mamãe se apressa a encontrá-lo. Quando esse comportamento teve início? Quando Jeferson tinha 3 anos. Mamãe, tentando agradá-lo, permitiu que ele escapasse impune de seus chiliques, e então lhe concedia o que quisesse.

Esses dois exemplos mostram claramente o que eu chamo de "comportamento intencional".

Quantos de vocês usaram a palavra *intencional* hoje? Estou procurando as mãos levantadas aqui... Não vejo nenhuma.

Certo. E quanto a esta semana? Ah, uma mão ali.

E que tal este mês? Mais uma ou duas.

Este ano? Mais algumas.

Intencional não é uma palavra que se ouve muito, mas é importante para você que é pai ou mãe entender o que é *comportamento intencional*. O comportamento intencional está a serviço da pessoa; atende a uma necessidade. Todos nós nos envolvemos nele.

O comportamento intencional está a serviço da pessoa; atende a uma necessidade.

O que é o comportamento intencional de uma criança que tem um chilique numa loja de brinquedos? Um bom palpite seria que mamãe ou papai lhe deram uma dose pequena de vitamina N e disseram "não" para o "eu quero, eu preciso" de 3 anos de idade. A maneira de uma criança de 3 anos dizer "Você vai fazer exatamente o que eu lhe disser para fazer" é dar um chilique espalhafatoso o suficiente para que as pessoas a seis prateleiras de distância escutem e deem uma olhadinha para ver o que está acontecendo.

E o que faz o pai para abreviar o constrangimento com o comportamento da filha? "Tudo bem, tudo bem, vou dar o brinquedo dessa vez. Mas esta é a última vez que compro um brinquedo para você".

A garotinha acabou de ser recompensada por seu comportamento. Ela ganhou um agrado. Não admira que esteja sorrindo de orelha a orelha quando passa pelo caixa com o brinquedo nas mãos. Na mente da criança está registrado o pensamento: "Olha só, isso funciona. Imagine o que mais eu posso conseguir usando esse método".

Adivinhem só o que ela vai tentar da próxima vez? Seu chilique serviu para um propósito. Ela sabe agora que se fizer beicinho, chorar, sapatear ou às vezes até cair em silêncio profundo (isso é controle passivo), ela vai conseguir o que quer.

Toda pessoa desenvolve um "tema de vida" — uma filosofia ou modo de pensar que informa sua maneira de reagir aos acontecimentos.

Toda pessoa desenvolve um "tema de vida" — uma filosofia ou modo de pensar que informa sua maneira de reagir aos acontecimentos. Na verdade, se você conhece o tema de vida de uma pessoa, será capaz de, com grande regularidade, predizer como ela vai se comportar em determinada situação.

Crianças obstinadas aprendem cedo seu tema de vida: "Eu só tenho importância na vida quando domino ou controlo". E são muito boas em exigir e importunar. Tendem a ser muito orientadas a metas, sem se preocupar ou ter consideração por aqueles que ficam entre eles e o objetivo.

Outros temas de vida comuns são: "Eu só tenho importância na vida quando sou notado", "Eu só tenho importância na vida quando outras pessoas me servem", ou ainda, "Eu só tenho importância na vida quando ganho".

Mas nem todos os temas de vida são negativos. Aqui vão alguns positivos: "Eu só tenho importância na vida quando ajudo aos outros e agrado a Deus", e "Eu só tenho importância na vida quando coloco os outros e suas necessidades acima das minhas". A questão é que quando seu filho se torna um adolescente, ele tem um tema de vida muito bem desenvolvido. Ele se vê sob uma ótica positiva ou negativa? É rápido em culpar os outros, ou assume o que faz e aceita a responsabilidade?

Eis o que quero lhe perguntar agora: qual é a natureza intencional do comportamento de seu filho ou filha?

A resposta pode levá-lo à dura conclusão de que está sendo manipulado, emboscado, ludibriado ou usado. E Deus não colocou você neste mundo por nenhum desses motivos. As intenções das crianças nem sempre são boas. Há vezes em que você, enquanto pai, vai precisar enfiar a mão no bolso, tirar o cartão vermelho e dizer: "Foi uma falta. Uma transgressão. É um pênalti". E existem consequências para esse tipo de falha.

Voltemos a Shannon e Jeferson.

Por que Shannon teve um ataque de teimosia e não quis comer sua comida no almoço? Porque ela queria ver quem era o líder da matilha em casa e se havia alguma margem de manobra. Esse tipo de teste é resultado da natureza humana. Mas quando Shannon descobriu que o teste não funcionava, tentou novamente? Não, pois seu comportamento não funcionou. Agora, é claro, há uma grande diferença entre uma criança de 3 anos e uma de 15. Se a de 15 pôde se comportar assim durante 12 anos, esse comportamento estará mais impregnado e será mais difícil para os pais modificá-lo.

> Não seja ludibriado. Você é mais esperto que isso.

Por que Jeferson acha que pode tratar a mãe como escrava? Porque durante todos os anos de seu desenvolvimento, a doce mãezinha pôs o filho no leme da vida, conduzindo seu próprio barco. As necessidades *dele* e os desejos *dele* sempre suplantaram os dela e os de todo mundo. No que diz respeito a Jeferson, ele é o galo número 1 do galinheiro. Por que, então, não deveria ficar na cerca mais alta, cacarejar um pouco e mandar em todo mundo à sua volta? Ele aprendeu como fazer isso, e adivinhe quem ensinou? Sua querida mamãe, que sempre se deixou sobrepujar e intimidar pelo menino menor que um metro de madeira e que agora cresceu e empunha esse metro contra ela como se fosse um taco.

Existe uma razão para seu adolescente estar agindo de determinada maneira. Todo comportamento que ele apresenta tem uma intenção. Se não funcionasse, ele não o usaria. Não seja ludibriado. Você é mais esperto que isso.

TRÊS TIPOS DE PAIS

Cresci em Buffalo, que até hoje é uma cidade operária, localizada no estado de Nova York. Nos idos de 1950, era uma das maiores cidades dos Estados Unidos, conhecida por suas usinas siderúrgicas e por seus cereais. Tenho lembranças vívidas dos enormes silos da General Mills ao longo da costa. Recentemente, andei de carro pela região e ainda pude sentir o aroma do cereal que a empresa produz.

Crescer num estado do oeste nos anos 1950 significava ser abertamente ameaçado quando criança caso se comportasse mal. A principal ameaça era: "Vou

Funcionou para mim

Sempre achei que eu fosse uma ótima mãe. Passava os dias ocupada sem parar, fazendo coisas para meus filhos. Foi preciso que meu pai adoecesse e eu passasse fins de semana cuidando dele numa cidade distante para perceber que havia criado dois moleques mimados (15 e 17 anos), que queriam tudo do jeito deles — e que eu estava permitindo que eles escapassem impunes!

Voltei para casa e havia pilhas de roupa para lavar e cobranças do tipo "onde está isso" e "onde está aquilo". Só quando fiquei sobrecarregada é que percebi que estava fazendo um monte de coisas por meus filhos que eles deveriam estar fazendo sozinhos. O que me pegou mesmo foi quando um deles disse: "Mãe, você disse que ia me ajudar com o relatório de ciências, mas nem estava aqui". O que ele quis dizer foi: "Mãe, estava contando que você fizesse meu relatório de ciências para que eu pudesse sentar meu traseiro e jogar *video game* o fim de semana inteiro".

Então decidi praticar a palavra "não" — uma dica sua. Disse "não" para tudo nos três dias seguintes. No início meus filhos ficaram chocados, depois enraivecidos e, por fim, confusos. Meu filho tirou F no relatório de ciências e acabou em duas aulas de recuperação depois do horário por isso. Ele voltou a pé para casa os oito quarteirões porque avisei que ele teria de vir por conta própria. Nem sequer peguei meu celular quando ele ligou para tentar me convencer a mudar de ideia. Minha filha usou uma camiseta que odiava para ir à escola, já que era a única camiseta limpa que havia. Depois disso, lavou um montão de roupas sozinha.

Meus filhos são obstinados, e sei que as batalhas estão longe do fim. Mas também sei que fui eu quem permitiu que eles se tornassem egoístas, já que tolerei o comportamento deles (meu marido trabalha do outro lado do oceano durante parte do mês). Chega. Finalmente estou me impondo, e estou me sentindo muito bem!

Karissa, Michigan

mandar você para o padre Baker". Padre Baker era um sacerdote, homem notável que havia fundado um lar para crianças órfãs rebeldes antes de sua morte precoce, no início dos anos 1900.

Certo dia meu primo de 7 anos respondeu para a mãe. Ela colocou algumas roupas numa caixa de papelão, pegou-o pela mão e mandou que se sentasse no meio-fio. "O padre Baker está vindo buscá-lo", ela disse. Em seguida, entrou em casa e trancou a porta.

Horas depois, meu tio, que era leiteiro, chegou em casa do trabalho e viu seu filho sentado no meio-fio, chorando.

— Você foi insolente com sua mãe, não foi? — perguntou meu tio.

— Sim — disse meu primo entre lágrimas. — E estou esperando o padre Baker vir me buscar.

Meu tio, que tinha pós-graduação em sensibilidade, disse ao pequeno:

— Bem, não tem como errar. Ele dirige um grande caminhão preto.

Então ele entrou na casa e fechou a porta.

Como os tempos mudaram! Compare esse cenário autoritário com os pais permissivos de hoje: "Henry, você poderia desligar a televisão para que eu possa me concentrar na sua lição de casa?". Ou, "Você ainda não decidiu ir para a cama?".

Extremos nunca são bons para ninguém, e isso inclui adolescentes.

Se você quer transformar seu adolescente até sexta-feira, as regras devem mudar — sem aviso prévio. E para começar é preciso identificar que tipo de pai ou mãe você é e como escolheu se relacionar com seu filho no passado.

O que você quiser, querido

Tudo que Maureen queria era ter uma casa feliz. Ela havia crescido num lar infeliz, com os irmãos brigando constantemente. Seus pais se divorciaram quando ela estava com 13 anos. Então, quando Maureen teve seus próprios filhos, sua filosofia de vida se tornou: "Será que não podemos todos nos entender?" e "Relaxe e seja feliz". O problema é que Maureen estava se consumindo por ser a mártir exausta da família, tentando fazer tudo por seus filhos.

Pais do tipo "o que você quiser, querido" são aqueles para quem vale tudo. Há poucas diretrizes e limites na casa, e ninguém se sente seguro porque as regras do jogo estão sempre mudando. Pais permissivos podem dizer: "Não, não vamos pegar um café no *drive-through* do Starbucks esta manhã", mas na sequência, depois das súplicas e apelos dos passageiros, o que acontece? A caminhonete segue direto para o Starbucks e pede leite com chocolate branco em copos grandes! Hum, engraçado como os carros fazem isso às vezes sem a ajuda de seus donos.

Pais do tipo "o que você quiser, querido" querem que seus filhos sejam felizes. Mas, como costumo dizer, "um adolescente infeliz é um adolescente saudável". Quando foi a última vez em sua vida que você esteve feliz 24 horas por dia? A vida atira bolas com efeito, e quanto mais rápido seu filho ou filha se acostumar a elas, melhor. Amortecer seu filho contra os impactos da vida e aplainar sua estrada são atitudes que não trarão nenhum benefício a você ou a ele. Esse tipo de atitude transmite a seu filho a seguinte mensagem: "Olha só, a mamãe faz qualquer coisa por mim. Vou jogar um ossinho para ela, me sentar e vê-la ir buscar!". Esse certamente não é um relacionamento baseado no respeito. Na verdade, isso torna sua posição, pais, ridícula aos olhos de seu adolescente. O valor que ele atribui a vocês despenca.

Pais permissivos também fazem de tudo para ser amigos dos filhos adolescentes. Deixe-me ser franco. Você realmente acredita que sua adolescente quer que você pareça descolada, usando os estilos mais modernos, mandando mensagens de texto para ela o tempo todo, tagarelando sobre o menino mais bonito e andando por aí com todas as amigas dela na hora do almoço? Sua filha tem muitos amigos potenciais, mas tem apenas uma mãe e um pai. Seu papel é único. Não tente ser algo que você não é.

O que Mikey estava fazendo? Usando sua personalidade poderosa para encher a paciência dos pais.

Quando eu era reitor de alunos na Universidade do Arizona, coordenava a orientação aos pais dos alunos de primeiro ano. Eu era suficientemente idiota para lhes dar o número de telefone de casa e, em razão disso, recebia com frequência ligações de pais preocupados com seus filhos.

— Dr. Leman — dizia o pai, — estou tão preocupado com Mikey. Acabei de receber um telefonema assustador dele. Ele está deprimido, odeia a escola e não tem amigos. O senhor poderia conversar com ele?

Então eu chamava Mikey em meu escritório.

— Michael, como vão as coisas na faculdade? — perguntava eu.

— Bem — ele dizia.

— Gosta do dormitório?

— Adoro.

— Já fez amigos?

— Ah, claro, alguns ótimos amigos.

O que Mikey estava fazendo? Usando sua personalidade poderosa para encher a paciência dos pais. Ao parecer infeliz, ele estava controlando as reações dos pais. E os pais permissivos do tipo "quero que meu filho seja sempre feliz" estavam caindo feito dois patinhos.

Ser bom pai não significa ceder às demandas dos jovens, ou cair nos "ai de mim" e tentar facilitar as coisas para eles. Se você foi um pai permissivo no passado, agora é hora de mudar. Faça seu "não" ser não de verdade, em vez de "bem, talvez, se você se comportar, eu levo você ao fliperama". Se você disser que não vai fazer alguma coisa, não faça. Não abra mão, não importa quanto seu filho implore.

Lembre-se da natureza intencional do comportamento de seu filho: ele faz o que está fazendo porque funcionou anteriormente. Se você parar de ceder, o comportamento insistente dele não vai mais funcionar, certo? Se você quer transformar seu adolescente até sexta, não pode recuar. Mudar de ideia só estimula mais comportamento insistente e atrevido. Porém, manter-se fiel ao plano garante os resultados. Se você sempre foi um pai permissivo, dizer "não" só uma vez provavelmente não será suficiente. Seu filho é esperto. Ele está pensando: "Tudo bem, então minha mãe agora tem esse novo manual de pais. Vai durar alguns dias, e depois ela se cansa. Então eu só preciso ter paciência que as coisas voltam ao normal". Mas, pais, as coisas *nunca* vão voltar ao normal em sua casa se vocês quiserem um normal novo e melhor. Quando seu "não" continua não, seu filho inteligente vai entender a jogada em uns dois dias.

Ceder aos filhos é fácil, mas será um desserviço para você e para seu adolescente em longo prazo. Permitir que o adolescente responda com grosseria só estimula a rebeldia. Com isso, seu filho vai achar que você é tão ingênuo que ele pode manipulá-lo da maneira que quiser. E, acredite em mim, ele vai tentar. É por isso que você, pai permissivo, precisa endurecer.

Simplesmente diga não. Sei que você consegue.

É do meu jeito ou rua

Mitch dirigia sua casa como se fosse um campo de treinamento militar, apesar de nunca ter estado no exército. Ele esperava que os filhos se dobrassem a seus desejos e raramente permitia que tivessem opiniões próprias. Assim que chegava em casa depois do trabalho como supervisor de uma fábrica, começava a vociferar ordens do que precisava ser feito. Se os três filhos não se atirassem às tarefas imediatamente, as consequências eram duras. Ficar em casa era um castigo típico; pelo menos um dos dois adolescentes ficava preso todo fim de semana.

> Mitch dirigia sua casa como se fosse um campo de treinamento militar.

O que Mitch estava dizendo com esse comportamento? "Sou melhor, maior e mais velho que vocês, eu tenho todo o poder". O pai em particular está propenso a cair nesse estilo de criação. (A mãe tende a cair no estilo de criação permissivo, especialmente se tenta fazer um contraponto ao pai ou se sente culpa pela ausência paterna.)

Pais autoritários como Mitch acreditam que os filhos devem ficar calados e que as opiniões deles não interessam até que tenham crescido. Esse tipo de pai tem a necessidade de estar no controle, de exercer sua autoridade. Geralmente há uma divisão entre o pai autoritário e o resto da família (com a mãe incluída), já que um dá todas as ordens e os outros não têm voz sobre o que acontece no lar.

No entanto, métodos autoritários — "Faça o que eu disse porque é seu dever e eu não aceito de outra forma" — só resultam em rebelião total. E é um pensamento assustador para qualquer pai pensar que alguém de 14 ou 16 anos pode se rebelar abertamente se quiser. Se você despeja seus desejos sobre sua filha com um tratamento "é do meu jeito ou rua", não se surpreenda se ela cair fora assim que tiver condição legal — ou até antes.

Mitch só acordou quando sua filha Justine, de 15 anos, fugiu de casa com um jovem que ela pensou que a amava. Três meses depois ela foi localizada pela polícia — com os braços perfurados com marcas de agulha e o corpo machucado pelo tratamento brutal do namorado de 18 anos. Justine havia apenas trocado uma figura autoritária por outra.

Hoje Mitch é um homem transformado, que está se esforçando muito para ser o pai que seus filhos merecem. Mas ele jamais poderá voltar o tempo para antes do que aconteceu a sua filha, e terá de viver com a tristeza e a culpa pelo resto da vida.

Pais do tipo "é do meu jeito ou rua" costumam vir eles próprios de famílias estritas e tradicionais. Em geral eles não tinham voz em casa quando estavam crescendo. Outras vezes, tratam-se de indivíduos complicados que precisam controlar os outros a fim de se sentirem bem consigo mesmos. Existem casos ainda em que indivíduos de fé interpretam mal as palavras da Bíblia sobre submissão. Para estes a submissão é algo aplicável apenas a mulheres e crianças, e os homens não têm outra responsabilidade além de tiranizar a família. Muitas vezes pais autoritários debatem-se com questões de raiva. A família tende a andar na corda bamba, na esperança de não irritar o papai. Se seu adolescente é irritado, dê uma olhada em volta. Onde ele aprendeu esse comportamento? Algum dos pais é autoritário? Se sim, o pai ou a mãe precisa colocar um freio na própria raiva antes de esperar mudar a raiva do filho.

Pense da seguinte maneira. Fazer suas necessidades é normal. Fazer suas necessidades no *shopping*, diante das pessoas, vai levá-lo à cadeia. Da mesma forma, o problema está no uso errado da emoção natural da raiva. Alguns pais e alguns filhos vão fustigar um ao outro com a raiva do mesmo modo que algumas pessoas fustigam bebês focas. Se isso é o que está acontecendo em sua casa, é preciso que pare — imediatamente.

O lar deve ser o lugar no qual cada membro da família recebe incentivo e assume responsabilidades, um local em que as questões são discutidas e resolvidas à mesa do jantar ou em uma reunião familiar, e onde a opinião de todos é respeitada. Se você tem sido um pai autoritário, não tem só um servicinho de pintura na sala de estar da família. Será preciso fazer um trabalho estrutural, e tudo começa com você. É necessário que você mude completamente a forma como pensa e age em relação a seus filhos adolescentes. Em vez de vociferar ordens, diga simplesmente: "Aposto que sua mãe adoraria se cuidássemos da louça hoje à noite. Se você lavar, eu enxugo". Então observe o queixo de sua filha cair. Ela provavelmente correrá para pegar um termômetro e verificar se você está com febre. Isso porque pais autoritários são ótimos para obrigar os outros a realizar os serviços domésticos — enquanto eles ficam numa boa.

Quando seus filhos são pequenos, você pode conseguir se dar bem com o estilo autoritário de paternidade. Afinal, você é maior e mais forte; pode obrigá-los a se comportar. Mas agora que eles estão caminhando fisicamente para a idade adulta, os mesmos métodos de "vou fazer você fazer" não funcionam. Seu filho de 1,90 metro pode, na verdade, ser maior que você.

No momento em que seu filho completar 18 anos e sair de casa, ele fará o que quiser. Ele não estará mais sujeito a sua supervisão estrita.

Pais autoritários não sabem como reagir quando o adolescente começa a ter as próprias ideias e opiniões, quando o filho quer viver de outra maneira. Então, procuram bloquear o jovem, tentando anulá-lo para mantê-lo sob controle.

O principal papel do pai não é controlar os filhos, mas sim incentivá-los e colaborar com eles, tendo em vista um longo caminho e uma realidade ampla. Quanto mais velhos forem os adolescentes, mais eles terão ideias e opiniões próprias. Se, em vez de achar que suas ideias são sempre as únicas e as melhores, você levar seu filho a sério, estará iniciando um relacionamento que ultrapassará os anos do grupo hormonal.

O principal papel do pai não é controlar os filhos, mas sim incentivá-los e colaborar com eles.

Qualquer extremo — permissivo ou autoritário — é perigoso. O equilíbrio compensa muito. Seu papel como pai é treinar seu filho adolescente para ser um membro contribuinte e positivo da sociedade. Se o respeito não tem sido o ingrediente principal de sua vida familiar, agora é hora de começar a incorporá-lo.

Se você é um pai ou mãe do tipo "o que você quiser, querido", comece respeitando a si mesmo a fim de se impor. Diga não... e permaneça firme. Consistência é o nome do jogo para você. Seja pai ou mãe, e não amigo da criança. Respeite seu filho o suficiente para não deixá-lo se tornar um moleque, que acha que pode ter o que quiser quando quiser.

Se você é um pai autoritário, entenda que não é melhor que seu filho. Os dois são iguais perante o Deus Todo-poderoso — vocês simplesmente desempenham papéis diferentes na família. Será preciso muito esforço para pensar antes de falar. "Isso que estou para dizer é encorajador e edificante para meu filho? E quando eu tenho de falar coisas duras, falo a verdade em amor?" Será necessário ainda considerar importantes os pensamentos e ideias de seu adolescente — tão importantes quanto os seus. Respeito é uma via de mão dupla.

Respeito é uma via de mão dupla.

Como os padrões de permissividade e autoritarismo estão arraigados por tantos anos, será necessário muito trabalho para combatê-los. Mas tenha isto em mente: conforme você muda, seu filho muda também. E a medida de sua mudança determina a rapidez da mudança de seu adolescente. A transformação começa com você e com sua própria disposição de reverter as coisas. Sim, você viveu mais e é maior, mas este livro trata de relacionamentos. Você irá tão longe quanto o relacionamento com seu adolescente lhe permitir.

Iguais, mas com papéis diferentes

Acabamos de falar sobre os tipos extremos de paternidade — o *permissivo* e o *autoritário*. Mas a melhor estratégia de criação de filhos é o equilíbrio, quando os pais exercem uma autoridade saudável sobre seus filhos. Pais *com autoridade* acreditam que eles e seus filhos foram criados igualmente. Todos são membros da família, ou seja, ganham e perdem juntos. Nenhum membro da família é mais importante que o outro. Pais com autoridade também sabem que são responsáveis por controlar o termostato da casa. Isso significa estabelecer diretrizes e limites para que todos se sintam seguros em termos emocionais e físicos.

Nenhum membro da família é mais importante que o outro.

O pai com autoridade olha para trás e se pergunta: "Como era o ambiente no local de onde eu vim? Como esse ambiente afeta a maneira como eu reajo hoje em minha casa?". Olhar para trás é fundamental para lidar com essa nova criatura alienígena em sua casa.

Como você foi tratado por seus pais quando era criança? Pais que vieram de lares autoritários em geral não tiveram voz em casa; assim, quando se tornam pais, deleitam-se no papel do sujeito que controla toda a ação do jogo familiar. Mas, ao fazerem isso, muitas vezes se tornam o único jogador, enquanto o resto da família fica à margem, sem de fato entrar no jogo, por causa do medo ou da frustração com as consequências.

Aqueles que vieram de lares permissivos são os que ficam no meio entre pais guerreiros e irmãos. Querem que sua casa seja completamente diferente da que tiveram enquanto se desenvolviam. Mas ceder a tudo é um tiro que sai pela culatra e cria um ambiente estressante, parecido com aquele no qual cresceram, devido à falta de limites.

O pai com autoridade diz: "Sou o pai, você é o filho. Esses são os nossos papéis. Às vezes eu tenho que jogar com as cartas de pai e, quando for assim, não duvide de que jogarei. Mas quero sempre saber o que você pensa e por que se sente de determinada maneira. Quero que haja um diálogo aberto, honesto e respeitoso entre nós. Posso estar errado, e você também. E quando um de nós agir de maneira inadequada, precisamos pedir e receber perdão". Manter as emoções em casa num nível equilibrado tanto quanto possível é algo que o pai com autoridade é capaz de fazer. Claro, haverá vezes em que a temperatura vai subir. Mas o pai com autoridade não permite que se mantenha alta por muito tempo. Pais inteligentes (ou do tipo ARARA) enfrentam a situação, oferecendo a todas as partes a oportunidade de expor seu lado, sempre de maneira respeitosa. Por fim, chega-se a uma decisão sensata que beneficie a família toda.

Seja um pai ARARA

Autocontrole é um grande atributo. Para que seus filhos o tenham, você precisa tê-lo.
Reduza as expectativas negativas. Concentre-se nas positivas.
Atitude, atitude, atitude. É o ás do baralho no jogo da vida.
Reconheça que seu adolescente não é você.
Abra a boca para falar apenas depois de ouvir, pensar e orar sobre alguma coisa.

Pais com autoridade não impedem que os filhos arquem com as consequências de seus atos. Eles deixam que aconteça o que tiver de acontecer. Se seu filho adolescente dá um passo errado, ele deve enfrentar os resultados disso. Certas atitudes sempre implicarão consequências. A vida real no mundo adulto é assim, então que seja também nos anos do grupo hormonal.

Há alguns anos, minha filha Holly foi parada por um policial de motocicleta. Assim que Holly encostou junto à calçada, ele se aproximou do carro. A primeira coisa que ela viu foi um broche dourado com o peixe cristão na lapela dele.

— Oh, uau — ela disse — você é cristão. Eu também sou.

O policial olhou para ela.

— Bem, sim, minha jovem, eu sou. E como você também é, com certeza se dá conta de como é importante para mim lhe aplicar esta multa.

Os adolescentes filhos de pais com autoridade vivenciam as consequências de suas ações. Seus pais não aplainam as estradas da vida, mas também não poupam o encorajamento: "Acredito em você, e sei que fará a coisa certa". Eles oferecem sabedoria, equilíbrio e um local seguro para a discussão de todo e qualquer tópico. Esperam o melhor, de modo que, na maioria das vezes, conseguem o melhor.

Se você tentar executar os princípios deste livro mas permanecer um pai "o que você quiser, querido" ou "é do meu jeito ou rua", nada do que digo aqui vai funcionar. Você não transformará seu adolescente até sexta-feira. Isso porque ele é esperto e saberá que você está simplesmente enrolando. Contudo, se admitir as áreas nas quais precisa mudar pessoalmente e partir para o ataque frontal, você ganhará a atenção e o respeito de seu filho.

ENTRANDO NO JOGO

A tempestade do grupo hormonal irrompeu. Você precisa ter um plano. De repente, seu filho cooperativo e calado se tornou um tigre que você tem de agarrar pela cauda. Ele responde ou desobedece na cara dura. Quando isso acontece pela primeira vez, você, como a maioria dos pais, provavelmente entra em choque. Sente que o modo crise foi acionado.

Bem, deixe-me contar, você não está em crise. Apenas acaba de começar a batalha por ser o pai bom e equilibrado de um adolescente. E, conforme avançarmos por este livro, vai descobrir que o plano de jogo realmente não é complicado. Na verdade, é bem fácil.

Mas os resultados dependem de haver um plano de jogo que seja simples, razoável e dentro de seu alcance. Como dizem aqui nos Estados Unidos, KISS — ou seja, *keep it simple, stupid,* que em português significa "não complica, estúpido". Se essa fórmula funciona para empresas iniciantes que se transformam em companhias multimilionárias, vai funcionar para sua família.

É hora de mudar

Se você quer transformar seu adolescente até sexta, que ajustes precisa fazer em suas próprias atitudes e vida doméstica? Como lidar com a filha que desafia sua autoridade, parece desmotivada a fazer qualquer coisa e está indo em uma direção 180 graus oposta à que você gostaria?

Se ela pede as chaves do carro, você lhe entrega e diz: "Tudo bem, divirta-se. Ah, e se não for incômodo, talvez, digamos, você pudesse me ligar... se você não se importar... para eu saber que está tudo bem, já que você não vai chegar na hora". Pais permissivos, parem imediatamente! Vocês estão mimando a garota, dando desculpas no lugar dela e lançando expectativas negativas em vez de positivas sobre ela.

Ou será que você vai ser um ditador que exige: "É melhor chegar em casa até as 22 horas ou você vai ver. Se chegar 22h01, ficará sem sair pelo resto da vida!". Você estará presente também no primeiro ano da faculdade, quando ela tiver as chaves do carro na mão, nenhuma regra a ser obedecida e nem pai nem mãe em cima dela? O que ela fará então?

Ou você será um pai equilibrado, que exerce uma autoridade saudável sobre sua adolescente, e apenas diz: "Que bom que você vai se divertir com seus amigos. Vejo você quando chegar", porque confia completamente que sua filha vai honrar as orientações da família e chegar em casa em um horário razoável?

Sim, ser um pai equilibrado é arriscado. É muito mais fácil proteger em excesso, passar a mão na cabeça ou tentar controlar os resultados. Mas quando você age assim, não está formando uma adolescente que pensará por si mesma. Estará criando um clone seu, que será controlado enquanto estiver à vista. Mas cuidado quando não estiver!

Observe sua própria atitude

Quando você é pai de adolescentes, é importante não ter "aquele" tipo de atitude. Se tiver, certamente o garoto ou a garota de sua família também terá. E nos anos de adolescência, já há atitudes demais por aí.

A maioria dos pais é movida pela frustração. Eles andam por aí apagando um incêndio e então são jogados bem no meio de outro. E adivinhe quem os está fazendo pular e adorando cada minuto da brincadeira? O poderoso adolescente!

Não importa o que acontecer, você será o pai tranquilo que vai ensinar, pelo exemplo, seus filhos a lidar com o calor. No meio da batalha, você vai se manter calmo, ouvir todos os lados, ser justo e respeitoso com todo mundo, e chegar a uma resolução imparcial para o problema. Parte de uma solução correta significa que você vai responsabilizar o adolescente pelas decisões dele, e fazer isso demonstra respeito. Você está dizendo, com suas ações: "Você fez uma escolha. Quando a escolha é boa, você colhe os benefícios. Quando é ruim, sempre haverá consequências, e elas recairão unicamente sobre seus ombros. Assim, em outra ocasião em que tiver de enfrentar uma situação semelhante, você pode escolher o que fazer. Para mim, você é um jovem esperto e vai escolher com sensatez da próxima vez".

A maioria dos pais é movida pela frustração.

Seja previsível, mas nem sempre

Se você sempre lida com questões de disciplina da mesma maneira (por exemplo, "Vá para seu quarto!") e isso não está funcionando, então vai precisar de um novo plano de jogo.

Grande parte dos pais hoje utiliza — digo isso ironicamente — o temido tempo fora de circulação. Se você acha que isso significa alguma coisa para os adolescentes, pense novamente. Ao mandá-los ir para o quarto, você não os está punindo. Está oferecendo a eles um agradável refúgio por uma noite! Afinal, no quarto há telefone celular, computador, aparelho de som, televisão de plasma e todo tipo de badulaques tecnológicos para mantê-los felizes e ocupados. Eles com certeza não vão se sentir disciplinados com isso.

A maioria dos pais criou os filhos para se sentirem o centro do universo. Não deveria, portanto, ser surpresa para ninguém que um pequeno rebento egoísta e hedonista cresce para se tornar um grande rebento egoísta e hedonista.

> A maioria dos pais criou seus filhos para se sentirem o centro do universo.

Os pais são os maestros da orquestra familiar. Isso é especialmente verdade para a mãe, que é a pessoa-chave. Para a família funcionar, violas, violinos, violoncelos e contrabaixos devem atuar juntos, começando a partir do sinal correto. Esse sinal representa as diretrizes e limites da família, que começam pelo respeito mútuo. Cada instrumento é diferente e desempenha um papel diferente, mas apenas juntos é que podem fazer uma bela harmonia, ou seja, um concerto que soa como um concerto — ou um conserto que funciona como um conserto. Em vez de pensar em *disciplinar* seu filho durante os anos do grupo hormonal, pense mais em *discipular*. Quando você disciplina, sua atitude é: "Ah, não. Eu não posso acreditar que meu filho fez isso. O que vou fazer? Que punição posso inventar que será grande o suficiente para que ele não faça novamente?". Quando você discipula, sua atitude é: "O que posso fazer para ajudar a preparar meu adolescente para viver por conta própria? O que é importante que ele saiba?".

Ser *previsível* em seu discipulado significa que seu filho pode prever que uma ação será tomada se ele sair da linha. A parte *imprevisível* fica por conta do fato de que nem sempre ele será capaz de adivinhar que ação será essa — e que ela virá em um momento inesperado.

Vamos dizer que sua filha fale com você de uma maneira extremamente desrespeitosa num sábado pela manhã. Deixe passar; não crie muito caso. Sua pressão sanguínea não precisa dessa explosão. Mas, no sábado à noite, ela estará louca atrás da chave do carro. Adivinhe onde ela estará? Em seu bolso. Quando sua filha se ressentir por não sair, este será um momento didático.

> A melhor maneira de ensinar autocontrole é permanecer controlado e revelar as consequências da perda de controle.

Mais uma vez, você é quem mantém a calma. Você não berrou de volta quando ela gritou; simplesmente esperou o momento certo. Nove horas depois, quando teve muito tempo para refletir sobre a lição apropriada, você age. Quando sua filha pergunta por que, diga sem rodeios: "Não gostei do que você disse hoje pela manhã. Foi desrespeitoso". A melhor maneira de ensinar autocontrole é permanecer controlado e revelar as consequências da perda de controle.

Então, inteligente pai ARARA, sua filha pode aprender com você o autocontrole. E como você a pegou desprevenida, já que a lição veio horas depois —

quando perder aquele evento significaria muito para ela — acabou por usar a carta da imprevisibilidade no máximo de sua habilidade. Quando sua adolescente só quer saber de manipular e controlar a situação, não é ruim deixá-la perder um pouco o equilíbrio de vez em quando.

Que seu "não" seja não

Isso é especialmente para você, mãe, que tende a ser mais ingênua que o pai. Afinal, muitas mulheres fizeram força para aquele bebê sair por um canal bem estreito; há muito investido no filho. Mas só porque você passou por um sofrimento físico durante o trabalho de parto não significa que deve vivenciar isso com a criança pelo resto da vida.

Que seu "não" seja não. Não deixe que a bajulação, o choramingo ou a gritaria façam com que você diga "sim" quando já disse não. Seu adolescente precisa saber que você fala sério. Só quando vocês dois estão no mesmo patamar de respeito é que podem ter um relacionamento verdadeiramente benéfico aos dois.

Adoro a citação de Louis Pasteur: "Deixe-me contar-lhe o segredo que me conduziu a meu objetivo. Minha força se baseia apenas em minha tenacidade".[2]

Pais, sejam tenazes.

Aumente o valor que lhe é atribuído

Pais, vocês têm todas as cartas desse jogo chamado vida. São vocês que têm os meios para fazer as coisas acontecerem para seu filho ou filha — incluindo dirigir o carro (menciono muito isso neste livro, mas é só porque essa liberdade é bastante importante no final da adolescência), ir à faculdade, ter roupas (limpas, de preferência) para usar etc. Vocês têm as chaves para tudo isso. Do contrário, seu filho estaria indo à escola nu em pelo. Então, quem está enganando quem? Está na hora de dar um passo adiante e ser pai.

O que fazer na segunda

1. Decidir: reconstrução total, reforma parcial ou só uma mão de tinta?
2. Identifique seu estilo de criação:
   - O que você quiser, querido
   - É do meu jeito ou rua
   - Iguais com papéis diferentes
3. Desenvolva um plano de jogo.

O falecido John Wooden, provavelmente o melhor treinador de basquete universitário de todos os tempos, era um homem de fé, sensato, reverenciado por todos na área. Ele foi técnico na UCLA (Universidade da Califórnia em Los Angeles) e, veja que interessante, nunca disse a seu time para ir lá e ganhar o jogo. Ele sempre disse a eles para jogar o jogo da maneira que deve ser jogado.

Essas são palavras sábias para pais também. Não existe "ganhar" no jogo da paternidade. Se você ou seu filho de 13 anos "ganham" uma briga, ambos na verdade perdem. Ser pai nos anos do grupo hormonal tem tudo a ver com obter a cooperação de seu adolescente.

> Ser pai nos anos do grupo hormonal tem tudo a ver com ganhar a cooperação de seu adolescente.

Você faz isso ao ouvi-lo, respeitá-lo, encorajá-lo, tomar o partido dele — e sim, também ao confrontá-lo e responsabilizá-lo. Quando isso ocorre e seu adolescente sabe que você se importa com ele e com o que lhe acontece, o valor que ele lhe atribui aumenta, e você ficará surpreso com o aprofundamento da relação entre pai e filho.

Toda criança precisa de três vitaminas:

- Vitamina E: encorajamento
- Vitamina N: não
- Vitamina C: cooperação

Os inteligentes pais ARARA aprendem a dar cada uma dessas vitaminas na dose certa, a fim de produzir um adolescente saudável e equilibrado.

A jogada vencedora
Seu adolescente mudará na medida em que você mudar.

Conversando com a geração "tanto faz"

Como ir além dos braços cruzados, dos resmungos, do olhar para fora da janela do carro e dos comentários de "tanto faz" para chegar ao coração de seu filho.

Imagine que seu filho de 16 anos está sentado à mesa do jantar certa noite, e ele solta:

— Quando eu tiver 21 anos, vou dirigir um Corvette.

O que a maioria dos pais, naquele frenesi alimentar depois de um longo dia no trabalho, diz?

— Bem, então é melhor você se matar de estudar, pois vai precisar de boas notas para conseguir um trabalho decente e assim poder comprar esse Corvette.

E o que a mamãe diria?

— Oh, me desculpe, querido, mas o que é um Corvette? Uma tia minha tinha uma coisa chamada Corvair. Ou era minha avó?

(Sim, e meu primo possuía um Xô-vete — um Chevette — quando começou a dirigir também.)

Alguém se admira de que esse garoto fique ali sentado pelo resto do jantar, de braços cruzados, e dando um grunhido ocasional à conversa restante, deixando que se desenvolva sem ele? Ele está pensando "Tanto faz!". O jantar, para ele, se tornou um evento do tipo "aguente mais um pouco; logo acaba".

Mas e se, em vez disso, o pai descolado respondesse assim ao comentário do filho:

— Uau, um Corvette. Seria muito legal. Que tipo de Corvette? O comum com transmissão automática ou o ZR1 com seis marchas manuais? E de que cor? Com que opcionais?

O que dizer quando eles reclamam do jantar

ADOLESCENTE: Mãe, frango de novo? Eu *odeio* frango.

MÃE TRADICIONAL CHOCADA E DECEPCIONADA: Mas na semana passada você *adorava* frango. Você comeu quatro pedaços no jantar. Você está sempre dizendo que adora o frango da tia Harriet. É seu prato favorito.

MÃE TRANSFORME SEU ADOLESCENTE ATÉ SEXTA: Querido, o que você gostaria de comer no jantar algum dia da semana quem vem ou da outra? Que jantar seria, para você, o máximo dos máximos?

ADOLESCENTE (assustado): Ah, sei lá. Eu ia querer... hum, ia querer... costelinha.

MÃE: Tudo bem, vou anotar aqui. Costelinha. O que mais?

ADOLESCENTE (ainda assustado com o rumo dos acontecimentos): Hum, purê de batatas.

MÃE: Purê de batatas normal ou com alho?

ADOLESCENTE: Com alho.

MÃE: Legal, já anotei. Algo mais? Algo especial para a sobremesa?

Por que o pai ou a mãe deveriam responder dessa maneira? Porque o adolescente precisa saber que *alguém* em casa se importa o suficiente para ouvir o que ele diz, mesmo se o que ele diz às vezes seja idiota ou mude rapidamente de uma semana para outra, ou mesmo de uma hora para outra. O importante é deixar seu filho com uma impressão diferente, duradoura, de que ele tem muita importância em sua família. Você não gostaria de ser tratado da mesma maneira?

Agora você está *se envolvendo* com seu adolescente, ou seja, nivelando o campo de jogo e revelando que os sonhos, as ideias, os pensamentos e a vida dele têm valor para você, que são um tema interessante de conversa que a família inteira pode compartilhar.

VOCÊ ESTÁ GRITANDO TÃO ALTO QUE NÃO CONSIGO OUVIR O QUE DIZ

Quando um adolescente diz algo ridículo, a maioria dos pais reage. "De onde é que você tirou essa ideia?", dizem eles. "Estou lhe dizendo, isso é muito idiota. Você tirou isso da internet ou algo parecido?"

Em toda conversa com seu adolescente, ou você está abrindo a porta para a comunicação futura ou está fechando seu filho. Se você é o sr. ou a sra. Sabe-Tudo e sempre tem a palavra final, que motivação seu filho de 15 anos pode ter para colocar qualquer assunto em discussão à mesa do jantar? Ele não é tonto. Se tudo o que ele apresenta é bloqueado, ele pensa: "Não vou dizer nada. Só vou matar essa história de jantar em família o mais rápido possível, e em vinte minutos posso voltar a trocar mensagens de texto com os caras". Adolescentes que não se sentem envolvidos com a vida da família — que não acreditam que suas opiniões sejam importantes porque suas ideias, sonhos etc. não são tratados como importantes e nem sequer são ouvidos — vão se tornar calados rapidamente.

Em todos os meus anos de psicólogo, o que mais ouvi de adolescentes até hoje foi: "Meus pais não me entendem". Quando pergunto por que acham isso, eles dizem: "Eles não me ouvem de jeito nenhum. Não respeitam nada do que digo. Não sou importante na vida deles".

O que mais ouvi de adolescentes até hoje foi: "Meus pais não me entendem".

Não é preciso ser cientista espacial para explicar por que temos uma geração de garotos que decidiu não conversar com os pais — mesmo que os pais estejam falando para eles.

Reparou na palavrinha *para*? A maioria dos integrantes do grupo hormonal com quem conversei sente que seus pais gastam 99% do tempo falando *para* eles em vez de falar *com* eles. Ficam dando ordens, dizendo-lhes o que fazer e o que falar, e até dizem como eles devem ou não se sentir. Os pais passam apenas 1% do tempo conversando *com* os filhos sobre os interesses destes e conectando-se a seu coração.

Para simplificar, se alguém ficasse o tempo todo lhe dizendo o que fazer, quando fazer e como fazer, e depois dissesse como você deve se sentir a respeito, qual seria *sua* reação? Especialmente se você não tivesse certeza de que aquela pessoa está do seu lado ou não? Se, na verdade, tivesse certeza absoluta de que a pessoa se colocou contra você e não quer que tenha diversão alguma na vida? Ah, agora você captou a mensagem. Ninguém gosta de ser mandado e desmandado. E o primeiro lugar em que você observa a atitude de um adolescente — antes que saia raivosamente de sua boca — é na linguagem corporal.

Funcionou para mim

Aceitei seu conselho. Fiquei quieta. Parei de forçar meu filho de 14 anos a conversar. Nas três primeiras vezes, quando ele entrou no carro depois da escola, eu apenas disse: "Oi, querido". O silêncio durante todo o caminho para casa era ensurdecedor. Meio estranho para uma conversadora nata como eu. Mas, na quarta vez, ele olhou para mim um pouco confuso e perguntou: "Ei, mãe, como foi seu dia?". Então eu lhe contei brevemente, depois me calei. E então ele começou a falar. Obrigada por me ajudar a descobrir como chegar ao coração de meu filho... mesmo eu estando com a língua esfolada de tanto morder para parar de falar.

Maria, Tennessee

A linguagem corporal é muda, mas pode berrar bem alto mesmo assim. O que sua adolescente está transmitindo — ou não — com a postura, os olhos e os dentes cerrados? Se você quer saber o que sua filha está pensando mas não está falando, confira a linguagem corporal. Ela vai dizer: "Estou desmotivada", "Estou zangada", "Estou magoada", "Não me sinto importante" ou "Estou sobrecarregada". Como ela faz parte do grupo hormonal, essa linguagem corporal pode mudar de um dia para outro, de hora em hora ou até, como um pai me contou, "de minuto em minuto, especialmente com minha garota que acabou de fazer 12 anos!". A linguagem corporal também pode significar: "Por favor, não me interrompa. Tive um dia horrível na escola e estou pensando no que, se é que há alguma coisa, posso fazer a respeito. É como se eu não tivesse controle, e isso me deixa realmente nervosa".

Às vezes sua filha, assim como você, precisa de privacidade e tempo para resolver as coisas sozinha. Tentar persuadi-la a conversar nunca funciona. Ela simplesmente vai grudar mais ainda seus lábios já colados.

Todos os dias sua filha é assaltada pelas pressões de não se sentir boa o suficiente, bonita o suficiente, atlética o suficiente etc. para fazer parte de um grupo. O que ela obtém de você? Incentivo realista, verdade com ternura e empatia? Ou críticas, insultos e "você já deveria saber"?

Ai. A verdade dói, não é?

A má notícia é que você não é perfeito. A boa notícia? Não há um pai ou adolescente neste planeta que seja. Portanto, nivele o campo de jogo para se ocupar de ser pai e criar um relacionamento para a vida toda com seu filho ou filha.

Em vez de censurar seu filho quando ele diz alguma coisa excêntrica, por que não dizer: "Ei, me conte mais sobre isso"? Ou, "Uau, eu nunca pensei assim. E você pensou. Incrível". Ou, "Hum, você parece nervoso... ou desmotivado, talvez". Ou, "Uau, pela sua cara alguma coisa incrível deve ter acontecido hoje". Essas afirmações abrem a comunicação, e você certamente vai obter mais do que um resmungo. É possível até que haja uma conversa fascinante durante os dez minutos de carro até chegar em casa. Melhor ainda, você vai aprender algo sobre a vida de seu filho — e sobre o coração dele.

SALTANDO OBSTÁCULOS

Os pais mundo afora alimentam expectativas sobre os filhos. Alguns querem que eles sejam alunos só com notas A, ou atletas de ponta, ou estrelas musicais. Minha mãe tinha uma grande expectativa: ver o filho conseguir terminar pelo menos o ensino médio (e, pode acreditar, essa era uma expectativa alta em relação ao Kevin Leman de baixo desempenho naquela época). É bom nutrir expectativas positivas em relação a seus adolescentes — acreditar que eles podem ser bem-sucedidos e encorajá-los a tentar.

Mas as expectativas são frustradas quando os pais elevam demais a altura dos obstáculos, de modo que nenhum filho neste planeta pode ultrapassá-los sem cair de cara na areia ou na lama. Esses obstáculos altos demais estabelecidos pelos pais revelam coisas como:

- "Ah, você limpou seu quarto. Sim, eu percebi. Mas da próxima vez..."
- "O que é esse B no seu boletim (quando todas as outras notas são A)?"
- "Você poderia fazer parte de uma banda *pop* se fosse mais esforçado."
- "Bem, você poderia ter se saído melhor. Quando eu tinha sua idade..."
- "Se você praticasse mais, poderia conseguir uma bolsa de estudos no conservatório."

O que esses pais estão dizendo? "Eu levantei esse obstáculo, e estou esperando que você pule sobre ele. E quando fizer isso, vou movê-lo um pouco mais para cima, como acontece nas provas equestres. Então, quando você fracassar, ficarei muito decepcionado e deixarei isso bem claro".

> Minha mãe tinha uma grande expectativa: ver o filho conseguir terminar pelo menos o ensino médio.

De onde você tirou essa ideia? Há boas chances de que tenha tido uma mãe ou pai que insistiram para que *você* pulasse o obstáculo alto. E você odiava ou temia falhar tanto quanto seu filho ou filha hoje. Apesar de ter jurado que nunca faria a seu filho o que seus pais lhe fizeram, você se vê fazendo a mesma coisa. Tudo isso porque o tema de vida que você aprendeu quando criança — "Eu não tenho importância a menos que mamãe ou papai estejam contentes comigo" — ainda está passando por sua cabeça agora que é adulto. Pior, está saindo de sua boca, dirigido agora a seu próprio filho. Velhos padrões não morrem tão facilmente, não é?

TREINAMENTO PARA A VIDA

Uma das tendências atuais consiste em as pessoas terem *personal trainers*. São pessoas que dão o pontapé no traseiro (figurativamente) quando alguém precisa realizar uma mudança na vida e não tem coragem, estímulo ou determinação para fazer sozinho. Você pode ter um treinador de exercícios físicos que o ajude a manter sua porção central em ordem para que não tenha de espremê-la toda vez que for abotoar as calças. Ele o ajuda a levantar pesos, malhar, criar músculos. Ou você pode ter um treinador de vida, que traz alguma ordem ao caos de seus dias e o ajude a se dar conta de seus valores pessoais e prioridades.

Neste livro, você vai se tornar seu próprio *personal trainer*. Todos nós temos algo que queremos erradicar da vida. Normalmente é algo que se desenvolve com base em eventos passados que nos influenciaram. Ou temos um vazio — algo nos falta. Como não tivemos certas coisas quando éramos crianças, estamos determinados a dar aos filhos essas vantagens.

Somos criaturas de hábito. Os acontecimentos passados passeiam por nossa mente, dizendo-nos como nos comportar, o que dizer, como interagir nos relacionamentos.

Mas não temos de ser escravos desses acontecimentos. Quando existe um desejo genuíno de ser diferente, de se comportar de outra forma, *você consegue fazê-lo*. Do contrário, suas maneiras atuais de agir cobrarão um pedágio caro de seu relacionamento. Mas com uma pequena mudança de sua parte e em sua atitude, você verá uma enorme mudança na atitude de seu adolescente. Ele passará de respondão e ranheta para "O que posso fazer para ajudar, mãe?". Espere e verá.

> Com uma pequena mudança de sua parte e em sua atitude, você verá uma enorme mudança na atitude de seu adolescente.

Se seu filho adolescente parece derrotado, se nem sequer tenta fazer coisas novas ou mesmo as que costumava fazer, se tenta ignorar as outras pessoas, dê uma bela examinada em si mesmo. Se você estiver elevando demais o obstáculo para seu filho, estará preparando-o para o fracasso. Ele é esperto o suficiente para saber disso e logo vai se dar conta de que pode ser melhor nem tentar. Ou vai se empenhar tanto que ficará exausto na tentativa de fazê-lo feliz, porque, acredite se quiser, seu adolescente quer agradá-lo. Quando não consegue atingir suas expectativas, sente-se um fracasso. Assim como você se sentiu em relação a seus pais.

Portanto, que tal baixar o obstáculo um pouco (ou muito)? Você estará fazendo a si mesmo — e a seu adolescente — um grande favor. Nos Estados Unidos de hoje há milhões de jovens, em lares considerados "bons", que não estão atingindo todo seu potencial. Isso porque eles têm medo de que, se atingirem, sempre terão de conquistar mais e mais, e a pressão será muito forte. Então, em

Funcionou para mim

Senti um aperto no estômago quando o ouvi falar no rádio sobre pais críticos e perfeccionistas, que elevam demais os obstáculos para seus filhos. Trabalho na construção civil e tive de dar um duro danado para sobreviver, então quero uma vida diferente para meu filho. Sei que tenho sido duro demais com ele. É um ótimo garoto, e merece um pai melhor. Não sou o tipo de cara que pede desculpas, mas pedi. Ele não disse nada. Só ficou ali parado. Não sei o que vai acontecer agora conosco — meu filho e eu não temos tido um bom relacionamento ultimamente — mas sei que fiz a coisa certa. Ore por mim quando pensar nisso.

Josh, Illinois

vez disso, eles se isolam em trincheiras, se entocam e se afastam da família e dos amigos. Mas não precisa ser assim.

Nenhum de nós salta os obstáculos altos da vida o tempo todo; todos erramos uma vez ou outra (ou várias) e acabamos machucados, caindo de boca na areia. Por que, então, alguns dos pais continuam a elevar o obstáculo cada vez mais alto para seus filhos, tornando quase impossível que alcancem o que é esperado deles?

Transformar seu adolescente até sexta tem a ver com comportar-se de uma maneira diferente — até sexta. Mas isso começa com você.

SINAIS DE UM PAI "COBRANÇA"

Você tem um adolescente que:

- Começa projetos e não termina?
- Sempre planeja marcar um gol de placa mas tem dificuldade até para chutar a bola?
- Pode ser o máximo — o destaque — até que algo sai errado, e então desmorona?
- Funciona em etapas — tudo quente, depois tudo frio?
- Sempre precisa de um pontapé inicial?
- Parece melancólico mesmo antes de começar um projeto?

Se é assim, você deveria dar uma boa olhada no espelho para descobrir a solução. Adolescentes seguem o exemplo dos pais. Você "se cobra" o tempo todo?

- "Eu realmente deveria lavar a roupa hoje. Está aí há três dias."
- "Eu não deveria ter feito isso. Agora vou ter que..."
- "Eu deveria ajudar. Afinal, tirei um dia de folga esta semana."
- "Da próxima vez que ele perguntar, eu deveria..."

Se você passa o dia dizendo e pensando nas coisas que deveria ter feito, está desperdiçando a vida. Pior ainda, provavelmente está caindo na armadilha de tratar seu filho da mesma forma:

- "Você deve estar brincando! Você chama isso de bom?"
- "Eu não diria que está limpo."
- "Você deveria ter tirado A."
- "Por que sua lição não está feita? Já era para estar."
- "Eu deveria achar que você cuidaria disso."
- "Você deveria ter se esforçado mais."

Todos os seres humanos odeiam críticas — e mais ainda os adolescentes, que são sensíveis a qualquer comentário sobre eles. Pequenas observações crescem e se tornam imensas na cabeça deles. E com o grupo hormonal, mesmo os pequenos comentários que você faz podem se tornar irritantes, quer tenha ou não essa intenção.

Como a maioria dos jovens faz qualquer coisa para evitar críticas, eles simplesmente se fecham. "Se eu não disser nada, meu pai e minha mãe não saberão nada da minha vida e não vão me criticar".

Evite o "você *deve* fazer" sempre e a todo custo. Essa atitude de fato traz a comunicação entre pais e adolescentes de volta aos trilhos.

Durante esses anos, você precisa encontrar novas formas de comunicar sua aceitação e seu amor incondicional — e também algumas verdades bem ditas quando necessário. Mas nunca, *jamais* use a palavra *deve* com seus filhos. Isso vai bloquear a comunicação toda vez.

AS PALAVRAS INTELIGENTES DE MINHA MÃE

Minha mãe era uma mulher muito inteligente. Ela sabia as palavras exatas de que seu filho caçula precisava. "Ouça e pense antes de abrir a boca, filho", ela dizia. "E diga que está arrependido — com sinceridade."

Palavras sábias, realmente.

Quantas vezes na última semana teria sido melhor que você tivesse ouvido — e pensado — antes de abrir a boca com seu filho ou filha?

Pode ter sido a atitude ou a língua ferina dele que tiraram você do sério. Ou pode ter sido o fato de você ter de lhe pedir cinco vezes para limpar o aquário da tartaruga de estimação dele. Não importa que a maioria do grupo hormonal não pule do sofá e arranque os fones de ouvido do iPod só para ouvir o que vocês, seus preciosos pais, têm a dizer. Eles também não vão parar no meio da mensagem de texto de seu iPhone para garantir: "Claro! Vou começar essa tarefa agora mesmo". Para que isso acontecesse, o mundo teria de parar de girar sobre seu eixo. Na maior parte das vezes você vai ter de lidar com os olhos vidrados e/ou o aceno leve de cabeça, uma vez que eles estão vivendo em um mundo diferente — assistindo a um *reality show*, mandando um torpedo para um amigo ou pensando em algum problema da escola — de modo que a tarefa nem sequer passa em seu radar. É por isso que lembrar o adolescente de fazer as tarefas nunca resulta em nada, a não ser em frustração.

Você pode trabalhar quanto quiser buscando atingir o objetivo de ser um pai perfeito, mas nunca vai chegar lá, pois nós, seres humanos, não somos perfeitos. Mas isso não significa que não podemos ser bons pais.

Parte de ser um bom pai ou uma boa mãe é ser inteligente o bastante para saber quando calar a boca e escutar, e quando os ouvidos de seu adolescente estão prontos para ouvir o que você tem a dizer.

Você vai cometer erros. Haverá momentos em que você vai abrir a boca — e desejar não ter feito isso. O que sairá dela não será bonito, edificante ou mesmo aceitável.

É aí que você faz a coisa certa. Vai até seu filho ou filha e diz: "Me desculpe. Fui precipitado, não deveria ter dito isso. Você me perdoa?".

Seus filhos estão observando o que você *faz*, não apenas o que você diz. Eles precisam ouvi-lo pronunciar essas palavras, mãe ou pai. Ser humilde e admitir que cometeu um erro o coloca em um campo de jogo nivelado com seus filhos e demonstra que você os respeita como seres humanos.

> Haverá momentos em que você vai abrir a boca — e desejar não ter feito isso.

É difícil descer desse pedestal de sabichão, mas ao fazê-lo, você constrói um relacionamento para a vida toda.

NAVEGAR, NAVEGAR...

"Mas você sempre...!" "Você nunca...!"

Se compreender que o grupo hormonal *sempre* falará em extremos e *nunca* vai querer dar o braço a torcer, você poderá se manter sereno num mar agitado na pior das tempestades. A vida no mar com um adolescente é tumultuada, sem dúvida. Os humores mudam minuto a minuto, hora a hora, dia a dia. Se você permitir que ele o arraste, o barco de sua família será agitado de um lado para outro. Mas se você permanecer *calmamente* no leme, respirar fundo e sorrir, isso também vai passar.

Apesar de sua adolescente às vezes deixar escapar um "tanto faz", ela realmente não quer dizer isso. Ela na verdade se importa profundamente com o que acontece. Porém, o "tanto faz" significa: "Eu não tenho ideia de como lidar com isso agora! Socorro!". Sua filha precisa especialmente de você quando as tempestades da vida sobrevêm (e elas sobrevirão) — quando estiver de coração partido por seu primeiro namorado; quando for mal na prova de matemática; quando a melhor amiga decidir que não quer mais ser amiga dela; quando zombarem dela porque o papel higiênico grudou em seu sapato e ela andou com ele o dia todo na escola, e ninguém disse nada.

Como fazer seu adolescente falar

- Cale a boca.
- Não pergunte "Como foi seu dia?".
- Diga calmamente em resposta a uma afirmação chocante: "Humm. Fale mais sobre isso".
- Elimine a expressão "por quê?".

Quando seu adolescente lhe dirige uma palavra atravessada, aja como pai. Não responda. Deixe o momento passar. Dê uma folga para o garoto (especialmente se for logo depois das aulas — um momento difícil para adolescentes que estão tentando encontrar sentido em seu dia na escola, com pensamentos e emoções em conflito). Lembre-se de que *graça* e *misericórdia* são ambas palavras belas que fazem o mundo girar. Às vezes você precisa delas; às vezes é seu filho ou filha que precisará.

Mas isso não significa deixar seu filho se dar bem depois de ser desrespeitoso. Tudo tem a ver com amor e expectativas positivas. O amor que você demonstra por seu adolescente e as expectativas que coloca sobre ele são muito importantes. Isso porque seu filho se importa com o que você pensa; ele internaliza suas crenças (para o bem ou para o mal) e vai agir de acordo com elas. Compare "Papai acha que sou um fiasco, então posso agir exatamente como um" com "Mamãe acredita em mim, não quero desapontá-la jamais".

Você não acreditaria na quantidade de vezes que adultos me disseram que nunca foram encorajados em casa — nunca lhes disseram que eram amados ou como eram especiais.

Se você trata seus filhos da forma como espera que eles se comportem, um milagre acontece. Eles realmente tentam corresponder a essas expectativas!

> Se você trata seus filhos da forma como espera que eles se comportem, um milagre acontece. Eles realmente tentam corresponder a essas expectativas!

É por isso que os momentos didáticos são tão importantes. Filhos são muito bons em se desconectar de uma gritaria; depois de um tempo eles só ouvem "blá-blá-blá" e todas as palavras se misturam. Assim, se o comportamento de sua adolescente o desaponta quando ela responde mal, você precisa se calar e permanecer calado. "Devagar se vai ao longe", como diz o velho ditado. Então, espere até que sua filha se dê conta: "Nossa, tem alguma coisa acontecendo com a mamãe". E ela vai perguntar:

— O que foi? Por que você está tão calada? Como pode você não me deixar ir a lugar nenhum nem fazer nada?

Ah, aí está o momento didático para lhe dizer com firmeza:

— Eu não gosto da maneira que você agiu comigo há duas horas.

Quando diz as coisas como são, *calmamente* e com amor, você está tratando sua filha com respeito. Está colocando o obstáculo em um nível aceitável de comportamento, não em um ponto que exija um salto enorme. Agora você tem a atenção de sua filha, e está moldando seu coração e mente. Está ainda alterando algo negativo ("Eu escapo impune de qualquer coisa porque minha mãe permite.") para algo positivo ("Uau, consigo ver que a vida vai mudar por aqui se eu tratar minha mãe assim. Melhor começar a tratá-la com respeito.").

E você conseguiu tudo isso *calmamente* (note que usei essa palavra três vezes nesta parte, e há um motivo para isso) — sem entrar no caminho de seu adolescente ventania.

Às vezes o vento sopra como furacão. Mas vocês, pais, são inteligentes a ponto de não se deixarem sugar. Basta sentar-se, tomar uma xícara de café e esperar os ventos amainarem.

Melhor ainda, você não precisa dizer uma palavra.

CHEGANDO AO CORAÇÃO DE SEU FILHO ADOLESCENTE

Recentemente minha filha Lauren me mostrou um teste de matemática. "Shazam!", eu disse. "Quando eles começaram a usar letras?"

Lauren apenas deu um riso largo. Ela realmente se esforça em matemática, e estava nas nuvens por ter conseguido um B no teste. Fizemos uma alegre dança familiar e pregamos o papel bem no centro da geladeira, à vista de todos. Eu estava orgulhoso de Lauren; ela havia trabalhado duro.

Lauren vem de uma longa linhagem de Lemans que têm dificuldade com matemática. Se tivesse inteligência o suficiente para apresentar minhas notas em termos matemáticos, eu faria isso, mas digamos que mal consegui passar pelas aulas de matemática para o consumidor ("Fulano foi à loja com um dólar. Os chocolates estavam à venda por 50 centavos cada. Quantos chocolates ele conseguiu comprar?"). Minha média final em álgebra elementar no ensino médio foi de 22, e minha nota no SAT [teste de avaliação de conhecimento para entrar em um curso superior nos Estados Unidos] em matemática foi de 0%. Entrei na faculdade sem tomar aulas de matemática. Em vez disso, fiz aulas de estatística e até me matriculei em análise estatística avançada durante o mestrado. Nunca vou me esquecer da experiência de explicar para meus professores a análise de covariância. Mas se você jogasse um milhão de dólares sobre a mesa agora e dissesse: "Isso é seu se você definir covariância", eu iria embora como um homem infeliz. Não conseguiria. Matemática ainda não é meu forte, mas sei usar quando preciso.

5 dicas para manter o veleiro longe de seu adolescente ventania

- Não leve as coisas para o lado pessoal.
- Mantenha a calma.
- Ouça, mas não assuma as batalhas de seu adolescente.
- Ofereça sugestões úteis quando solicitadas.
- Não diga a seu adolescente o que fazer.

Tenho cinco filhos, e todos eles apresentam dificuldades em matemática. Mas Lauren batalhou mais do que todos nós, e isso ficou provado. Quando aquele

B chegou à nossa casa, eu sabia que era produto de muito trabalho e concentração da parte dela, de modo que não pude deixar de dizer: "Bom trabalho!".

Mas muitíssimos pais dariam uma resposta diferente. "Quê? Um B? Sei que você pode fazer melhor que isso." Bem, pessoal, um B está acima da média, e para um adolescente com dificuldades em matemática, eu diria que é uma nota ótima e algo a ser comemorado. Então foi exatamente o que fizemos: uma festa cheia de algazarra!

Mais do que isso, porém, eu aprecio o coração de Lauren. Ela se preocupa com as pessoas. É compassiva e prestativa para com aqueles que estão sofrendo. Ela é uma doadora, não uma interesseira.

Agora, que pessoa você preferiria ver caminhando pelo mundo? Um aluno nota A que só se preocupa consigo mesmo, é competitivo e não se importa com as pessoas; ou um estudante mediano que claramente ama os demais e os coloca em primeiro lugar? Se você é um empresário, qual deles gostaria de contratar para sua empresa? Qual gostaria de ter como vizinho? Podem abaixar a mão, seria alguém como Lauren em qualquer situação.

Nosso mundo se deixa levar por coisas externas — aparências — sem considerar coração e mente. Há atrizes cujos nomes não citarei (por uma questão de gentileza absoluta), que são mulheres muito bonitas, mas que não têm muita coisa ali em cima, e que têm menos ainda em sua vida que possa ser considerado minimamente moral.

Em toda a minha prática de psicologia, nunca topei com um ser humano perfeito.

Engraçado — em toda a minha prática de psicologia, nunca topei com um ser humano perfeito. Seus adolescentes também não serão perfeitos. Mas se você cultivar o coração deles e encorajar a verdadeira força de caráter, suas palavras irão conduzi-los nas situações em que você não estiver por perto. Se acredita neles, os aceita e destaca o que eles têm de bom, você lhes dá a coragem e o poder para lidar com situações difíceis.

Um artigo no jornal *USA Today* diz tudo: "Jovens preferem elogios a sexo e dinheiro". O estudo se baseou nas respostas de 282 estudantes. A repórter Sharon Jayson afirma:

> Sexo, bebida e dinheiro não se comparam com o impulso que os jovens obtêm de estímulos a sua autoestima, diz um novo estudo com alunos de faculdade que consideram o desejo por elogios superior a outros desejos ou necessidades.[1]

Embora eu discorde quanto ao uso da terminologia, preferindo a palavra *encorajamento* em vez de *elogio* — já que, em minha definição, *encorajamento* diz respeito a quem a pessoa é e *elogio* concentra-se no que a pessoa faz — parece claro que as palavras dos pais fazem a diferença. Elas têm tudo a ver com a forma como seu filho pensa e se sente em relação a si mesmo, assim como com a confiança que ele vai demonstrar ao enfrentar as tempestades da vida.

Deixe-me perguntar sem rodeios: quando você se comunica com sua filha, você conversa *para* ela ou *com* ela? Quem assume o banco do motorista em suas discussões: os cortes de cabelo e as roupas? Ou o relacionamento entre vocês?

Você precisa ser o grande herói de sua filha nesses anos turbulentos. Afinal, você pode ser a única pessoa que acredita em sua adolescente "tanto faz" neste momento... Mesmo que realmente tenha vontade de matá-la às vezes.

Minha mãe, que agora está no céu, teve de acreditar em seu pequeno e impertinente Kevin por um montão de anos antes que alguma outra pessoa achasse que ele tinha algum valor. Todavia, tenho de lhe dar o crédito. Ela nunca me colocou para baixo; nunca me criticou. Em algumas ocasiões, ela me deu um corretivo e fez muito bem. Porém, de tudo que disse e fez, ela sempre prestou atenção ao meu coração. Consequentemente, ganhou-o para sempre.

Você também pode conquistar o coração de seu adolescente "tanto faz" — para a vida toda.

O que fazer na terça-feira

1. Reduza a altura dos obstáculos.
2. Não faça "cobranças" ao seu filho.
3. Mantenha o veleiro fora do alcance de seu adolescente ventania.

A JOGADA VENCEDORA
Conquiste o coração de seu adolescente.

Pertencer é mais importante do que você imagina

Como manter seu adolescente em seu mundo enquanto viaja pelo dele.

"Tudo que eu queria era pertencer a algum lugar", foi o que me disse a antiga líder de gangue LaWonna. "E eu sabia que faria qualquer coisa para conseguir".

Foi assim que essa pessoa que hoje tem 29 anos se tornou a chefona de uma gangue no centro da cidade — aos 16 anos. LaWonna cresceu na região de Cabrini Green, um bairro pobre e violento em Chicago, e tinha apenas uma vaga lembrança de alguém que ela costumava chamar de "papai". Ele foi embora quando ela estava com 4 anos, e os outros três membros da família mergulharam quase imediatamente na pobreza. Sem diploma do ensino médio ou especialização profissional, a mãe de LaWonna lavava, passava e praticamente aceitava todo trabalho que conseguia para ajudar a alimentar a família. Ela raramente estava em casa, e LaWonna ficava encarregada de tomar conta do irmão mais novo. Quando estava no primeiro ano, preparava tanto o jantar quanto o almoço. "Eu adorava minha mãe, mas ela nunca estava em casa. Chegava às 11 da noite, quando nós, crianças, já tínhamos ido dormir".

Aos 11 anos, carente de amor e atenção, LaWonna caiu nas mãos de uma gangue local e finalmente encontrou um lar. Não só isso, a gangue também fornecia proteção para seu irmão de 8 anos. "Eles se tornaram uma família para nós", contou LaWonna. Mas ela se viu diante do lado drástico das gangues quando, em uma guerra entre grupos rivais, seu irmão foi assassinado. "Nesse dia eu morri também e me tornei alguém que não queria ser".

Até hoje, LaWonna vive com nome falso em outro estado, a fim de escapar da guerra de gangues depois que decidiu abandonar o grupo. Ela diz: "Eu era uma criança ferida que queria um pai por perto e uma mãe que me amasse. Sem isso, eu precisava pertencer a algum lugar. Mas não tinha ideia do preço terrível que teria de pagar pelo que queria".

O mundo é um lugar duro, e não fará a seu filho nenhum favor — seja na escola de ensino médio, numa cidade pequena, num colégio particular ou numa metrópole.

Todo adolescente precisa pertencer a algum lugar, e o melhor lugar para seu filho pertencer é sua casa. Ao contrário de LaWonna, os adolescentes que pertencem ao lar não sentem uma necessidade tão grande de pertencer a outro lugar — como uma gangue, o grupo "popular" da escola, a turma dos "baladeiros" ou dos "chapados". Uma pesquisa confirmou que quanto mais próximos forem dos pais, menos probabilidade os adolescentes têm de usar drogas. Quanto mais independentes eles forem dos pais, maior a possibilidade de usarem drogas.[1]

Adolescentes que não se sentem amados também têm mais probabilidade de se sentir deprimidos, e eventos corriqueiros podem levar a soluções desesperadas, como tentativas de suicídio. As pesquisas demonstram que meninos têm cerca de quatro vezes mais probabilidade de *cometer* suicídio, enquanto garotas têm duas vezes mais probabilidade de *tentar* o suicídio.[2] Segundo esse mesmo relatório, "Crianças deprimidas são tristes, perdem o interesse em atividades de que costumavam gostar, criticam a si mesmas e sentem que os outros as criticam. Sentem-se pouco amadas, pessimistas ou até sem esperança de futuro; acreditam que não vale a pena viver".[3]

É muito claro que adolescentes que se sentem amados, que são conectados à família, fazem melhores escolhas de vida porque não são tão influenciados pelos colegas ou pelos acontecimentos que parecem escapar de seu controle.

A melhor vantagem que você pode dar a seu adolescente é fazer que o território de sua casa seja o lugar onde ele mais deseje passar o tempo. O lugar para

Funcionou para mim

Meu marido e eu estávamos no meio da reforma de nosso porão quando o ouvimos falar no programa *Fox & Friends* sobre tornar nossa casa o lugar em que as crianças queiram estar. Nossos filhos acabaram de completar 11 e 13 anos, então decidimos que, em vez de fazer em nosso porão um escritório maior para meu marido, que trabalha em casa, nós o transformaríamos num salão de jogos, para que nossos adolescentes tivessem um local onde reunir os amigos. Sua dica veio na hora certa, e já conseguimos ver os resultados. Nós nos tornamos "o ponto de encontro", e gostamos que seja assim!

Sarah (e Richard), New Hampshire

onde ele queira trazer os amigos. Se você oferecer esse tipo de lar, estará aumentando a probabilidade de seu filho querer estar em casa, o que significa que saberá onde ele está e com quem. Melhor ainda, a identificação do adolescente com o grupo familiar torna as palavras dele mais robustas quando está longe de você e é convidado a fazer algo prejudicial ou ilegal. "Não, muito obrigado", ele pode dizer com firmeza. "Sou da família Anderson, e nós não bebemos. E não, eu não uso drogas também. Portanto, não me convide de novo".

Filhos que se sentem seguros em seu território familiar, que se sentem respeitados e ouvidos, têm menos probabilidade de procurar aceitação em seu grupo de colegas.

Filhos que se sentem seguros em seu território familiar, que se sentem respeitados e ouvidos, têm menos probabilidade de procurar aceitação no grupo de colegas. Mas como oferecer esse tipo de ambiente?

DEMARCANDO SEU TERRITÓRIO

Você pode ganhar o respeito e até a admiração de seu adolescente. É sério. E aqui está como.

Seu filho de 13 anos está sendo importunado na escola. Ele tem uma voz estridente, ainda não amadureceu fisicamente (é o mais baixinho da turma), e três vezes por semana acaba sendo motivo de piada no vestiário do ginásio de esportes. Então, na semana passada, o zagueiro do time de futebol roubou as roupas dele do armário e o deixou nu, sem sequer uma toalha para se cobrir. O que você faz? Se quer que seu filho saiba que tem no lar um local seguro, você se torna parceiro dele — seu advogado.

Primeiro, procure a professora responsável pela classe ou a orientadora educacional da escola. Faça isso sem que seu filho ou qualquer outra pessoa saiba. É muito importante — para o bem de seu filho e para que a missão seja cumprida — que os colegas dele não o vejam conversando com a professora. Em seguida, marque uma reunião antes ou depois do horário de aula, e leve um bolinho para adoçar o acordo. Uma reunião de dez minutos com a professora pode fazer um bem enorme se você abordar a questão diretamente, dando apenas os detalhes necessários à presente questão e tratando todas as partes envolvidas com respeito.

Se isso não provocar uma resposta apropriada, o próximo passo é ir à diretoria. As mesmas regras se aplicam, e capriche ainda mais no lanche. Mas comece sempre pela professora e conquiste a cooperação dela.

E como tratar do caso com seu adolescente? "Essa situação em que você está é realmente horrível. E você está certo — não é justo. Não é correto. Mas tenha certeza de que estou orgulhosa pela maneira como você lidou com isso. Não tentou revidar e também não respondeu com grosseria".

Na sequência, converse com ele sobre como são fracos os garotos que praticam *bullying*. "Qualquer um que precisa implicar com o outro que parece menor ou mais fraco é totalmente inseguro. Se eles precisam humilhar outra pessoa para se sentir bem é porque não têm uma imagem muito boa de si mesmos, concorda?" Seja parceiro de seu adolescente — demonstre empatia por ele e pela situação difícil que enfrenta. Mas também ajude a fornecer uma perspectiva de longo prazo. Então, sem alarde, deixe a professora ou orientadora a par do que está acontecendo. Nenhum valentão deve ter permissão para continuar a descarregar maldades sobre seu filho.

Por fim, espere. No próximo verão, entre janeiro e março, aquele seu filho de 13 anos mudará como num passe de mágica. Ele vai crescer diante de seus olhos — ganhando quase três centímetros de altura, uma voz grave e pelos nos locais apropriados. Aqueles valentões podem ficar encarando seu filho entrando no primeiro dia de aula... ou em alguma reunião de celebração do ensino médio dez anos depois.

> No próximo verão, entre janeiro e março, aquele seu filho de 13 anos mudará como num passe de mágica.

Você vai sobreviver. Seu filho vai sobreviver. E em meio a essa situação, você trouxe seu filho de maneira consistente para seu território ao demonstrar empatia em uma situação injusta e ao deixar claro que está do lado dele e que se importa com o que acontece.

Isso vale tanto para coisas grandes como pequenas. No mundo adolescente, a aparição de uma simples espinha no rosto de sua filha é como ter um dardo de plástico enfiado no meio da testa. Ela vai se sentir como se o mundo inteiro estivesse olhando para ela. Mais uma vez, torne-se parceira dela. Vá até a farmácia mais próxima e deixe-a escolher produtos para experimentar. Continue tentando até encontrar algum que funcione.

Quando uma amiga a abandona, torne-se o ombro no qual ela vai chorar. Quando ele não consegue entrar no time, seja quem o ajuda a afogar as mágoas em uma pizza tamanho gigante do sabor favorito dele. Essas pequenas coisas são o suficiente para estabelecer seu território.

Ao ouvir seu filho e tornar-se parceiro dele, você conquista seu respeito — e até sua admiração. Além disso, estará lhe dando a determinação e a coragem para se defender sozinho.

O CIRCO DOS IRMÃOS

Você está tomando seu café pela manhã, e duas de suas adoráveis preciosidades começam um espetáculo na mesa da refeição.

— Como você *pôde* fazer isso? — assobia uma.

— Como eu pude *o quê*? — diz a outra.

— Usar meu jeans favorito e voltar com ele todo manchado!

— Ah, mas você usou...

E a batalha se instala antes mesmo que você possa colocá-las porta afora para irem à escola.

Onde dois ou mais se reúnem, haverá dissensão. Especialmente em famílias durante esses anos carregados de hormônio, nas quais a intimidade pode rapidamente gerar irritação.

É importante ter em mente que cada ramo da árvore familiar brotará numa direção diferente. Um de seus filhos pode ser musical e artístico; o outro pode nascer com talento para o esporte. Sua filha mais velha pode tirar só notas A sem abrir o livro, enquanto a mais nova sofre para passar em algumas matérias. Nunca dois rebentos de sua ninhada serão iguais, e compreender a personalidade deles e o que vão enfrentar em seu círculo de amizades, bem como compreender seus papéis em casa, pode ajudá-lo a apoiar seus filhos com mais eficiência.

Onde dois ou mais se reúnem, haverá dissensão.

Primogênitos tendem a ser os líderes, os perfeccionistas, os pensadores analíticos e críticos que são cheios de afazeres porque você sabe que eles darão conta.

Filhos do meio tendem a ser os conciliadores — pessoas do tipo "vamos na manha para não sermos pegos pelo radar" — despreocupados e cheios de amigos fora de casa (porque é lá que eles são notados).

Caçulas tendem a ser os palhacinhos adoráveis, ótimos para escapar impunes de suas tarefas.

Tentar fazer as coisas com "igualdade" (como muitos pais fazem) simplesmente gera desobediência e competição.

Tenho cinco filhos. Amo todos eles. Não amo um mais do que outro, mas não os trato da mesma maneira. Por quê? Porque eles não são iguais. Assim como o estado do Arizona não trata um garoto de 12 anos da mesma maneira que trata um de 16 que já dirige. Um pode sair livremente e todo feliz para dar uma volta no banco do passageiro; o outro precisa pedir autorização, comprovar sua capacidade e então fazer uma prova para obter a licença.

Gangues fazem guerras por território a fim de obter "respeito" (ou o que for), mas guerras por território na família devem ser mantidas sob controle, seja entre pai e adolescente, seja entre irmãos. Ninguém quer viver em uma zona de guerra, com bombas caindo e explodindo aqui e ali. Você não precisa desse tipo de emoção em casa. Um lar deve ser um local de paz e respeito, mesmo que algumas rusgas

Ninguém quer viver em uma zona de guerra, com bombas caindo e explodindo aqui e ali.

aconteçam de vez em quando. Os conflitos devem ser encarados respeitosamente, de maneira equilibrada, com o intuito de alcançar uma solução balanceada que funcione para todos.

Como, portanto, você pode administrar essas rusgas antes de se tornarem batalhas campais no *front* do lar?

Há algo importante que você precisa entender. Por que os irmãos guerreiam na sua frente? Porque esperam envolvê-lo na briga. Querem que você tome partido, para que possam dizer: "Viu, eu *disse* que a mamãe gosta mais de mim do que de você". Brigar tem tudo a ver com competição. Na verdade, é um ato de cooperação! Então, deixe seus filhos brigarem... Mas mantenha a guerra justa.

Regulamento básico para brigas justas

1. O discurso deve ser respeitoso em relação à outra pessoa. Linguagem vulgar não é aceitável.
2. Uma pessoa fala até terminar; depois a outra pode falar. Interrupções não são permitidas.
3. Abusos de qualquer tipo — físico, verbal ou emocional — estão fora de cogitação.
4. As duas partes oponentes discutem em uma sala a sós, sem que mais ninguém as ouça.
5. Ninguém sai até que a questão seja resolvida e ambos estejam satisfeitos.

Da próxima vez que seus filhos armarem o circo, e um disser: "Como é que *ela* pode fazer isso? Você nunca *me* deixa fazer aquilo", tentem usar uma pitada de humor.

"Bem, é porque nós gostamos muito mais dela".

É assim que a família Leman lida com o problema, e o resultado garantido é um dramático "Ah, paiêêê!". Mas é que nós somos uma família de muito bom humor, de modo que funciona para nós.

Se o humor não é para você, tente uma argumentação direta.

— Bem, você realmente quer que eu o trate como trato sua irmã?

— Sim, eu quero — diz seu filho. — Ela ganha tudo que é legal.

— Tudo bem — você diz calmamente — a partir de hoje, até a próxima semana, seu horário de dormir é às 20h30. Você vai ganhar dez dólares por semana, e...

— Não foi isso que eu quis dizer! — diz seu filho rapidamente.

— Então o que foi? — você diz.

Você acabou de pegar seu filho no pulo. A verdade é que ele não pode suportar que a irmãzinha mais nova ganhe algo que ele não tem. Mas quando você apresenta a perspectiva correta (ajustes no horário de ir dormir e na mesada falam bem alto à liberdade do adolescente), é incrível a reviravolta que pode acontecer na atitude dele.

E você nem sequer precisou levantar a voz ou aquele dedo de sermão, não é mesmo?

UMA ESTRATÉGIA VENCEDORA

Talvez você esteja pensando agora: "Mas, dr. Leman, não tem como evitar que meus filhos briguem".

É verdade, você não pode evitar que eles briguem. Mas pode evitar que eles briguem na sua frente. Gozado como isso tira toda a graça da história.

Você pode achar que não tem muita influência sobre a vida de seu filho agora que ele é adolescente, tem seu próprio grupo de amigos e começou a dirigir. Mas, pais, vocês ainda contam. Vocês ainda estão no jogo, e o relógio ainda está correndo. Sem vocês, seu filho nem sequer teria a cueca que está usando. (Viu o que quero dizer sobre vocês terem mais importância do que pensam ter? E o mundo também lhes agradece.)

Você tem coisas o suficiente para fazer. O melhor lugar para seu filho aprender sobre relacionamentos — e brigas justas — é em casa. Portanto, deixe que os touros se peguem pelos chifres, por assim dizer, e fique fora disso. Essa é a melhor maneira de interromper a batalha.

> Deixe que os touros se peguem pelos chifres [...] e fique fora disso.

Muitos pais passam um tempo significativo em casa arbitrando rixas de irmãos. Mas não se torne a juíza Judy[4], que despacha a punição onipotente sobre a parte merecedora. Os pais que escolhem agir dessa maneira estarão prontos para o hospício das oito da noite.

Em vez disso, tente o seguinte: quando seus filhos começarem a brigar, conduza-os para algum cômodo — de preferência ao local menos desejável da casa, como seu escritório apertado, onde eles precisarão ficar frente a frente. Do lado de fora é melhor ainda. Em seguida, dê-lhes instruções:

— Vocês precisam resolver isso, e vou dar vinte minutos para vocês chegarem a uma solução. Daí eu volto para conferir.

Eu garanto que seus filhos estarão fora daquele cômodo em alguns minutos, dizendo:

— Já está tudo bem, mãe.

Mas qual é a solução? Você duvida que as partes oponentes tenham chegado a um acordo com tanta facilidade. Então, pergunte sem rodeios:

— Como, especificamente, vocês resolveram o problema?

Se um de seus filhos é esperto e teimoso e o outro é muito mais tranquilo, posso dizer que com muita frequência o garoto poderoso será o que decide qual é a solução.

No entanto, o pai inteligente vai se voltar para o filho com a personalidade parecida com a de um peixe-boi — aquele que flutua pelas águas da vida — e perguntar:

— É desse jeito que você quer que seja?

Você dá a ele a oportunidade de falar.

— Bem, não exatamente — ele informa.

— Então — você diz com firmeza — vocês precisam conversar mais até que cheguem a uma solução justa e equilibrada para o problema. Essa está me parecendo muito parcial.

Agora seus adolescentes vão jogar a carta da culpa em você. Vão acusá-lo de tratá-los como crianças pequenas.

— Bem — você diz, com serenidade — vocês estão agindo como criancinhas, então acho que combina.

Nenhum adolescente quer ser chamado de criancinha. Sua mensagem será entendida. Isso diminui a probabilidade de eles brigarem na sua frente da próxima vez.

E, se fizerem isso, jogue a bola de volta para o campo deles. Saia de perto. Deixe-os resolver. Não assuma problemas que não são seus.

UMA OBSERVAÇÃO SOBRE CRIANÇAS COM NECESSIDADES ESPECIAIS

Se você é pai de um adolescente com necessidades especiais — que tem problemas físicos, mentais ou emocionais — do que precisa estar ciente no que diz respeito à brigas entre irmãos? Uma das coisas que aprendi cedo em minha prática clínica é que os irmãos geralmente têm ciúmes da atenção extra que os filhos com necessidades especiais recebem da família. Por causa das deficiências do irmão, muitas coisas adicionais acabam cruzando também o caminho deles. Embora conheçam os desafios e sejam testemunhas deles pessoalmente, é fácil, no meio das mudanças de humor, pensar: "Puxa, tudo de bom vai para ele. Não é justo".

Mickey é a filha do meio da família. Ela é a apaziguadora, aquela que fica no meio dos dois irmãos que brigam. O irmão mais velho é um primogênito

Funcionou para mim

Sei por seu livro *Mais velho, do meio ou caçula* que, como filha do meio, sou a que deseja agradar. Assim, quando meus quatro filhos — de 6, 7, 14 e 16 anos — brigam, eu só quero que todos sejam felizes. Não havia me dado conta, até ouvi-lo falar em um almoço para mulheres, de quanto eu estava deixando meus filhos me controlarem. Enquanto dirigia de volta para casa, jurei que isso iria parar. Na vez seguinte que eles se envolveram numa disputa, coloquei os dois briguentos no banheiro (ora, você disse o menor cômodo da casa) e fiz os dois se acertarem. Fiz isso duas vezes em menos de 24 horas com os mais velhos, e só precisei fazer uma vez com os dois pequenos. Funciona de verdade!

Saundra, Utah

absoluto, com uma personalidade obstinada, que acha que só existe uma maneira de se fazer as coisas. O irmão mais novo, Frankie, tem síndrome de Down, além de outros problemas físicos. A programação da família está muito voltada para as necessidades de Frankie, já que ele participa de atividades extras em vez de uma escola regular. Mickey às vezes se sente perdida na confusão e fica um pouco ciumenta. Ela ainda não pode dirigir o carro da família e sair, como seu irmão de 16 anos, então acaba bancando a *baby-sitter* para Frankie. Sim, ela ama o irmão, mas uma vez disse a um amigo da família: "Todo mundo sempre fala do Frankie, e sobre o Frankie. Frankie isso e Frankie aquilo. Eu também não tenho importância?".

> Irmãos geralmente têm ciúmes da atenção extra que os filhos com necessidades especiais recebem da família.

Veja, é interessante, crianças que inicialmente sentem ciúmes de um irmão com necessidades especiais acabam se tornando protetoras do mesmo irmão quando crescem.

Eu também já vi em primeira mão como famílias com adolescentes com necessidades especiais são particularmente abençoadas. Costumam ser um grupo muito unido, que declarou guerra a questões de saúde, emocionais, escolares e a outras dificuldades da vida, e saiu disso mais forte.

A vida é preciosa. Nós viemos em diferentes formatos e tamanhos, possuímos pontos fortes e deficiências. Mas crianças com necessidades especiais dão mais à família do que tiram.

É só perguntar a Mickey, que recentemente defendeu seu adorado irmãozinho com um discurso exaltado, muito melhor do que seria o de um advogado, quando alguém o chamou de estúpido. Aposto que o garoto não vai tentar nada assim com outra criança especial outra vez. Jamais.

UM LAR OU UM HOTEL?

Você já viu alguém parado numa esquina em uma cidade, segurando um cartaz que diz: "Trabalho em troca de comida"? Bem, seu adolescente precisa trabalhar em troca de comida. O que eu quero dizer é o seguinte.

Existe um monte de coisas "dadas" aos adolescentes no mundo de hoje. Desse modo eles tendem a ver como um direito adquirido alguma recompensa por qualquer coisa em que estejam envolvidos. Mas se seu adolescente realmente faz parte da família, ele também precisa "trabalhar para comer", o que inclui coisas como limpar o quarto, colocar o lixo para fora, ser gentil com a irmãzinha, encarregar-se de alguns serviços etc.

A casa não é um lugar onde uma pessoa se recosta, relaxa e dorme, enquanto todos os demais trabalham. Não é um hotel em que o serviço de quarto cuida dos lençóis sujos, serve refeições cobertas por uma tampa e não se importa se os pratos são empurrados para o corredor para serem recolhidos.

Um lar é um lugar onde todos os membros da família são iguais, onde cada pessoa é respeitada e cada uma dá sua parcela de contribuição.

Porém, deixe-me ser claro: só porque todos são iguais não significa que vocês, como pais, não devam ter a autoridade nas mãos.

Duas das palavras mais comentadas em nossa cultura, capazes de desencadear um efeito imediato, são *submissão* e *autoridade*. Algumas pessoas têm uma reação automática porque veem essas palavras como negativas. Entretanto, se parar para pensar, ao se sujeitar à autoridade de alguém, você é submisso. Isso, porém, não significa ser menor ou inferior a essa pessoa. Submissão tem a ver com ordem. Sem alguém no comando, a casa estaria em caos constante.

Todos nós já vimos aquela criança dourada que é tratada como um príncipe em sua própria casa — e que age assim em todos os outros lugares. Ele é o pestinha infeliz, mimado, sobre quem as professoras discutem na hora do almoço. Ele também não faz amigos na classe. Será que os pais realmente estão gerando algum benefício para a criança ao colocá-la no centro do universo? Acho que não.

Algumas crianças de hoje também só pensam em ferir seus pais — batendo neles, chutando-os etc. O que é pior: os pais aceitam o abuso. Na verdade, acontece o tempo todo. Permitir que seus filhos batam em você não só é errado, é prejudicial para eles — sem contar para você. Deus não o colocou neste mundo para ser saco de pancada de ninguém. Se esta é sua situação, isso tem de parar. Você deve defender-se. Se seu filho ou filha se tornaram tão violentos ou poderosos, procure ajuda externa para lidar com a situação. Nunca, jamais tolere qualquer tipo de abuso em seu ambiente doméstico.

Se você não atribui responsabilidades a seus adolescentes, como eles vão aprender a ser responsáveis?

Quando você, como figura de autoridade, cria seus filhos para respeitarem a autoridade, você os está treinando para serem figuras de autoridade que os outros vão respeitar algum dia. De que outra maneira o bastão da responsabilidade será passado?

Mas se você não atribui responsabilidades a seus adolescentes, como eles vão aprender a ser responsáveis?

É por isso que é tão fundamental garantir que seu filho de 11 a 19 anos tenha uma parcela de atividades, de modo que seja capaz de retribuir algo à família. Uma criança de 11 ou 12 anos é mais do que capaz de pagar contas pela internet, caso tenha acesso à conta bancária, ou de organizar recibos e comprovantes de doação para o imposto de renda. Alguém com 16 anos pode planejar as refeições da semana e fazer as compras. Um jovem de 18 anos pode ligar para a oficina mecânica e agendar a troca de óleo do carro, dirigir até lá e fazer a lição enquanto espera.

Ao contribuírem com a família, seus adolescentes se tornam mais participantes dela. Para que se sintam conectados, é preciso que retribuam ao lar.

Lembre-se das raízes agrárias dos Estados Unidos. Os adolescentes naquela sociedade tinham um propósito definido. Até mesmo o sistema escolar de nove meses e meio, com dois meses e meio de folga no verão, foi criado com base no conceito de que os jovens tinham de estar disponíveis para ajudar na colheita das lavouras.

Agora, para aqueles que são de uma geração mais nova, para a qual *trabalho* é um termo estranho, *trabalho* é quando você se levanta pela manhã, veste-se, vai até algum lugar, mal tem tempo de almoçar e volta para casa cansado no final do dia, bem na hora de dormir... E se levanta e faz tudo de novo no dia seguinte.

Fórmulas familiares para sua vida

- Cada pessoa é como um floco de neve — não existem dois iguais.
- Reme sua própria canoa.
- Respeite as diferenças de cada um.
- Um por todos e todos por um.

Muitos adolescentes hoje não fazem qualquer tipo de trabalho; eles não retribuem a ninguém. Não é de admirar que estejamos criando a "Geração Eu". Mesmo crianças pequenas e pré-escolares estão dizendo a seus pais: "Vocês não são o meu chefe!" — e escapam disso sem punição!

A realidade é que não somos o "chefe" de nossos filhos; somos os pais deles. E essa posição traz uma autoridade embutida. Repetindo, isso não significa ser o pai autoritário, o sabe-tudo que paira sobre o filho como um helicóptero, que distribui decretos a torto e a direito. Tampouco é ser o pai do tipo "Ei, querido, faça o que quiser; enquanto isso, posso assoar seu nariz?". Pais com autoridade são amorosos, equilibrados e atentos ao bem-estar de todos na família.

Já disse antes neste livro, mas vou repetir: nenhum membro da família é mais importante que a família toda. Isso significa que não há privilegiados. Ninguém se encosta em ninguém. Todos contribuem.

Nenhum membro da família é mais importante que a família toda.

Então por que é que estamos deixando crianças de menos de um metro de altura dar as cartas? Para que desenvolvam desde cedo na vida um comportamento e uma atitude que as colocam em oposição diametral a tudo que os pais representam?

Como dizem os comerciais, "Não tente fazer isso em casa". Não mesmo. Não é bom para ninguém.

Mas deixe-me sugerir algo que pode ser experimentado em casa. Se você tem acesso a um pirralho entre 2 e 4 anos, abra os braços em direção à criança e diga simplesmente: "Venha cá". Meu palpite (em 99 de 100 casos) é que ela dará meia-volta — para o mais longe possível de você.

Se, porém, você quer que essa criança venha em sua direção, tudo que precisa fazer é simplesmente dizer "Venha cá" gentilmente, e então começar a caminhar para trás, bem devagar. Observe o milagre que acontece diante de seus olhos. O pequeno virá em sua direção.

O que fazer na quarta-feira

1. Torne-se parceiro de seu filho.
2. Não se aproprie de problemas que não são seus.
3. Administre um lar, não um hotel.

Essa é a posição de um pai de adolescente hoje em dia.

Abra seus braços em boas-vindas e caminhe para trás. Ao fazer isso, estará dizendo, com sua ação, sua atitude e seu caráter: "Adolescente, siga-me".

Seu filho ou filha seguirão alguém. Quem você quer que seja essa pessoa?

Ele ou ela vão pertencer a algum lugar. Que lugar você quer que seja esse?

Pertencer a você pode mudar o mundo de seu adolescente. A família que trabalha unida e brinca unida permanece unida.

A JOGADA VENCEDORA
Tudo tem a ver com o relacionamento.

"Você fica em casa!" (Espero que sim)

Seus adolescentes ficam em casa de castigo pelo que fazem? Ou por quem são? Como criar um filho que sabe das coisas.

Conheço um garoto que está sempre de castigo. Ele fica impedido de sair de casa se esquece de colocar o lixo para fora ou se não arruma o quarto na hora certa. Recentemente, ficou de castigo porque veio para casa exibindo um B no boletim — em meio a vários A. (Alguns de vocês estão dizendo agora: "O quê? Você só pode estar brincando. Se meu filho viesse para casa com um B, eu estaria pulando de alegria na sala!".) Não importa qual seja sua posição quanto a notas, deixar um garoto preso em casa por tirar um B é algo um tanto quanto exagerado no que se refere a castigos paternos, eu diria.

Mas, se refletir a respeito, você não quer que seu adolescente permaneça "em casa"? Não da maneira que esse garoto sempre fica, fisicamente, mas no sentido de que seu filho tenha firmeza no que pensa e acredita, e confiança em optar pelas escolhas certas e fazer o que é certo, esteja você olhando por cima do ombro ou não.

Só aqueles a quem responsabilidades foram atribuídas podem se tornar responsáveis. Portanto, que tipo de escolhas você está oferecendo a seu adolescente? Logo ele estará por aí por conta própria. Que tipo de vida você quer que ele tenha?

Todos os dias você coloca itens na bagagem de seus adolescentes — preparando-os para a vida de agora e a de além de seu pequeno ninho. Mas o que exatamente você está colocando na mala deles? São coisas que de fato importam? Roupas e cortes de cabelo mudam como o vento (ou com o lançamento da próxima revista de moda), mas valores como ética no trabalho, integridade, respeito, responsabilidade, caráter com o qual os outros possam contar, ser alguém confiável, alguém que diga a verdade etc., são características importantes que por toda a vida vão servir de base para seu adolescente.

ENCAMINHANDO-SE PARA O PÂNTANO DA ADOLESCÊNCIA

Nenhum adolescente gosta de admitir, mas é verdade. A menos que tenha havido uma quantidade significativa de abuso e distúrbios durante os primeiros anos de vida, a maioria dos adolescentes se encaminha para os anos hormonais com uma ingenuidade que pode ser charmosa, frustrante ou absolutamente aterradora para os pais. Seu queridinho adorável, que você educou em casa (certo, você também o mimou um pouco) e que a vovó trata como se fosse o centro do universo, agora vai andar com garotos da segunda fase do ensino fundamental e do ensino médio que:

- Usam a palavra com F a cada instante.
- Cresceram em um ambiente familiar estranho ao que seu filho cresceu.
- Não acreditam que mentir é errado.
- Só pensam em conseguir o que querem, quando querem e como querem, não importam os meios.
- Só pensam em parecer bem para os colegas e não se importam com o bem-estar de ninguém a não ser o deles.

O quê? Você não acredita que esses garotos estejam por aí? Se suas experiências e seu ambiente familiar foram bastante resguardados, dê uma caminhada um dia desses pelos corredores de uma escola de ensino fundamental ou de ensino médio, no momento em que os alunos estejam entrando ou saindo das aulas. Ou fique ali na saída depois das aulas e apenas ouça e observe. Garanto que seus olhos e ouvidos se abrirão para um mundo novo e assustador.

Conforme seu filho se encaminha para o grupo hormonal, é fundamental que ele se sinta firmemente parte de seu lar e de seu território familiar, porque os valores que você lhe ensinou serão testados de várias maneiras durante esses anos. Sua filha verá outras garotas fazendo coisas que ela sabe que são erradas, mas ficará tentada a acompanhá-las só para se enquadrar. Seu filho sentirá aquela pressão para competir — para ser o descolado dos descolados em seu novo ambiente.

ESTABELECENDO LIMITES SAUDÁVEIS

Agora que seu filho ou filha é um adolescente, você não pode estar ao lado dele ou dela constantemente para vencer as tempestades da vida. Mas pode ajudar garantindo que sejam estabelecidos limites saudáveis e respeitosos, em áreas-chaves.

Toque de recolher

Uma das perguntas que a maioria dos pais me faz em relação aos filhos que acabaram de entrar na adolescência é: "Que horas meu filho adolescente deve estar em casa à noite?".

Na verdade, não é o horário que importa. Se você deu a seus filhos escolhas condizentes com a idade desde cedo, de modo que eles fossem capazes de fazer escolhas responsáveis, então não terá de se preocupar com o horário.

Quando meus filhos adolescentes saíam com amigos, me perguntavam:

— Pai, que horas eu devo estar em casa?

Eu apenas dava de ombros.

— Em um horário responsável.

Por que eu dizia isso? Porque enquanto meus filhos cresciam, eu lhes ofereci opções condizentes com a idade e lhes dei a oportunidade de serem responsáveis, e eles corresponderam. Assim, eu não precisava dizer: "Bem, não deixe de estar em casa às 23 horas, senão você vai ver". Na verdade, eles geralmente chegavam em casa bem antes que eu pensasse em começar a procurá-los!

Isso porque, ao longo do caminho, construímos blocos de confiança e respeito mútuos. Fomos capazes de conversar uns *com* os outros em vez de *para* os outros. Meus filhos sabiam que pertenciam ao clã dos Leman, e que temos certos valores familiares aos quais nos apegamos firmemente.

Dirigir o carro da família

Quando três de nossos filhos já dirigiam, Sande e eu decidimos que, em vez de estabelecermos as diretrizes para o uso do carro da família, deixaríamos que nossos filhos — Holly, Krissy e Kevin II — sugerissem eles mesmos. Por que fiz isso? Eis o que disse a eles.

"Muito bem, pessoal, vou mostrar quanto vai me custar para que cada um de vocês possa dirigir. É um dinheirão." Mostrei a eles minha conta da seguradora. "Só que eu não os levei ao Departamento de Trânsito para tirar a habilitação por achar que vocês são tontos. Vocês têm uma cabeça boa sobre os ombros, e eu gosto da forma como pensam. Mas como sou eu o responsável perante a seguradora pelo que vocês fazem atrás do volante do carro da família, gostaria que parassem e anotassem as regras que acham que devem governar o uso do carro por vocês. Então vamos dar uma olhada e pregar na geladeira."

Se deixar seus filhos sugerirem as regras, você pode ficar surpreso. Aqui estão as três regras que nossos filhos sugeriram por conta própria:

- Nunca voltar de carro para casa com o tanque vazio.
- Estar em casa até as 22 horas. Nunca depois.
- Não levar mais de dois amigos no carro com você.

Se você permite que seus filhos façam as regras — como, não enviar mensagens de texto enquanto dirigem — será menos provável que se rebelem e as desrespeitem (afinal, foram eles que sugeriram). Portanto, deixe seu adolescente ter a prerrogativa de estabelecer os limites.

Responsabilidade pessoal

Afirmo ao longo de todo este livro que é importante assegurar que a bola caia na quadra de seu adolescente. A bola não é sua, então não é você que deve carregá-la. O que seu filho faz desse momento em diante é responsabilidade dele, *não sua*. Não aceite essa história de transferir a responsabilidade sobre de quem é a culpa de alguma coisa. O velho adágio é verdadeiro: "Quem aponta um dedo a alguém está apontando outros três a si mesmo". As ações, o comportamento e o caráter de seu adolescente são todos dele. Ele precisa experimentar tanto os benefícios como as reações adversas disso, sem qualquer interferência sua, porque é assim que o mundo real funciona.

Porém, com essa afirmação direta, deixe-me dizer também que o pai de hoje precisa saber onde está pisando. Muitos pais não percebem — ou não querem perceber — que existe um elefante no sofá. Por exemplo, se seu adolescente sempre tem um monte de dinheiro mas não trabalha, talvez fosse inteligente de sua parte investigar de onde esse dinheiro está vindo.

Não importa quais crenças e valores seu adolescente esteja pondo à prova, você deve se comunicar de uma forma que seja respeitosa para com ele, mas também firme e sem rodeios. "Nesta casa não é aceitável beber." "Você e sua namorada não podem ficar no quarto com a porta fechada. Sem exceções." Você

Funcionou para mim

Nem consigo contar quantas vezes nos últimos dois anos meu filho me disse: "Mas por que você não me falou?". Como se fosse minha culpa quando ele não estava no lugar em que deveria estar. Então eu ouvi você falar sobre colocar a bola do lado certo da quadra. Percebi que o problema não era meu filho; *era eu*. Eu estava deixando que ele se desse bem! A idiota em pessoa.

"Nunca mais", jurei. Na vez seguinte que perdeu um treino de futebol, ele irrompeu na cozinha e me acusou.

— Mãe, como é que você não me avisou?

— O treino de futebol não é meu. É seu — foi tudo o que eu disse.

Meu filho abriu a boca, e então a fechou. Ele deve ter ficado ali uns bons minutos, parecendo confuso. Mas agora ele verifica os horários da escola sozinho e me avisa pela manhã quando tem atividades. O que você disse realmente funciona!

Joleen, Kansas

deve se preocupar o suficiente para confrontá-lo quando necessário. Do contrário, deixe a realidade falar por si.

Investigação sexual

Outro dia um amigo de Lauren veio à nossa casa enquanto eu estava assistindo a um programa de TV. Quando começamos a conversar, por acaso, vi uma coisa na TV e comentei:

— Bem, isso é um pouco demais para o horário nobre da TV.

Um sujeito estava transando com uma garota bem ali no programa, na hora do jantar, para qualquer criança ver.

O amigo de Lauren interveio.

— Dr. Leman, eu não me esqueci do que o senhor nos disse quando visitou nossa classe no sétimo ano.

— Oh — respondi — e o que foi?

— O senhor nos disse para manter aquilo dentro de nossas calças.

Eu ri.

— Esse realmente é um bom conselho. Aquele bichinho de estimação pode causar mais problemas do que você pode imaginar.

Ensinar seus filhos sobre sexo e sexualidade não é só ter "aquela conversa" quando eles têm 8 ou 9 anos, e então lavar as mãos e dizer: "Uau! Que bom que já passamos por tudo isso". (Tudo isso feito, é claro, como se você falasse com seu filho do lado de fora da porta fechada.)

O que um garoto adolescente precisa saber

- Garotas não gostam de ser agarradas.
- Mantenha aquilo dentro das calças.
- Trate sua namorada com respeito e gentileza.

Em vez disso, conversar sobre sexo e sexualidade é um processo contínuo. Você comenta sobre coisas como essas na TV, mostrando em que ponto a visão do mundo não se alinha com seu sistema de valores e crenças. Você trata as pessoas de ambos os gêneros com respeito. Responde a perguntas sobre o que é o amor real, comprometido, e fala das consequências emocionais e físicas do sexo fora do casamento. Também conversa sobre tópicos que podem fazer que você se sinta desconfortável, como homossexualidade, sexo oral etc., sempre que seus filhos quiserem saber os fatos.

Se seu adolescente está entrando no palco do namoro, então, mãe, você precisa conversar com seu filho. Pai, você precisa conversar com sua filha. Essas conversas com o gênero oposto são extremamente importantes. Quem melhor do que um homem para dizer o que passa por uma cabeça masculina? Quem melhor do que uma mulher para dizer do que ela gosta ou não sobre a forma como um homem a trata?

Apesar de já ter discutido esse assunto todo em profundidade em meu livro *A Chicken's Guide to Talking Turkey with Your Kids about Sex* [O guia do covarde para falar sem papas na língua com seus filhos sobre sexo, em tradução livre], aqui vão algumas diretrizes para sua conversa:

- Destaque aspectos da biologia, como os corpos masculino e feminino funcionam.
- Explique o que é sexo. Sim, um aspecto disso envolve a entrada do pênis na vagina, mas também defino sexo como: "Qualquer atividade na qual as partes do corpo normalmente vestidas por uma roupa de banho são tocadas, massageadas, apalpadas ou beijadas". É por isso que, no mundo atual, nunca é suficiente enfatizar a abstinência. Muitas pessoas podem se abster do "ato sexual" do pênis dentro da vagina, mas ainda assim estarão realizando todo tipo de ato sexual, incluindo sexo oral. O que devemos enfatizar é a *pureza* — do corpo e do pensamento.
- Enfatize que o sexo é sagrado, algo destinado a um homem e uma mulher, em um relacionamento de compromisso matrimonial, pela vida toda. Relacionamentos devem sempre ser baseados em respeito pelo outro, não em "necessidade".
- Atenha-se a fatos objetivos: "Para haver relação sexual entre homem e mulher, o pênis dele vai ser introduzido na vagina dela".
- Diga-lhes por que é importante esperar. Apresente as estatísticas e diga que a afirmação "isso nunca vai acontecer comigo" não é verdadeira no que se refere a doenças sexualmente transmissíveis ou gravidez. Além disso, usar preservativo também não torna o sexo completamente seguro.

O que uma garota adolescente precisa saber

- Você não "deve" nada a seu namorado — isso inclui beijos, uma mão boba para cima ou para baixo da cintura, ou qualquer tipo de comportamento sexual.
- Um menino que diz que a ama mas não pode esperar para ter sexo não está "apaixonado" por você, está "necessitado".
- A maneira como você se veste vai afetar o que os meninos pensam a seu respeito, porque eles são estimulados pelo olhar. Você pode gostar daquela calça apertada porque marca sua silhueta, mas é provável que ela diga algo mais a seu namorado: Esta noite pode ser "a" noite...

- Explique por que é importante não disparar um processo que não poderá ser contido, a partir do momento em que o trem dos hormônios estiver em marcha. Uma vez que alguém se tornou iniciado no sexo, nunca haverá uma "primeira vez" novamente.
- Se seu adolescente está namorando, você estabelece os parâmetros. "Como vocês estão entrando nesse período de namoro, precisamos discutir algumas diretrizes. Se você vai trazer uma garota para casa, onde acha que é o melhor lugar

para vocês terem privacidade?" Seu filho dirá: "Ah, no meu quarto". "Não, essa não é uma possibilidade. Mas vou lhe dar outra. Se você trouxer sua namorada para casa, vou cumprimentá-la e conversar com ela, depois vou arrumar o que fazer em outro lugar da casa para que vocês possam ter privacidade na sala de estar. Se quiserem alugar um filme e ficar juntos, papai e eu vamos encontrar alguma coisa para fazer na outra sala".

Sim, vocês todos compartilham a mesma sala de estar, mas você quer que seu adolescente saiba que a sala da família deve ser usada para os compromissos sociais dele também. Receber a namorada de seu filho em seu território familiar concede a você uma posição privilegiada para ver como ele se porta durante os encontros — e também o tipo de garota que ele está namorando.

Considerando que para os adolescentes tudo tem a ver com "o momento", é difícil para eles pensar adiante cinco, dez anos, ou mesmo no próximo fim de semana. Mas veja desta forma: se você estivesse numa reunião do pessoal do ensino médio daqui a dez anos e visse a pessoa com quem teve um encontro, você seria capaz de sorrir e cumprimentá-la? Apresentá-la para seu cônjuge? Ou seria constrangedor? Ah, isso coloca as coisas sob uma luz diferente, não é?

Funcionou para mim

Minha filha Rachel tem 14 anos, mas parece ter 18. Todos os homens reparam nela no *shopping center*, e ela diz que odeia ser notada. Nunca consegui que ela entendesse, porém, que usar jeans de cintura baixa e corpete apertado não é só uma afirmação de moda; é uma declaração do tipo "Ei, dê uma *boa* olhada para mim". Uma amiga que tinha ouvido você falar me deu uma dica para tentar, e meu marido topou. Ele levou Rachel para jantar fora e lhe explicou como os garotos pensam.

Rachel não me disse nada sobre como foi a noite, mas percebi uma mudança no dia seguinte. Ela ainda estava usando os mesmos jeans e corpete, mas dessa vez estava com outra camiseta mais longa por cima que escondia as chamadas curvas "perigosas". Ela entendeu. E você estava certo: tudo o que eu tive de fazer foi dar a oportunidade para que ela ouvisse do pai o que os homens pensam. É claro que é muito mais fácil e menos estressante do que implicar o tempo todo com o que ela estava vestindo.

Susan, Washington

Sistemas de valores e crenças

Você realmente quer que seus adolescentes sejam coerentes com o seu sistema de crenças e valores? Por mais estranho que possa soar a seus ouvidos, espero que não. Você passou anos ensinando, pregando e vivendo (ou não) de acordo com suas crenças e valores diante de seus filhos. Com frequência suas ações falaram muito mais alto do que suas palavras. Ai, ai. Essa constatação às vezes dói, não? Mas todos somos pessoas imperfeitas, e muitas vezes agimos de maneira inconsistente com nossos valores quando estamos sob pressão. Agora, conforme seus filhos entram nos anos do grupo hormonal, eles vão tentar pensar por conta própria sobre esses valores e padrões de conduta segundo os quais você tentou viver. Eles terão de decidir se vão aceitá-los ou rejeitá-los.

É como despejar a água sobre folhas de chá em uma xícara. Essa é a hora de eles pegarem os valores que absorveram até agora e testá-los no mundo real. O resultado pode ser tanto uma bela água tingida em tons dourados ou uma mistura turva que ficou tempo demais em infusão. Sim, você pode ajudar e orientar (você, afinal, ainda é a autoridade da casa), mas seu adolescente agora é quase um adulto, capaz de pensar e agir. Logo ele estará lá fora, por conta própria. Então, se ele vai testar esses sistemas de valores, o melhor momento para fazer isso é agora, enquanto ainda tem em você uma fonte pronta para ser questionada.

Deixe a realidade falar por si

Situação 1: Seu filho se esquece de devolver a chave do carro para que você possa chegar à consulta do dentista a tempo.
Resposta: Da próxima vez que ele quiser o carro, simplesmente não estará disponível.

Situação 2: Sua filha gastou todo a mesada, e ainda é dia 10.
Resposta: "Ah, é um problema, não é?", você diz. "Hum, bem, parece que você terá de ser criativa, já que não vai ganhar a próxima mesada até o fim do mês."

Situação 3: Seu filho pega os tacos de golfe de seu marido emprestados, e, na volta, o número 7 de ferro não está lá.
Resposta: "Sei que seu pai o ama e me ama também. Mas isso não tem nada a ver com o taco de golfe. Então é melhor você dar um jeito de encontrá-lo bem rápido ou fazer planos financeiros para substituí-lo, porque conheço seu pai e ele não ficará nada satisfeito."

Situação 4: Sua filha reclama do jantar.
Resposta: Você não diz nada. Simplesmente retira a comida do prato dela sem qualquer comentário, mas a cozinha fica fechada à noite. Mais tarde, ela quer sair, você diz não. Quando ela pergunta por que, você diz: "Não gostei de seus comentários no jantar. Levei duas horas e meia para preparar aquela comida, que retirei de seu prato para que você não tivesse de olhar para aquele lixo. Se você não consegue respeitar e apreciar meus esforços, não tenho vontade de levá-la a lugar algum".

Se você é uma pessoa de fé, um ótimo trecho da Bíblia que o ajudaria a dar início à discussão sobre valores da vida que realmente importam é o capítulo 3 de Colossenses. É um "plano familiar" maravilhoso, que pode revolucionar os relacionamentos em sua casa.

Família, escola e depois as outras coisas

Adolescentes em geral tendem a ser socialmente ocupados. Eles podem, na verdade, estar envolvidos em tantas coisas que começam a se desconectar da família porque acabam passando cada vez menos tempo em casa. É por isso que ter certeza de que seus filhos estão solidamente entrincheirados em seu território familiar é tão importante para o bem-estar dèles nos anos da adolescência. O que acontece na família — atividades familiares, passeios, jantares, tarefas, férias — precisa se manter como prioridade máxima, mesmo nesse momento de grande envolvimento social. A prioridade seguinte deve ser as tarefas escolares, que precisam receber o tempo e a atenção necessários para produzir notas que reflitam os talentos pessoais do aluno. Qualquer coisa além disso, como emprego e amigos, são os "extras" da vida, que têm lugar quando os dois papéis principais estão preenchidos.

Porém, dê uma olhada na agenda da maioria dos adolescentes e você verá esta ordem de prioridades:

1. Amigos
2. Escola e atividades escolares
3. Família (quando pode ser espremida entre os itens 1 e 2)

Não é de admirar que as famílias hoje estejam se sentindo mais desconectadas do que nunca, e os adolescentes tenham a sensação de que ninguém em casa se importa com eles. Eles quase nunca estão lá para descobrir!

A ARMADILHA DA ATIVIDADE

Minha doce esposa, a sra. Festeira, ama o Natal. Na verdade, ela gosta tanto que decora a casa festivamente de alto a baixo. Nossa árvore de Natal em geral tem três metros de altura. É decorada com cerca de três mil lâmpadas (e esse é um número conservador), e é claro que todas têm de ser interligadas e conectadas à força. Eu, que sou o gênio não elétrico da família, decidi certo Natal que ligaríamos todos os fios das lâmpadas em um grande conector, em vez de ter de colocá-los em tomadas separadas. De repente, houve um grande *puf*! Fagulhas voaram em minha direção. Virei a cabeça para trás em direção à árvore e descobri que dezessete folhas pontiagudas de pinheiro chocando-se contra a parte de trás do pescoço não produzem uma sensação muito agradável. O choque me ensinou uma coisa, porém. Não se pode sobrecarregar o circuito elétrico sem algum tipo de consequência.

Se seu adolescente está sobrecarregado, não é preciso ir além da agenda semanal de atividades que você estabeleceu para ele. Muitos jovens são muito competentes, habilidosos em várias áreas, empreendedores, esforçados e estudantes que só tiram A, mas repare em tudo o que eles fazem. Se seu filho está fazendo quatro horas de lição à noite, participa da peça de teatro da escola, faz aulas de piano e integra uma equipe esportiva, não admira que esteja sobrecarregado. Eu também estaria se fizesse tudo isso.

Atividades não são boas para seus filhos!

Agora, eu? Eu era o oposto de sobrecarregado quando estudante. Costumava faltar à escola às segundas e sextas-feiras com bastante regularidade; gostava desse esquema de três vezes por semana. Eu só dava uma passadinha na escola, e pronto.

Mas alguns adolescentes são como o coelhinho da Duracell, que continuam funcionando e funcionando e funcionando... Até que finalmente as pilhas terminam e eles entram em colapso.

Qualquer um que já tenha lido algum livro meu sabe como me posiciono sobre isso: atividades não são boas para seus filhos! Com isso, é claro, refiro-me ao excesso de atividades. Alguns jovens estão sobrecarregados porque não estão atingindo o nível exigido na escola e sentem a pressão de ser bem-sucedidos no que estão falhando. Outros estão sobrecarregados porque são ótimos em todas as coisas em que estão envolvidos — é difícil escolher uma coisa só.

Funcionou para mim

Finalmente saímos do rolo compressor, e estamos nos sentindo muito bem! Com quatro filhos em nossa família, a semana de segunda a sábado era uma experiência insana, já que cada filho estava envolvido em múltiplas atividades. Melhorou um pouco quando nossos dois mais velhos entraram na adolescência, mas aí eles simplesmente ficaram mais ocupados, e nós os víamos menos. Em algumas semanas parecia que eu só saía de nossa caminhonete para dormir.

Mas acabou. Adoro seu programa de uma atividade por semestre, e adotei-o na família no início deste ano escolar. Felizmente, dois de nossos filhos adoram futebol e têm idades próximas, de modo que estão no mesmo time. Os dois mais velhos estão envolvidos em atividades extracurriculares nos mesmos três dias. Agora todos nós chegamos em casa às 18 horas, três vezes por semana, e podemos ter um jantar de verdade (a panela elétrica é minha amiga). Nas outras duas noites da semana, chegamos logo depois da escola e ficamos em casa. Nossa vida ainda é corrida (mais do que eu gostaria que fosse), mas está muito melhor assim.

Angie, Novo México

Você é pai ou mãe todos os dias. Mas em alguns dias você também precisa ser psicólogo. Então, venha comigo e faça uma análise do que está acontecendo com seu filho em casa. Seu filho está funcionando a pleno vapor, como o coelhinho da Duracell? Se for assim, por quê? Será que ele está pensando que:

- "Só tenho importância na vida quando realizo algo."
- "Só tenho importância na vida quando tiro A."
- "Só tenho importância quando me envolvo em tudo que as pessoas me convidam para participar."
- "Só tenho importância quando digo sim, e não tenho importância quando digo não."
- "Só tenho importância quando não decepciono as outras pessoas."

Conheço jovens que só tiravam notas A no ensino médio, que são diligentes devoradores de livros, que se formaram como oradores da turma, mas que fracassaram terrivelmente na vida.

Toda criança precisa de tempo livre — momentos em que possa criar, sonhar e simplesmente *ser*, sem ter sempre alguma coisa para *fazer*. Seu filho ou filha precisa de alívio do estresse constante da correria. Todas as crianças precisam ser crianças. Seu adolescente tem um tempo assim na agenda?

Você, pai ou mãe, a autoridade da família, tem a prerrogativa de dizer não a seu adolescente. "Não, você não pode fazer tudo. Você precisa fazer algumas escolhas".

E então você, pai e psicólogo, precisa acrescentar a força da determinação para encorajar essas decisões e permanecer na retaguarda, dando-lhes o apoio necessário para realizar esse propósito.

CRIANDO FILHOS COM CARÁTER

Há alguns meses, Sande, Lauren e eu estávamos saindo para um passeio em família. Mas como Lauren é o último passarinho em nosso ninho — uma vez que os irmãos dela já se viram sozinhos — dissemos a ela que podia convidar alguém para ir conosco.

Fiquei surpreso com a companhia que ela escolheu. Era um garoto de quem eu, particularmente, não gostava, por muitas razões. Depois que o passeio terminou, perguntei a Lauren:

— Por que convidou esse garoto? Você sabe que eu não gosto dele, estou surpreso com sua atitude.

— Ah, papai, eu não o convidei porque gosto dele. Fiz isso porque ninguém na nossa classe gosta dele — ela respondeu.

Se quer filhos que não pensem apenas em si mesmos ou no que podem conseguir, mas que sejam atenciosos e tenham consideração pelos outros, você precisa dar o exemplo desse tipo de compaixão em sua própria casa. Quando perceber a necessidade dos outros, tente supri-la trabalhando em família. Ao fazer isso, você dá o exemplo de como ser generoso com o tempo, as finanças e outros recursos.

Nós da família Leman vemos nossa casa como a missão de resgate da vizinhança, um lugar onde qualquer um pode chegar em busca de um pouco de amor, consideração e um ouvido atento. Sua casa é um refúgio seguro? Onde seus filhos — e outras crianças — gostam de estar? Você se importa com os outros adolescentes que se aglomeram em sua casa?

Muitos pais querem tratar os filhos como um peru com molho de laranja numa redoma de vidro — lindo de olhar, mas isolado do resto do mundo. Isolar

Nove ótimas maneiras de cultivar a compaixão em família

Faça um inventário simples do tempo e dos talentos da família. Em seguida, busque ideias de como vocês podem servir aos outros — como indivíduos e como família. Aqui vão algumas ideias para iniciantes.

1. Dê aulas de música grátis (violão, piano etc.) para uma criança da vizinhança que adoraria aprender um instrumento, mas não pode arcar com os custos.
2. Ajude uma família necessitada. Nossa filha Hannah está envolvida com um grupo chamado Children's Hopechest, em Colorado Springs, Colorado, um bem-sucedido ministério internacional voltado para órfãos, que os conecta com o poder transformador de vida dos relacionamentos comunitários com cristãos nos Estados Unidos e Canadá. Confira: <www.hopechest.org> [*site* em inglês].
3. Ofereça-se para cuidar dos filhos de uma mãe solteira, para que ela possa ter uma noite por semana para si mesma.
4. Passe uma manhã de sábado ajudando uma pessoa mais velha com o trabalho no jardim, o pagamento de contas ou as compras no supermercado.
5. Limpe a entrada da garagem de seu vizinho.
6. Lave carros — e não aceite presentes.
7. Cuide do cachorro de seus vizinhos enquanto eles saem de férias.
8. Leve a correspondência de uma vizinha idosa até a porta dela diariamente no período de chuvas, quando é perigoso andar na calçada molhada.
9. Convide o aluno novo da escola para ir até sua casa depois da aula e deixe-o ajudar a preparar o lanche. Certifique-se de que todos os membros da família o conheçam e lhe deem as boas-vindas.

seu filho sob uma redoma de vidro é a maneira mais fácil de agir. Mas não é saudável para você nem para seu adolescente. Por que não convidar para sua casa uma criança que não tem os mesmos privilégios de sua família? Ou um garoto de quem ninguém gosta? Foi uma lição de humildade saber que minha filha, cujo coração foi moldado ao longo dos anos com a compaixão e a generosidade por meio das atividades familiares com as quais escolhemos nos envolver, era mais compassiva que seu pai. E você sabe de onde tirei a ideia de desenvolver atividades em família para ajudar os outros? De meus próprios pais. Eles me amavam e nunca duvidei disso, mas também se preocupavam com outras pessoas, mesmo aquelas que não conhecíamos.

Quando interage com pessoas difíceis de amar, de quem ninguém gosta ou que têm menos sorte do que você, talvez você e seu adolescente possam fazer a diferença. Você quer que seu filho seja um doador ou um interesseiro? Se quer que ele seja um interesseiro, então crie-o como os filhos de seus vizinhos (aqueles que levam à loucura os próprios pais, e você também, com tantas exigências e irresponsabilidades). Se quer que ele seja um doador, preocupe-se com os outros e crie oportunidades para que ele ajude as pessoas.

Ouvi falar recentemente de um grupo de jovens que lavava carros. Normal. Porém, a maneira como eles estavam fazendo isso era completamente diferente. Eles não cobravam das pessoas nem aceitavam doações. Apenas sorriam, lavavam os carros e diziam às pessoas: "Tenha uma noite fabulosa!". Outra família tem a permissão de um *shopping center* local para aparecer toda sexta-feira à noite e tocar por duas horas. (Essa família de oito membros é uma banda.) O gerente do *shopping* ficou tão animado com as multidões que eles atraíram — e o serviço é grátis — que às vezes oferece uma pizza para a família depois da apresentação. Para eles, é o dia favorito da semana — e eles também fazem os clientes sorrirem!

Bem, isso está bem distante do sonho americano de receber pagamentos cada vez maiores, não é? Mas é uma ótima forma de ensinar às crianças que elas nem sempre recebem recompensas por tudo o que fazem na vida. Quando alguém faz algo para ajudar os outros sem esperar nada em retorno, essa pessoa se sente bem. E isso é um estímulo maravilhoso para o valor que seu adolescente atribui a si mesmo — e o tipo certo de objetivo para eles. (Veja o quadro "Nove ótimas maneiras de cultivar a compaixão em família" para ter algumas ideias.)

O que fazer na quinta-feira

1. Decida o que você quer colocar nas malas da vida de seu adolescente.
2. Estabeleça limites saudáveis e respeitosos.
3. Dê o exemplo da doação como antídoto para o comportamento egoísta.

Deixe-me fazer uma pergunta: o que você está colocando nas malas de seu adolescente para a vida dele fora de casa? O conceito de que ele é o centro do universo e é melhor que os outros se ajoelhem diante de suas exigências — ou o quê? Ou você está criando um garoto que compreende a necessidade, ajuda a estabelecer e respeita os limites da família? Um jovem que aceita a responsabilidade quando suas escolhas não são sensatas; e que está crescendo com um coração compassivo?

Pais, tudo começa com vocês. O que seu adolescente os vê fazer, ele fará também.

Viram o poder que vocês têm?

A JOGADA VENCEDORA
Deixe a realidade fazer o trabalho por você.

Viva! Os dividendos estão chegando

Chega de ginástica. Chega de mamadeira. Como tirar vantagem desses anos livres, leves e soltos.

No final de 2010 a General Motors se reorganizou e fez uma oferta pública inicial de ações. O valor definido foi de 33 dólares por ação.

Há pelo menos onze anos, você fez um investimento significativo na vida. Comprou a oferta inicial de ações de seu garotinho ou garotinha, e ajudou a construir as opções de ações desse garoto ou dessa garota um tantinho por vez, com amor, aceitação, orientação, humildade e até com indulgência.

Ao longo dos anos, suas ações estão crescendo; você consegue vê-las aumentar. Ainda não há dividendos, nem pagamento público; mas, com um investimento assim e todo o tempo que você gastou, como poderia dar errado?

Sim, seu pequeno estoque de ações fez várias escolhas por conta própria. Mas era *você* quem estava ali quando ele foi um pouco longe demais e foi *você* quem teve de colocá-lo de volta no rumo.

Os anos de adolescência são aqueles em que suas ações finalmente começam a render dividendos, depois da valorização de suas cotas que você acompanhou ao longo dos anos. Todas as estruturas que você construiu para seu filho, as coisas que colocou na mala dele — confiabilidade, respeito, responsabilidade etc. — começarão a ser demonstradas publicamente e em particular na medida em que ele se torna "uma pessoa autônoma" como adolescente.

Sim, haverá momentos em que você se perguntará se vai sobreviver às intempéries — ou se seu filho simplesmente vai sair voando de perto de você como uma barraca em uma tempestade de areia no deserto. Mas nessas ocasiões, olhe para trás, para as lutas e conflitos que já superou. Não, nos anos da adolescência não dá para você se sentar em uma cadeira confortável e colocar os pés para cima. Haverá novos desafios a cada esquina, de modo que é melhor permanecer de pé, leve e relaxado.

Daqui a bem pouco tempo, seu adolescente virará a página de um novo capítulo na vida. Cada um dos movimentos seguintes de seu adolescente será único. Alguns entrarão no exército, outros no mundo do trabalho, outros na faculdade, outros no treinamento vocacional.

Daqui a bem pouco tempo, seu adolescente virará a página de um novo capítulo na vida.

Se você quer que seu filho tenha sucesso, que desenvolva o melhor de si e de sua capacidade, que seja, como membro da sociedade, saudável, equilibrado e útil, então a melhor aposta de parceiro na vida dele é você. O que pretende fazer enquanto seu filho é adolescente? Pense bem no que deseja realizar em parceria com ele nesses poucos anos que restam. Que instruções de último minuto você lhe dará para o jogo chamado vida — sem mamãe e papai —, quando ele voar para fora do ninho e criar seu próprio caminho no mundo?

ENSINANDO OS TRÊS GRANDES

Vivemos em um mundo de informação instantânea. Quando um evento noticioso acontece do outro lado do planeta, sabemos sobre ele em minutos. Mas as notícias nem sempre são o que aparece na mídia. Durante anos, as pessoas consideraram Bernie Madoff, corretor de ações e consultor de investimentos norte-americano, um gênio. Aos olhos do mundo, ele era um sucesso. Sua empresa era um dos melhores negócios na área de consultoria de mercado financeiro em Wall Street. Contudo, em 29 de junho de 2009, ele foi condenado a 150 anos de prisão — pena máxima permitida — por lesar milhares de investidores em bilhões de dólares. Ele chegou a descrever seu negócio para os filhos como "uma grande mentira".[1]

E ele não é o único que não está fazendo as coisas às claras. Pastores de megaigrejas se acabam de chorar em rede nacional, pedindo perdão pelo que fizeram. Figuras esportivas como o jogador de golfe Tiger Woods, que parecem invencíveis e aparentam ter tudo na palma da mão, despencam ladeira abaixo quando têm a vida privada exposta aos olhos do mundo.

As pessoas podem tomar decisões estúpidas que arruínam grandes carreiras, desperdiçam oportunidades incríveis e destroem reputações excelentes. Richard Nixon poderia ter passado para a história como um dos maiores estadistas que já ocuparam a Casa Branca, e teria sido lembrado especialmente pelos avanços tremendos que fez em relação à China. Mas de que as pessoas se lembram quando pensam em Nixon? Do fato de ele ter feito a coisa errada. Se Dicky, o mentiroso,[2] como ele era chamado, tivesse se colocado diante do povo norte-americano e dito: "Vocês não vão acreditar no que eu fiz. Podem me chamar de idiota. Eu apaguei as fitas. Olhando para trás, fazer isso foi horrível. Eu estava errado, e peço perdão", ele não teria de deixar seu gabinete até que o mandato terminasse.

E também tivemos Bill Clinton, que provavelmente poderia ter passado à história como um dos maiores presidentes dos Estados Unidos. Ele era, afinal de contas, um sujeito brilhante — o único presidente norte-americano a receber bolsa de estudos para estudar na Universidade de Oxford, na Inglaterra. Mas lhe faltaram bom-senso e habilidade para fazer a coisa certa. O que ele disse uma vez e continuou repetindo? "Não tive relações sexuais com aquela mulher."[3]

Uma pessoa sensata disse uma vez:

> Tenha dois objetivos: sabedoria — isto é, saber e fazer a coisa certa — e bom--senso...
>
> Aprenda a ser sábio [...] e desenvolva o entendimento e o bom-senso! Nunca é demais enfatizar essa questão. Apegue-se à sabedoria — ela vai protegê-lo. Ame-a — ela vai guardá-lo...

Funcionou para mim

Sempre detestei que meus filhos assistissem aos noticiários, porque tudo que é apresentado é muito negativo. Recentemente mudei meu ponto de vista quando o ouvi falar sobre a importância de conversar sobre as notícias da vida real com os adolescentes. Quando um vereador foi pego com uma prostituta, discuti isso com meus filhos de 16 e 17 anos.

— Gente, esse cara com certeza foi idiota — disse um deles.

— É — concordou o outro. — E parece que a esposa dele é uma senhora legal. Por que ele iria querer jogar tudo isso pela janela por uma noite com uma prostituta?

Meus filhos entenderam. E, melhor ainda, eles se apegaram à questão. Quando meu filho de 17 anos começou a namorar alguns meses depois, a namorada passou a pressioná-lo para que fizessem sexo. Meu filho disse que contou à garota a história do vereador, e que também não jogaria sua virgindade pela janela por ela.

A moça desmanchou o namoro, e eu fiquei satisfeita em silêncio. A resposta de meu filho me fez ficar orgulhosa dele. "Mãe, o fato de ela ter terminado me mostrou que eu realmente não era importante para ela, e sim o sexo. Que bom que não cedi." Ele olhou para mim e sorriu. "Acho que aquele vereador me ensinou alguma coisa, afinal".

Aquele foi um dos momentos de maior orgulho para mim.

Janey, Texas

> Não se envolva em brigas desnecessárias. Não inveje homens violentos. Não adote o procedimento deles.
>
> O homem que sabe discernir o certo do errado e tem entendimento e bom-senso é mais feliz do que o homem que é imensamente rico! Porque tal sabedoria é muito mais valiosa do que joias preciosas.[4]

Você pode ser uma pessoa de fé; ou pode não ser. Se for, é possível que tenha reconhecido essas palavras dos Provérbios, um livro de sabedoria da Bíblia. Mas acredite você na Bíblia ou não, esse é um conselho sábio para todos. Se seus adolescentes aprenderem a ter sabedoria, bom-senso e discernimento, eles saberão e farão o que é certo em vez do que é errado.

É interessante. Não há muito na Bíblia falando especificamente da criação de filhos. A melhor referência diz: “Filhos, obedeçam aos seus pais; essa é a atitude correta que vocês devem ter, porque o Senhor os colocou numa posição de autoridade sobre vocês”.[5] E se seu adolescente fizer isso, há uma promessa para ele: “Para que tudo corra bem e você tenha uma vida longa sobre a terra”.[6] Mas o texto não se limita a simplesmente dizer aos filhos para obedecer e se comportar. Existe uma observação para os pais que é taxativa: “Pais, não vivam irritando seus filhos, deixando-os irados e rancorosos”.[7] Em vez disso, a passagem bíblica diz para dar às crianças recomendações e conselhos divinos! Essas são de fato palavras sábias para os anos do grupo hormonal.

Seu adolescente precisa se encaminhar para a vida fora do ninho com o que eu chamo de “três grandes”: sabedoria, bom-senso e discernimento.

No mundo de hoje, mais do que nunca, seu adolescente precisa se encaminhar para a vida fora do ninho com o que eu chamo de “três grandes”: sabedoria, bom-senso e discernimento. Haverá muitas armadilhas à espera deles se esses três elementos não estiverem à mão. Muita gente desonesta está pronta para enganá-los. Uma mulher bem-intencionada e gentil que conheço foi ludibriada em 6 mil dólares por um “policial” que disse que o neto dela estava preso e que precisava do dinheiro da fiança. Há todo tipo de gente disposta a se aproveitar dos mais fracos. Bernie Madoff deu o calote nas pessoas, inclusive de sua própria família, durante anos sem ser pego. Adultos inteligentes também não conseguiram identificar o esquema! Toda força aos filhos dele por terem entregado o pai às autoridades.

Seu adolescente precisa saber que, se algo é bom demais para ser verdade, provavelmente é isso mesmo. Ele deve investigar com cuidado antes de dar um passo adiante.

Como você pode aumentar a capacidade de seu adolescente para viver neste mundo? Quando você vir artigos sobre pessoas como Bernie Madoff, levante o assunto no carro ou à mesa do jantar. "Você ouviu falar de...", e forneça as informações da notícia para a família. Discutir situações da vida real sinaliza a seu filho que há pessoas que roubam e também pessoas desonestas por aí, e que ele não quer ser nem uma coisa nem outra. Encoraje seus filhos a conversar sobre as notícias que eles encontram na internet ou sobre as quais escutam falar. Isso contribui para que as conversas no jantar sejam animadas e torna seu filho mais esperto, de modo que haverá menos probabilidade de ele cair em um conto que o conduza ao caminho errado.

Adolescentes podem pensar que sabem se virar bem e que são espertos, mas a maioria deles é bastante ingênua (algo que eles certamente não admitiriam a seus colegas). É por isso que muitos deles são alvos fáceis de artistas enganadores. E, no mundo adolescente, com a pressão para fazer o que todo mundo está fazendo, se um cai, uma multidão vai cair.

Não deixe seus filhos serem tolos.

Não deixe seus filhos serem tolos. Converse sobre a vida real. Desenvolva neles sabedoria, bom-senso e discernimento, pratique essas qualidades você mesmo diariamente e discuta situações com seus adolescentes para que eles possam desenvolver os "três grandes" por conta própria.

ECONOMIZANDO PARA OS DIAS DIFÍCEIS

Com o estado assustador da economia atual, você pode dar a seu adolescente um presente incrível: o dom de administrar o dinheiro com sabedoria e de investir para o futuro. Por que não dar a partida nas finanças de seu adolescente ao encorajá-lo a depositar dinheiro em contas poupança (dizendo até que você vai dar a mesma quantia que ele depositar cada vez, se tiver capacidade financeira para isso)? Mostre-lhe como o dinheiro vai crescer com um pequeno esforço da parte dele.

E por que não incluir algumas lições sobre o funcionamento do mercado de ações ao dar a seu adolescente a oportunidade de investir em ações ou títulos? Presentear seu filho com um certificado de ações no aniversário pode ser um bom ponto de partida. Mas não pare por aí. Transforme o presente em uma lição de como o mercado de ação flui e reflui ao conferir o valor do certificado de tempos em tempos com ele. Se seu filho de 12 anos gasta muito tempo no computador jogando ou navegando, ele é um candidato excelente a pesquisar mais sobre o mercado de ações, já que tem familiaridade com a internet. Ele pode até querer investir em uma das empresas da qual compra os *video games*. Aqui vão algumas dicas do artigo "Como dar às crianças o dom do investimento":

- Compre algumas ações ou títulos para ensinar seu filho a diversificar os investimentos.

- Comece uma conta protegida de investimento no nome da criança, com o mínimo; pode ser até 100 dólares.
- Abra uma conta de previdência privada para seu adolescente. Iguale uma parte ou toda a contribuição dele.
- Comece um plano de poupança para a faculdade. Encoraje seus parentes e amigos que não sabem que presente comprar a contribuírem com a conta.[8]

Use essas dicas e os conselhos de qualquer outro especialista em finanças que você conheça para ajudá-lo a ensinar seu adolescente a usar, economizar e investir o dinheiro de forma sensata.

ESCOLHENDO A FACULDADE E O TRABALHO

Você chegou aos anos em que muito provavelmente seu adolescente vai começar a pensar sobre uma questão decisiva: "O que vou fazer da minha vida depois de sair do ensino médio?".

Se seu filho ou filha está entre os 10% melhores da classe e vai conseguir ser aprovado em várias faculdades e universidades, talvez até ganhando bolsas de estudo, você já está ouvindo ao fundo o tilintar das moedinhas caindo, fruto de seu trabalho duro como pai até agora.

No meu caso, a questão acima não ocorreu até perto da conclusão do ensino médio, seguida pelo pensamento chocante: "Caramba, o que vou fazer? Todo mundo que conheço está indo para a faculdade".

Sim, eu era um aluno lento. Seu filho pode ser como eu (tomara que não). Levou um longo tempo até que minha mãe ouvisse o barulhinho das moedas como recompensa por seu trabalho duro.

A partir do momento em que o adolescente se encaminhar para esse próximo capítulo da vida, a habilidade dos pais de entender e contribuir com a situação precisa estar mais afiada do que nunca. Se você tem uma "filha inteligente", isso significa que ela vai para uma universidade de primeira linha, que muitos têm em alta conta, a custo de milhares de reais por ano? Ou essa filha, cujo objetivo de vida é trabalhar com crianças, estaria melhor se fosse para uma faculdade menor por menos tempo (e pudesse economizar enquanto ainda mora na casa dos pais) para depois se transferir para uma universidade pública?

Eu gostaria de lhe oferecer um pouco de perspectiva, com base no meu tempo como reitor de alunos na Universidade do Arizona, quando fiquei encarregado de todos os dormitórios e dos mais de 6 mil alunos que moravam ali. Inevitavelmente, se alguém perguntasse aos calouros o que queriam estudar na graduação, ouviria várias vezes "medicina" e "direito", como um disco quebrado.[9] Porém, se reparasse nas notas de alguns desses garotos no ensino médio, veria que essas opções de carreira eram muito questionáveis.

Com os pais, a frase "a esperança é a última que morre" soa quase ridícula às vezes. Um pai esperançoso pode pegar um aluno só com notas D no ensino médio e tentar transformá-lo em um aluno de medicina na universidade mais cara. Mas isso realmente vai acontecer?

Pais, quando vocês e seu adolescente pensarem no futuro dele, é inteligente considerar a personalidade, os talentos, o nível de motivação pessoal e as metas de vida de seu filho ou filha. A menos que ela seja muito responsável, organizada, ótima aluna, apaixonadamente motivada por ajudar as pessoas e tenha

Um presente para a vida toda

Como um pequeno lembrete de que muito na vida tem a ver com seu ponto de vista, aqui estão apenas alguns dos momentos que meus pais vivenciaram com seu filho:

- Eu acertei os enfeites de nossa árvore de Natal importados da Noruega (herança da família de minha mãe) com minha pistola de ar comprimido... E culpei o gato.
- Eu jogava bolas de golfe no sentido da via expressa do estado de Nova York.
- Graduei-me como o pior aluno da classe no ensino médio.
- Fui expulso do grupo de escoteiros... E da faculdade.
- Comia biscoitos caninos Milkbone.
- Fui mandado para casa no quarto ano por colocar meu dedo para fora da braguilha e balançar para as meninas.
- Fui cortado do time de basquete júnior... E corri para casa no meio do inverno vestindo apenas meus *shorts*.
- Eu jogava abóboras de cima de viadutos sobre a via expressa logo depois que os carros passavam.

Mesmo assim, minha querida mãe acreditou em mim. Ela sempre dizia: "Você é um menino tão bom". Mais tarde, quando a levava a recordar do que eu tinha feito quando garoto, ela dizia: "Ah, sim, eu me lembro dessa vez. Mas você era um menino tão bom".

Ao acreditar em seus filhos (mereçam eles ou não), você lhes dá um presente para a vida toda. Minha mãe com certeza fez isso. Demorou muitos anos, mas as expectativas positivas dela viraram este cara aqui do avesso. E podem virar seu filho também.

ótimas notas em ciência, por que você pagaria para mandá-la a quatro anos de universidade, e mais outros dois para especialização em enfermagem? Se sua filha quer trabalhar com crianças e adora a creche onde está trabalhando depois da aula, a última coisa que você precisa fazer é gastar milhares de reais por ano e acabar com empréstimos altíssimos para ela conseguir um diploma de bacharel em educação elementar.

> Com os pais, a frase "a esperança é a última que morre" soa quase ridícula às vezes.

Se seu filho é um aluno de nível B, então uma faculdade mediana provavelmente seria mais adequada para ele do que uma universidade em que ele estará submetido à alta pressão. Por outro lado, se seu filho só tira notas A, quer ser farmacêutico e tem o pique e a inteligência para isso, você não vai querer que ele trabalhe na rede de supermercados local. Ajude-o a realizar o sonho de se formar em uma universidade de primeira linha.

Seu filho deve ir para uma faculdade ou uma universidade privada? Se você tem os milhares de reais por ano exigidos para que ele explore um curso de arte moderna em uma escola prestigiada, e está tudo bem para você, então ótimo. Mas se, como a maioria, você está contando cada centavo, essa ideia não faz muito sentido. Você precisa ser prudente. O que é melhor para o estudante, e o que é melhor para sua família? Você conhece seu adolescente melhor do que qualquer outra pessoa.

Alguns jovens se saem melhor se continuam a morar em casa e vão diariamente a uma faculdade, tendo de pagar apenas os livros e a mensalidade, já que as despesas com moradia estão cobertas. Alguns adolescentes desabrocham no ambiente de uma grande escola, com importantes competições esportivas universitárias e atividades extracurriculares. Outros se sentiriam perdidos em um lugar assim. Alguns jovens podem trabalhar meio período e frequentar a faculdade, atuando em duas frentes.

Há alguns estudantes que não estão prontos para a faculdade. Mas eles podem ter grandes habilidades técnicas e são perfeitos para receber um ensino técnico. (Essas pessoas valem seu peso em ouro para mim, já que coisas técnicas definitivamente não são meu dom natural.) Outros precisam amadurecer, desenvolver responsabilidade e decidir o que estão interessados em fazer da vida. Esses adolescentes não devem ser empurrados para um ambiente de faculdade a fim de "se encontrar". Passar alguns anos trabalhando em diferentes atividades pode ajudá-los a descobrir algo de que gostem.

Por exemplo, Adam era um aluno que sempre tirava notas C no ensino médio. Ele não tinha de fato nenhum interesse particular. O pai queria que ele fosse para a mesma universidade em que estudou, uma das melhores, mas Adam não tinha as notas necessárias para entrar — ou para se manter lá. Quando esses pais me consultaram, disse-lhes que parecia melhor deixar Adam explorar algumas opções de trabalho. Assim, Adam começou com um trabalho de verão, limpando o chão na loja de uma fábrica local. Enquanto estava ali, ficou intrigado com a maneira como as máquinas funcionavam e perguntou se poderia ficar durante seu horário de almoço para observar como elas eram programadas. Devido às perguntas pertinentes de Adam, o encarregado lhe deu a oportunidade de ficar depois do trabalho uma vez para ajudar a programar uma máquina nova que havia acabado de chegar da China. O interesse de Adam cresceu. Logo o encarregado o tirou de suas tarefas de limpeza para programar outras máquinas. Avance um ano — Adam estava trabalhando em período integral. Hoje, dez anos depois, ele é o supervisor da loja!

Sem dúvida esse não era o caminho profissional que os pais ricos de Adam teriam inicialmente escolhido para ele. Mas eles têm orgulho do filho. Adam agora é conhecido naquele setor por sua percepção, integridade e criatividade. As habilidades dele o ajudaram a tornar a pequena empresa uma das líderes do setor.

A irmã de Adam estudou em uma faculdade pequena especializada em corridas de cavalo, e agora está trabalhando com crianças com necessidades especiais que aprendem a montar cavalos como parte de sua fisioterapia. O irmão está na área de publicidade e só agora está estudando administração na faculdade. Isso só demonstra que se você tem três filhos em sua família, um irá para a direita, outro seguirá direto pelo meio e o outro virará à esquerda. Encoraje cada um de seus adolescentes a seguir seu próprio caminho, com habilidade e conhecimento para se virar sozinho.

> Encoraje cada um de seus adolescentes a seguir seu próprio caminho.

Essas decisões após o ensino médio devem ser tomadas com cuidado, pois vão afetar seu filho por toda a vida. Portanto, entre no carro ou tome um avião e visite as escolas com seu filho.

Enquanto eu trabalhava neste capítulo do livro, Sande, minha esposa, e eu viajamos com Lauren, então no último ano do ensino médio, para dar uma conferida na UCLA e no Otis College of Art and Design — ambos na região de Los Angeles. Levando em conta que Lauren adora desenhar e escrever, quisemos que ela se concentrasse em escolas que tivessem bons programas nas duas áreas. Mas é só visitando as escolas que a própria Lauren vai entender qual se adequa melhor a sua personalidade e interesses.

Sim, seu adolescente tem de fazer a escolha final para o futuro dele, mas você pode encorajá-lo a olhar sensatamente para as opções, ajudá-lo a reunir informações e discutir com ele expectativas realistas. Um jovem que tinha dificuldades para fazer a lição de casa provavelmente não é candidato a um mestrado ou doutorado. (Claro, existem exceções — meu caso, por exemplo. Mas primeiro tive de trabalhar alguns anos entre essas realizações e me tornar sério em relação aos estudos.)

O princípio básico é: antes de se colocar ou de colocar seu adolescente em débito por um longo tempo, certifique-se da relação entre custo e benefício que você merece por seu investimento.

Não importa o que pensam seu vizinho Mike, sua colega de trabalho Sally e sua tia Matilda. O que importa é o que é melhor para seu adolescente e para o futuro dele, além de um devido respeito ao bolso dos pais. Ninguém quer sair depois de quatro anos de faculdade com uma dívida gigantesca. Mesmo assim, é o que acontece com centenas de milhares de jovens adultos nos Estados Unidos. Não faça dessa a história de seu adolescente, a menos que seja absolutamente necessário. Ajude-o a fazer escolhas sensatas e, em seguida, faça o que puder para ajudá-lo a dar os primeiros passos na vida sem um fardo financeiro nas costas.

Funcionou para mim

Sou bem feminina, então tem sido difícil para mim me relacionar com meus três filhos, cada um com um ano de diferença. (Sim, Deus realmente tem senso de humor, não acha?) O nível de testosterona está bem alto em nossa casa, agora que todos eles são adolescentes. Recentemente, quando você falou sobre mães e filhos em um retiro para mulheres, caí na real sobre quanto tenho tentado fazer meus meninos gostarem de mim. Em outras palavras, tenho trabalhado para *tirar* a masculinidade deles. Naquele dia me dei conta de como tenho sido injusta.

Agora faço o que posso para encorajá-los quando eles fazem coisas "de homem" — como me ajudar a carregar as compras, abrir a porta para mim etc. Obrigada por ter me ajudado a ver a luz de modo que meus garotos se tornem homens que serão protetores das mulheres — o tipo de homem que meu marido é — em vez dos "garotos sensíveis" que eu estava tentando criar.

Nancie, Indiana

UMA NOTA ESPECIAL PARA MÃES DE MENINOS

Cerca de quatro horas antes de um jogo em uma grande universidade, os jogadores participam de um culto. Tive o prazer de falar em muitos deles. Recentemente, porém, fiquei assistindo enquanto Andy Lopez falava. Ele é o principal técnico de beisebol da Universidade do Arizona e venceu o campeonato da liga universitária na Pepperdine University [na Califórnia]. Andy falou sobre o fato de que o futebol americano é um jogo violento — os jogadores, especialmente na primeira divisão, são grandes e rápidos.

Andy é um daqueles caras incríveis que cresceram em uma vizinhança difícil e mesmo assim se ergueu sozinho e se deu bem na vida. Mas sua vida se transformou quando ele se tornou cristão. No entanto, havia algo que o preocupava. Como ele disse à irmã, que havia se tornado cristã antes dele, "não quero pegar leve".

No culto, Andy contou aos jogadores de futebol que ele começou a reparar nas pessoas da Bíblia — Jeremias e Isaías, por exemplo. Esses caras não pegavam leve; eles eram durões. Eles fizeram o que tinha de ser feito, e nem sempre foi fácil.

A dra. Louann Brizendine, fundadora da primeira clínica de estudos das diferenças de gênero, comportamento e hormônios no cérebro, recentemente lançou um livro chamado *The Male Brain: A Breakthrough Understanding of How Men and Boys Think* [O cérebro masculino: uma compreensão reveladora de como homens e meninos pensam]. Impecavelmente embasado e com a última palavra em conhecimento científico, é um livro que toda esposa e mãe (ou qualquer pessoa que tenha um homem em sua vida) precisa ler. É um estudo intrigante que acompanha o cérebro masculino em cada fase da vida, da infância à idade adulta, e vai ajudá-la a entender as criaturas masculinas de sua casa. Aqui vão três descobertas da dra. Brizendine:

- O cérebro masculino é uma máquina enxuta, funcional, solucionadora de problemas. Diante de um problema pessoal, um homem usará suas estruturas cerebrais analíticas para encontrar uma solução.
- O cérebro masculino se desenvolve sob competição, instintivamente joga duro e é obcecado por *rankings* e hierarquias.
- O cérebro masculino tem uma área sexual que ocupa 2,5 vezes mais espaço do que o cérebro feminino, preenchido por fantasias sexuais sobre partes do corpo feminino.[10]

Mãe, sei que você ama esses meninos adoráveis em sua casa. Mas você não admite que seu garoto precisa crescer e se tornar durão? Ser uma máquina solucionadora de problemas enxuta e funcional? Aprender como lidar efetivamente com seu desejo natural de posição e conquista sexual? Sim, conforme seu filho se torna mais esquisito do que nunca nos anos de adolescência, você ainda quer cultivar nele o coração terno. Algum dia, porém, seu filho será um pai e um marido. Como você quer que ele seja?

Pense nisso por um minuto. Se você é casada, o que a atraiu a seu marido? A suavidade do coração dele em relação a você, de início. Mas você também não ficou atraída por sua força masculina? Seu espírito competitivo para brigar por seus interesses? A maioria das mulheres quer uma combinação de dureza e ternura. Qualquer coisa que você faça para encorajar essa combinação maravilhosa nos anos de adolescência de seu filho vão beneficiar não só a você, seu filho e sua família, mas também a família que ele terá um dia.

CRIAÇÃO LADO A LADO

Há cerca de um mês, recebi um telefonema de um casal que estava no meio de uma "discussão" (uma forma gentil de dizer que eles estavam quase se pegando no tapa por causa desse assunto e finalmente tiveram de ligar para uma terceira parte para ajudar — bem-vindo, dr. Leman). O filho de 19 anos já havia destruído dois carros (não novos, mas modelos seminovos). Claro, nunca tinha sido culpa dele — uma vez ele estava escrevendo uma mensagem de texto, na outra ele estava brincando de "dedo de ferro" com seu amigo no assento do passageiro e simplesmente não viu o outro carro se aproximar. Pior, aqueles dois carros haviam sido comprados para ele pelos pais — ou, mais especificamente, pela mãe. O pai resistira desde o início, alegando que o filho deveria comprar o próprio carro.

Depois do segundo acidente, a mãe não desistiu de comprar outro carro para o filho.

— O que há de errado com você? — perguntou o pai.

A mãe estava na defensiva.

— Bem, como ele pode ir ao trabalho se não tiver um carro?

O rapaz tinha um trabalho modesto, com um salário que mal ultrapassava o mínimo. Claramente ele não tinha recursos para pagar o seguro — o dinheiro quase não dava para pagar o combustível — e mesmo assim a mãe queria comprar um *terceiro carro*, sendo que o filho não havia demonstrado qualquer nível de responsabilidade. Eu concordei com o pai. "O que há de errado com você?".

Era bem nítido que a mãe estava carregando o peso dessa família no lugar do filho. Ele estava numa boa, pensando: "Bem, se eu destruir um carro, mamãe vai lá e me compra outro melhor. Qual o problema?". Além disso, a mãe apoiava a filosofia: "Tenho de ser *amiga* do meu filho".

E eis o pior. Quando conversei com a mãe, ela estava cheia de veneno contra o pai. "Ele não faz isso; ele não faz aquilo...".

Mas eu conheço aquele pai. Ele é muito responsável, muito trabalhador, é apreciado pelos colegas e tem integridade. Acontece que ele é uma dessas pessoas que acha que você tem de ter disciplina na vida e trabalhar duro para poder comprar o que quer.

A mãe, por sua vez, é um exemplo clássico de perfeccionista desestimulada e derrotada. Depois de conversar com ela um pouco mais, descobri que seu pai era uma pessoa muito crítica. Ela nunca conseguia agradá-lo, não importa o que fizesse. Ao se encaminhar para o casamento, pensava igualmente que nunca seria capaz de agradar ao marido. Então, em vez disso, ela decidiu, sem tomar consciência, que simplesmente o manipularia e o tiranizaria para conseguir o que quisesse (tornando-se, na verdade, muito parecida com o pai).

E o garoto? Bem, a mãe nunca teve um irmão, de modo que ela queria um "camarada". Se o filho estivesse feliz, então estaria tudo ótimo, muito obrigado. Não é de admirar que o filho fosse uma criatura preguiçosa que não movia uma palha na casa, um jovem completamente autocentrado que estava na fila para ganhar o terceiro carro com apenas um ano de uso.

Pior de tudo, adivinhe quem estava assistindo ao desenrolar desse fiasco? O irmão e a irmã mais novos. Acredite, eles estavam aprendendo alguns padrões de relacionamento com os quais tanto o pai como a mãe terão de lidar quando eles dois se tornarem adolescentes.

O desejo da mãe por ser amada e apreciada estava entrando em choque com o aprendizado do filho sobre responsabilidade. Um carro é a última coisa que eu compraria para aquele rapaz. Muitas pessoas que não têm carro chegam ao trabalho. Na verdade, há essas coisas que parecem carros grandes e acomodam cerca de cinquenta pessoas sentadas. É possível até descobrir quando eles vão chegar e, por mais incrível que pareça, eles quase sempre aparecem na hora determinada e levam você para onde quiser ir. São chamados de ônibus. Ou que tal uma bicicleta usada, paga com o dinheiro da mesada dele? Agora sim estamos nos entendendo!

O trabalho do filho ficava a apenas 15 minutos de bicicleta de casa. Mas, é claro, o rapaz realmente teria de despender alguma energia para chegar lá. Em vez disso, por causa da mãe, o menino havia se dado bem. Ele estava tirando vantagem da guerra por controle que se desenrolava entre mamãe e papai. E todo mundo na família estava perdendo com isso.

Funcionou para mim

Minha esposa chegou em casa no último fim de semana de um retiro no qual você falou sobre como é importante que os pais permaneçam unidos diante dos filhos. Com muita frequência, deixamos nossos filhos nos colocar um contra o outro, e isso causou muitos problemas em nosso casamento. Naquele dia tomamos a decisão de permanecer juntos, não importava o que acontecesse.

Só foi necessária uma hora para nossa resolução ser testada. Minha filha me testou primeiro e, em seguida, testou minha esposa. Quando permanecemos firmes em nossa decisão, ela tentou novamente persuadir um de nós. Por fim, ela disse bem alto, indignada: "O que há de *errado* com vocês dois?".

Olhamos um para o outro e sorrimos. "Não há nada de errado", eu disse. "Na verdade, está tudo ótimo".

Ray, Arizona

Pais, vocês estão permanecendo unidos ou estão deixando os pirralhos que já são mais altos que vocês controlar sua casa e causar divisão em seu relacionamento matrimonial? Essa área é indispensável para o sucesso de vocês como pais. É por isso que vou lhes dar outro exemplo de por que permanecer lado a lado é um ponto-chave para o sucesso na criação dos filhos — e para o sucesso de seu adolescente na vida.

Recebi um telefonema de um pai preocupado semana passada. Ele disse:

> Dr. Leman, você precisa me ajudar. Estou entre a cruz e a espada. Minha esposa e minha filha perseguem uma à outra o tempo todo. É uma coisa diária, constante. Estou cheio disso, mas não sei o que fazer.
>
> Minha esposa, Norma, cresceu num lar em que ninguém confiava em ninguém, e ela fez muitas coisas na adolescência que não deveria ter feito. Então ela também não consegue ver nossa filha Julie como alguém em quem confiar. Ontem tivemos de comprar uma geladeira nova, e por isso pedi que Julie tomasse conta de nossos dois filhos menores por algumas horas. Ela concordou, e por ela não havia problema algum.
>
> Mas então Norma ficou sabendo e soltou os cachorros.
>
> — Não podemos deixar três crianças sozinhas. Vai ser um pandemônio!
>
> Julie disse a ela:
>
> — Mãe, eu posso tomar conta dos meninos. Vai ficar tudo bem.
>
> — Não — insistiu minha esposa — não vai.
>
> Então elas tiveram outra discussão explosiva, Julie dizendo que a mãe não confiava nela (bem, ela está certa, Norma não confia nela, e em mais ninguém), e Norma berrando:
>
> — Viu, é por isso que eu não confio em você. Seu modo de agir é péssimo!
>
> Quando terminou, Julie tinha ido para o quarto e batido a porta, e Norma bateu a porta de nosso quarto. Fui conversar com Norma e disse que ela estava sendo dura demais com Julie. Tentei argumentar que Julie sempre foi responsável. Mas Norma disse: "Não ouse dizer a essa menina que ela está certa!", e olhou furiosamente para mim. Soube então que a discussão estava encerrada.
>
> Em seguida, deixei as duas mulheres para trás e saí com os dois pequenos para tomar um sorvete, tirando-os assim de toda a confusão. Doutor, não quero menosprezar minha esposa, mas não consigo mais viver assim.

Eis o que eu disse a ele:

> Você me parece um sujeito inteligente. Portanto, já sabe boa parte do que vou dizer. Eu apostaria um milhão de dólares que tanto sua esposa como sua filha são

primogênitas. Além disso, ambas são mulheres, de modo que elas sempre estarão entrando em atrito. Ambas sempre vão querer estar certas. Elas estão claramente competindo uma com a outra. Tudo o que sua filha está tentando dizer é: "Ei, mãe, posso ajudar vocês", mas sua esposa não está disposta a aceitar isso. É nítido que sua esposa tem problemas profundos por causa de seu passado, o que significa que ela não é capaz de confiar em ninguém. Ela precisa de ajuda com essas questões antes que destrua a vida de sua família.

Você não tem um problema de filho; tem um problema de esposa. Ela tem de relaxar e entender que precisa parar de competir com a filha, ou vocês todos pagarão por isso nos próximos anos.

E como você acha que uma garota de 17 anos pode se vingar de uma mãe tão controladora? Não é preciso divagar muito para descobrir. Isso é que é mãe dominadora! Ela sabia exatamente como a filha deveria viver, que suéter deveria usar, onde poderia ir ou não. Não havia o menor espaço para Julie ser um indivíduo. Norma era como uma versão moderna de Dom Quixote, lutando contra moinhos a cada passo.

Felizmente, esse pai tinha um ótimo relacionamento com a filha. Também não foi difícil para ele se relacionar com Julie sem competição, já que era um relacionamento de gêneros opostos, e ele tinha uma personalidade de filho do meio. Mas eu também encorajei esse cara, que só queria tornar a vida mais leve, a levar a situação ao próximo nível. Quando sua esposa se acalmou, ele chegou para ela a portas fechadas e disse: "Querida, você precisa se esforçar para relaxar". Ele foi honesto sobre o fato de que a incapacidade dela de confiar na filha — ou em qualquer outra pessoa da família — estava fazendo estragos em todos eles. Depois de fazer greve de silêncio com o marido por alguns dias, Norma finalmente admitiu que ele estava certo e concordou em consultar um terapeuta.

Fiquei satisfeito ao ouvir isso, porque aquela situação tinha a inscrição "desastre familiar" estampada na testa. Há uma coisa engraçada nas famílias — todos conhecem bem os pontos fracos de cada um. E à luz da batalha, são ótimos em apontá-los. Também sabem que botões apertar para intensificar a briga.

Já que você está se preparando para lançar seus adolescentes em um mundo novo e desconhecido, é imperativo que você permaneça lado a lado com seu cônjuge — sem nem sequer um centímetro de distância entre vocês. Diante de seus filhos, vocês precisam permanecer unidos. Se fizerem isso, os resultados serão um gol de placa. Vocês podem se dedicar a qualquer tipo de mudança e transformar seu adolescente até sexta-feira. Na verdade, talvez nem precisem esperar até sexta-feira. Talvez o casal tenha tido dois filhos "fáceis" que não precisaram muito dos pais em termos de formação de atitude e de vida. Mas e esse terceiro?

Ele é um problema à parte. Agora não é hora de desistir. Vocês precisam dar um passo à frente e ser pais. Se um de vocês der para trás, nunca realizarão o objetivo de transformar seu adolescente até sexta-feira.

Os anos de adolescência são confusos o suficiente para que os filhos ainda sejam jogados de um lado para outro entre papai e mamãe, como uma bola de pingue-pongue. Portanto, dizer "Vá perguntar para o seu pai" ou "Vá perguntar para a sua mãe" é esquivar-se das responsabilidades. Seus filhos merecem mais do que isso. Seu cônjuge merece mais do que isso.

Os anos de adolescência são confusos o suficiente para que os filhos ainda sejam jogados de um lado para outro entre papai e mamãe, como uma bola de pingue-pongue.

Os filhos se desenvolvem quando veem os pais jogando no mesmo time — quando sabem que há diretrizes familiares, um ambiente seguro e expectativas positivas por parte deles. Mas se você e seu cônjuge jogam em times diferentes, tudo o que vão fazer é confundir seu adolescente. Francamente, se esse é o seu caso, você precisa fechar este livro e ler um sobre casamento (sugiro *Transforme seu marido até sexta*) antes de tentar abordar os problemas de seus filhos.

Mas se vocês realmente querem transformar seu adolescente até sexta, então precisam trabalhar em equipe, confirmando as decisões um do outro. Vocês têm de dizer claramente, com todas as palavras e ações, para e sobre seu cônjuge: "Querido, eu apoio você". Onde dois permanecem unidos, os adolescentes não têm de pensar: "Humm, queria saber se as regras vão mudar. Talvez se eu perguntar para a mamãe quando o papai não estiver perto...".

Não dê espaço para dúvidas entre vocês dois, mãe e pai. Vocês são uma equipe, e seu adolescente precisa saber disso.

UM POUCO DE OBA-OBA NUNCA FEZ MAL A NINGUÉM

Toda pessoa precisa de um líder de torcida na vida — alguém que acredite nela. Quando seu adolescente faz algo bem feito, comemore. Seja seu líder de torcida. Acredite, já existem pessoas suficientes implicando com ele por ter feito algo ou não. Por isso, seu encorajamento realista é de grande importância. Certifique-se de que ele saiba que você tem orgulho de quem *ele* é, não do que faz.

Palavras como: "Matt, mal posso esperar para ver o que você vai fazer da vida. Uau, tenho tanto orgulho de você. Veja tudo o que você já realizou nos primeiros 15 anos de sua vida. Agora, a pessoa que você é — para mim e para seu pai — bem, estou impressionada. Acredito que você vai longe". Essas são palavras de ouro para qualquer adolescente. Diga-as para seu filho e é bem provável que ele corresponderá a essas expectativas.

A maneira como você vê seu adolescente, o jeito como conversa com ele ou sobre ele, e o modo como se comunica com ele vão definir o relacionamento de vocês por toda a vida. E o que você coloca na mala dele vai ajudar a prepará-lo para o futuro.

Ao longo do caminho, porém, não se esqueça da diversão. Viva de verdade com seu adolescente. Compre um sutiã tamanho PP para sua filha, mesmo que ela não precise. Separe um dia para uma excursão divertida a algum lugar bem distante, e inclua almoço, sorvete e muito tempo para conversar e rir. Para celebrar a primeira aula de violão de seu filho de 15 anos, faça alguma coisa louca, como brincar no balanço do parque. Vá à sorveteria que costumava ir com seu pai (se você ainda conseguir encontrá-la) e tome *milk-shake* para comemorar o B que ela tirou na prova de ciências.

> Toda pessoa precisa de um líder de torcida na vida — alguém que acredite nela.

Vá viajar de mochila nas costas e acampar com a família. Lembra daquela noite em que sua barraca quase foi varrida por uma pancada de chuva repentina? Ou da vez que seus dois adolescentes, tentando cozinhar um frango sobre a fogueira, jogaram a ave no lago, e depois recuperaram a carcaça para continuar cozinhando? Essas experiências serão o combustível para muita risada quando vocês se reunirem e seu adolescente for um pai de 40 anos com dois filhos. Esses são os momentos de que seu filho se lembrará e manterá consigo a vida toda. Os momentos que estarão em seu "livro de recortes mental", quer vocês tirem fotos ou não.

Transforme a tarde de domingo no momento do jogo de tabuleiro. Use essas horas para desfrutar a companhia um do outro e conversar sobre o que é realmente importante na vida — até mesmo sobre coisas que você gostaria de ter feito de outra maneira. Ou guarde dinheiro para uma viagem especial, e não deixe nada impedi-lo. Não há nada como uma longa viagem de carro para a conversa fluir (mas deixe os iPods em casa).

Portanto, vá a algum lugar, qualquer lugar, junto com seu filho. E, oh, pense na diversão que vocês terão no caminho!

Pouco antes de minha quarta filha, Hannah, se casar, ela me deu o presente da minha vida no Dia dos Pais — a carta de uma filha preciosa para seu pai sobre todas as maneiras como eu fiz diferença na vida dela. Não tenho vergonha de admitir que chorei. E desde esse dia, essa carta é um dos meus bens valiosos.

É uma carta que deixaria qualquer pai emocionado. Claro, é um tapinha nas minhas costas como pai pelo que fiz certo. Mas não é isso o que deixa meus olhos marejados. Aquela carta me mostrou que minha filha Hannah, agora fora do ninho, voará alto porque está bem preparada para a vida.

Para meu pai

Feliz Dia dos Pais!

Este é sempre o cartão mais difícil de escrever porque mal consigo colocar em palavras o que você significa para mim. Não acredito que em apenas alguns dias você estará caminhando comigo por aquele corredor. Estou tão feliz que você estará bem ao meu lado no dia mais importante da minha vida. Quero lhe agradecer por me preparar para este momento desde que eu era menina. Você me ensinou como amar e demonstrou com suas ações o que é um casamento amoroso. Nunca quis desapontar ou decepcionar meu pai. Sempre confiei em cada palavra de seus conselhos porque sei que MEU pai sabe das coisas. E por isso sou tão agradecida, a ponto de ter me guardado para o meu marido — e ele para mim. Sei que fui capaz de tomar essa decisão devido ao meu relacionamento com você, e que isso é uma bênção pela qual estou mais do que agradecida. Obrigada por dar seu apoio a Josh e a mim. Sei que, como você, ele vai me amar e cuidar de mim pelo resto de minha vida. Eu te amo, e sempre serei seu amendoinzinho.

Com amor, Hannah

O que fazer na sexta-feira

1. Enfatize sabedoria, bom-senso e discernimento.
2. Abra uma poupança ou conta de investimento com seu adolescente.
3. Desfrute a viagem!

Como assisti a esse processo de saída do ninho com quatro — logo serão cinco — de meus adolescentes, eu me convenci de que os anos do grupo hormonal realmente *são* os melhores anos que você terá com seus filhos.

Basta falar a verdade com amor e sinceridade com eles. Acredite neles, mas faça com que assumam responsabilidades. Desculpas só tornam o fraco mais fraco. Não aplaine a estrada da vida deles; deixe a realidade falar por si. Capriche no encorajamento, e quando esses momentos de pai orgulhoso vierem, aproveite cada minuto!

Esses são os dias sobre os quais vocês vão conversar e rir durante anos pela vida afora.

Eu garanto.

A JOGADA VENCEDORA
O tempo voa. Não desperdice esses momentos.

PERGUNTE AO DR. LEMAN

Estratégias de A a Z que realmente funcionam

Os 75 tópicos que os pais mais perguntam ao dr. Leman em seus seminários por todo o mundo — e seus conselhos que de fato funcionam, testados e aprovados ao longo do tempo. E mais histórias de pais que experimentaram as dicas do dr. Leman e agora estão sorrindo de orelha a orelha.

Consulte o índice de tópicos de A a Z.

Psiu! É segredo!

Uma abordagem direta para ter um ótimo adolescente...
e ser um ótimo pai.
Apenas olhe o tópico,
mas não diga a seu adolescente o que você está prestes a fazer.
(Dica: Há um índice de tópicos no final do livro.)

Se nós tivéssemos dez minutos juntos, pessoalmente, onde ninguém mais pudesse nos ouvir, qual a coisa que você mais gostaria de saber sobre ser pai ou mãe de um adolescente?

Ao longo de quase quatro décadas, minha alegria tem sido ajudar famílias a ter sucesso. Quero ver a *sua* família ser bem-sucedida também. Assim, nesta seção, permita-me ser seu psicólogo pessoal. Eu simplesmente vou me apoiar aqui no braço de sua cadeira enquanto você consulta os tópicos à sua frente a fim de obter alguns conselhos oportunos testados pelo tempo.

Então pense em sua própria situação. Pergunte-se:

1. Qual é a natureza intencional do comportamento?
2. De que modo eu, sendo pai ou mãe, me sinto nessa situação?
3. Isso é uma montanha ou um cupinzeiro?

As respostas para essas questões vão ajudá-lo a formular um plano de ação para sua família. Se a questão é um cupinzeiro, uma lata de Raid pode ajudar. Se é uma montanha, a história muda bastante de figura. Você deve lidar corretamente com a situação, porque isso vai afetar a dinâmica de sua família, seu bem-estar e o bem-estar de seu adolescente.

Portanto, pegue o tópico mais quente em sua família no momento. Os tópicos estão organizados de A a Z para facilitar a busca, ou você pode checar o índice no final do livro. Se quer um curso rápido de criação de filhos, simplesmente leia de uma vez a seção toda. Incluí os 75 tópicos que os pais de adolescentes mais me perguntam.

Para ajuda adicional sobre tópicos específicos, consulte as sugestões no epílogo. Você também encontra muita ajuda prática em meu *website*, <www.drleman.com>. Alguma questão específica sobre criação de filhos que não respondi? Eu adoraria que você visitasse minha página no Facebook, <www.facebook.com/DrKevinLeman>. Estou sempre respondendo a perguntas e discutindo questões que afetam você e seu filho diariamente. Isso porque me importo profundamente com sua relação com seu adolescente, e quero que vocês dois prosperem.

Acima de tudo, lembre-se do segredo: *não* deixe seu adolescente saber o que você está prestes a fazer. O que você está fazendo deve permanecer como um segredo *seu*. Não há aviso prévio neste sistema — e pessoas covardes também não são permitidas. Voltar atrás depois de ter lançado seu plano de ação só vai empurrá-lo de volta ao beco sem saída de onde começou.

Você *pode* ser um ótimo pai. E você *pode* ter um ótimo adolescente.

Portanto, vá em frente — mergulhe de cabeça. Os dividendos o aguardam!

ABRAÇAR... OU NÃO

Aprendi uma coisa há muito tempo. Na população adulta, há os abraçadores e os não abraçadores. Você já abraçou uma pessoa firme e rígida como uma tábua? Claramente, este não é um comportamento com o qual essas pessoas estão acostumadas, nem com o qual se sentem confortáveis. Da mesma maneira, você vai encontrar adolescentes que são abraçadores e se sentem confortáveis em demonstrar afeição em público. É realmente legal ver um rapaz que abraça sua mãe diante de um grupo de colegas. Bem legal, na verdade. Ok, mãe, parte do crédito por isso tem a ver com quem você é, mas ainda mais com quem seu filho é.

Por outro lado, há adolescentes que se sentem mais confortáveis mantendo os outros a um braço de distância. Talvez eles também queiram que você ande

Funcionou para mim

Olha, estou feliz de ter falado com você sobre abraçar meu filho adolescente. Sou abraçadora; meu filho não é. Não tinha ideia de quanto o estava constrangendo ao tentar abraçá-lo em público. E estava levando para o lado pessoal quando ele não queria me abraçar ou ficar por perto nos eventos escolares. Agora sei que isso é só parte do crescimento e de se tornar um indivíduo. Obrigada por me ajudar a botar a cabeça no lugar... E meu filho também agradece.

Denise, Flórida

cinco passos atrás deles. E certamente não querem que você os abrace ou beije na frente dos amigos. Alguns até dirão:

— Pode me deixar aqui.

— Aqui? — você diz, confusa. — Mas estamos a uma quadra da escola.

— Tudo bem. É só me deixar aqui.

O que seu filho está dizendo de fato? "Me desculpe, mamãe, mas eu não quero ser visto com você, e não quero correr o risco de você me constranger dizendo: 'Tchau, querido, tenha um bom dia' e me jogar um beijo na frente de meus amigos".

Não leve para o lado pessoal. Seu adolescente está tateando para encontrar o próprio caminho na vida; ele está tentando criar o próprio atalho.

E se você tem mais de um adolescente, saiba que eles são diferentes. Seu primeiro filho pode abraçar uma árvore se você lhe der a oportunidade. Se essa for sua maneira de ser, é uma boa aposta que seu segundo filho seja de certa forma distante. Ou se seu primogênito é reservado e introspectivo — um jovem de poucas palavras — o segundo filho será caloroso como Bill Cosby.[1]

> Não leve para o lado pessoal.

Dê as boas-vindas às diferenças em vez de se ofender com elas.

SALVA-VIDAS

Sempre trate seus filhos de maneira diferente, porque eles são diferentes.

ACNE

À primeira vista, a acne não parece grande coisa para a maioria dos pais. Para muitos adolescentes, porém, é um problema gigantesco. Já é esquisito o suficiente crescer durante esses anos — ouvir a voz mudar, estar em um corpo desengonçado que às vezes não é tão coordenado como se gostaria que fosse, e ter hormônios em fúria que o fazem se sentir numa montanha-russa. Para completar, além de todos esses incômodos, o rosto explode, e os garotos muito prestativos da escola decidem que Chokito é um apelido legal para você.

As cicatrizes emocionais de jovens que crescem com acne severa se tornam mais profundas que as cicatrizes físicas que restam depois que elas se curam. Espinhas não são uma questão para os pais tratarem com displicência.

Vamos dizer que sua filha de 12 anos esteja passando horas diante do espelho, lamentando o fato de ter espinhas. Se você lhe disser: "Ei, todo adolescente tem espinhas. Não fique preocupada. Eu também tive quando era adolescente, e superei isso", não vai ajudar. O adolescente vive o momento, e esse momento *agora mesmo* é o que importa para ele e para seu bem-estar psicológico.

Pais, esta é a hora em que vocês precisam dar um passo à frente como solucionador de problemas, antes que ela comece a dizer que não quer ir à escola porque tem uma espinha enorme no queixo e todo mundo vai ver.

Sim, a acne sempre estará rondando o mundo adolescente. Mas a boa notícia é que grandes avanços foram feitos na área de dermatologia — tudo, de remédios específicos a loções tópicas de limpeza, adstringentes etc. Diga para sua filha: "Sei que você está preocupada com suas espinhas. Então vamos lidar com isso da melhor maneira possível. Vamos lá, vamos até a farmácia. Tenho certeza de que a consultora de pele pode nos ajudar".

Sua adolescente de 12 anos não tem a menor ideia do que seja uma consultora de pele, mas soa importante, não é? Em seguida, acrescente: "E tenho certeza de que a consultora conhece alguma coisa que vai ajudar a melhorar sua acne hoje à noite". Jovens têm períodos curtos de atenção, de modo que você deve ser esperto para fazer esse jogo.

Então lá vão vocês. Localize a tal consultora de pele ou a farmacêutica e deixe que *ela* dê as instruções a sua filha sobre como lavar o rosto — suavemente e com certo tipo de tecido — como usar os adstringentes etc. Deixe sua adolescente decidir quais itens levar para casa e experimentar.

Se essas estratégias não funcionarem, leve-a ao dermatologista. Nessa faixa etária, uma simples espinha é o monte Vesúvio. É algo enorme. E isso é muita coisa para sua adolescente lidar em termos emocionais, especialmente com todas as outras mudanças acontecendo no corpo e na vida dela.

Para pais que anseiam por oportunidades de criar amizade com seus filhos, esta é uma maneira prática de ser um amigo. Suas ações serão interpretadas por seu adolescente como "Ei, minha mãe entende o que estou passando". Um filho que acredita nisso não vai se isolar de alguém que está tentando ajudar. Ele não vai correr para o quarto depois da escola, bater a porta e ignorar a pessoa.

A maioria dos pais está apenas vagamente em contato com quem são seus adolescentes e como é a vida do grupo hormonal. Filhos que atribuem valor a seus pais — como pessoas com empatia, solucionadores de problemas — têm muito mais tendência a manter a corrente da comunicação aberta durante esses anos críticos.

Portanto, reserve um tempinho para dar uma ajuda a seu filho com as espinhas dele. Você ficará satisfeito de ter feito isso.

SALVA-VIDAS

Seja parceiro de seu filho.

AMIGOS E AMIGAS

Sim, seu adolescente deve ter amigos, e os relacionamentos mais importantes da vida dele são com pessoas do mesmo sexo, não do sexo oposto. Observe grupos de meninos e meninas de 11 a 13 anos em um evento esportivo e rapidamente perceberá as diferenças de comunicação que existem entre homens e mulheres.

As garotas se movimentam rapidamente como um bando de codornas, arrulhando simultaneamente e muitas vezes dando-se as mãos. As garotas falam sobre suas BFFs (*best friends forever*, ou "melhores amigas para sempre"). Os garotos? É mais provável que caminhem mais lentamente, do jeito mais malemolente possível, e geralmente em fila — cada um logo à frente ou atrás do amigo. E eles jamais serão pegos abraçando ou dando as mãos a seu "melhor amigo". Uma batida de mão ou uma sessão de luta combina mais.

Se acontecer de você levar esses meninos de carro a eventos esportivos ou sociais, é tentador ligar o rádio ou o *CD player* para bloquear a conversa incessante. Em vez disso, seja esperto: recoste-se, fique quieto, ouça — e aprenda. Você vai ouvir algumas coisas que podem chocá-lo, mas que também lhe darão percepção acerca dos jovens que você está conduzindo — os jovens com quem seus filhos estão se relacionando.

De alguns deles você vai gostar. São aqueles que muito provavelmente têm famílias com valores semelhantes aos seus, que compartilham os interesses de seu filho ou filha, e que realmente cresceram com pelo menos um mínimo de boas maneiras (tradução: eles sabem dizer "obrigado" quando você os deixa na porta de casa).

De outros você não vai gostar — e por boas razões. Mas antes de começar a disparar sua opinião, deixe-me dar a você uma dica secreta. Sugira a seu adolescente: "Por que você não convida fulano para vir conosco [ao *shopping*, ao cinema, jantar etc.]?". Na verdade, sugira muitas vezes durante algumas semanas. Deixe os dois passarem a maior quantidade de tempo possível juntos.

"Dr. Leman", você diz, "o senhor enlouqueceu? Eu detesto esse menino. Ele é revoltado, não tem respeito, é descuidado e tem uma boca imunda. Não o quero perto de meu filho."

É fato comprovado que muito tempo em companhia de um parceiro muito desigual faz o encanto acabar. Como Benjamin Franklin dizia: "Peixe e companhia cheiram mal em três dias". É o suficiente.

É fato comprovado que muito tempo em companhia de um parceiro muito desigual faz o encanto acabar.

Depois de um tempo, seu filho chegará à própria decisão sobre esse amigo. Da próxima vez que você mencionar: "Você quer ligar para o fulano e perguntar se ele quer vir conosco?", provavelmente receberá um dar de ombros e a resposta:

"Não, dessa vez não, mãe". Essa é a primeira pista de que o relacionamento começou a fazer água.

Ao ouvir essas palavras, você já pode sorrir para si mesmo por seu trabalho bem feito nos bastidores. O melhor de tudo é que você nem precisa fazer um pronunciamento do tipo "Você não vai encontrar esse garoto! Ele não é bom para você". Não tem de olhar feio para o outro menino ou fazê-lo se sentir indesejado (o que seria muito desagradável de sua parte). Não precisa dizer uma palavra. Afinal, você é um pai inteligente e já sabia que qualquer coisa que dissesse faria seu adolescente ficar determinado a provar que você estava errado, e isso teria colocado seu filho firmemente ao lado do amigo.

Além disso, como um pai inteligente, você é sensato o bastante para tornar sua casa o ponto central da vida de seu adolescente. Convide os amigos dele. Sim, isso pode significar um belo gasto com pizzas. É melhor você ir ao atacadão agora mesmo e comprar as ofertas tamanho família. E isso pode lhe custar uma mancha ou duas em seu tapete persa (melhor ainda, por que não transferir o tapete para o quarto de hóspedes por alguns poucos anos?) e muito bolo de chocolate. Mas vale a pena ter esses amigos por perto, porque você pode ver em primeira mão com quem seu filho está se relacionando, sobre o que estão conversando e como eles tratam um ao outro.

É interessante, quando eu estava crescendo, nós adolescentes andávamos com os garotos da vizinhança. Geralmente as famílias não tinham dois carros, então não costumávamos nos encontrar em lugares aos quais não pudéssemos ir a pé. Isso significava que meus pais conheciam os pais dos meus amigos, porque todos viviam muito próximos.

Hoje os tempos mudaram. Seu adolescente não está saindo apenas com os adolescentes da vizinhança — as escolas reúnem garotos de localidades muito mais distantes. Pais inteligentes procuram conhecer os pais dos jovens com quem seus adolescentes se relacionam.

> Pais inteligentes procuram conhecer os pais dos jovens com quem seus adolescentes se relacionam.

Certo, estou vendo você revirar os olhos.

"Dr. Leman", você diz, "eu já tenho problemas demais tendo de trabalhar mais de quarenta horas por semana, tentando pagar as contas e fazer meu cônjuge feliz e lavando montanhas de roupa. Agora você quer que eu faça isso? Não dá tempo!".

Todo mundo tem as mesmas 24 horas por dia. O que é importante para você? Conhecer os outros jovens (e suas famílias) que estão influenciando seu adolescente é importante ou não? Dê um simples telefonema. Vai levar apenas cinco minutos e renderá uma profusão de dividendos lá adiante. "Olá, sou a Jenifer. Nunca tive o prazer de encontrá-la, mas nossos filhos com certeza gostam de passar tempo juntos. Eu adoraria se você estivesse disposta a me encontrar no Starbucks por alguns minutos para conversar... Na hora do almoço de quinta? Nossa, seria ótimo." Esse simples telefonema e meia hora no Starbucks na hora do almoço podem ter resultados bem melhores do que você pensa. Isso abre uma linha de comunicação com os pais dos amigos de seu filho. Se os pais não se conhecem, um adolescente pode se dar bem dizendo: "Olha, vou dormir na casa do Fulano", e o outro adolescente pode dizer: "Olha, vou dormir na casa do Beltrano", e os pais de um e de outro podem cair nessa. Mas um simples telefonema ao pai ou mãe que você encontrou no Starbucks, mesmo que uma única vez, vai esclarecer qualquer mal-entendido sobre onde exatamente os garotos estão... ou não. E eles podem não estar no lugar que você pensa.

Conforme seu adolescente afina suas preferências, ele passa a se relacionar cada vez mais com outros jovens com quem compartilha esses interesses. Por exemplo, Carla, que toca violino, gosta de música clássica, monta a cavalo, gosta de usar jeans e escreve suas próprias histórias fantásticas, provavelmente não gostará de andar com quem imita a Hannah Montana, berra as canções da moda e se veste com roupas de oncinha dos pés à cabeça.

O importante é que você entre no mundo de seu adolescente. Note que eu disse *entre* e não *invada*. Se sua filha gosta de equitação, não somente a deixe na entrada da hípica. Vá até lá e procure conhecer os outros pais. Se seu adolescente gosta de shows e você é o motorista para o evento, peça ao pai de um dos amigos de seu adolescente para ir junto e se sentar em outra parte com você. Sim, você consegue suportar uma dose de duas horas de Justin Bieber ou Usher. (De qualquer forma, ninguém vai ver os protetores auriculares que você colocou antes do show.) Afinal, seus pais muito provavelmente aguentaram um pouco da sua música. E o que você ganha é um relacionamento mais

Funcionou para mim

Talvez seja senso comum, mas adorei sua ideia de procurar conhecer os pais das amigas de minha filha. Como nós quatro somos mães que trabalham fora, finalmente conseguimos, depois de quase um mês trocando *e-mails*, reservar um tempo em que todas nós estivéssemos no mesmo evento da escola. Então, saímos para um almoço e um café no restaurante.

Três horas depois, ainda estávamos conversando, e quase nos atrasamos para buscar as meninas no colégio. Nós mães realmente tínhamos tudo a ver; conseguimos entender por que nossas filhas tinham tanto em comum. Melhor ainda, nós agora, com frequência, nos reunimos quando nossas filhas se encontram, e gostamos mesmo disso. Com certeza eu não esperava por isso. Mas agora tenho três ótimas amigas novas, que têm três filhas fabulosas. Minha filha soube escolhê-las.

Melanie, Ohio

profundo com outro pai, bem como uma janela para a música e o mundo de seu adolescente.

Veja, a vida com seus filhos tem tudo a ver com relacionamentos. Dê a si mesmo a chance de conhecer os amigos dele — e as famílias desses amigos.

Eu preciso rir. Um preceito firme na casa dos Leman é que qualquer pessoa que entra pela porta ganha um presente antes de sair. A sra. Festeira, minha adorada esposa, é a maior presenteadora de todos os tempos. Todo Natal, cada um dos jovens que passa um tempo conosco em nossa casa ganha alguma coisinha de nós em um pacote lindamente embrulhado. Quero confessar publicamente que não tenho nada a ver com isso (eu só carrego as sacolas de compras e torço para que minha esposa termine logo, a fim de que eu possa voltar para casa e pegar o próximo jogo ou uma reprise do TV Land[2]), mas fico feliz por minha esposa estar envolvida nisso. Nossos cinco filhos sempre trouxeram os amigos para casa, e quem veio uma vez voltou — mais de uma vez. Eles eram de fato um presente para toda a vida.

Mas por que esses jovens voltavam? Porque gostavam de nós! O maior elogio foi quando um garoto que era conhecido por suas poucas palavras disse: "Você é legal, dr. Leman".

> Não há nada melhor para seu adolescente do que ver que os amigos dele gostam de você.

Não há nada melhor para seu adolescente do que ver que os amigos dele gostam de você. No grupo de colegas de seu adolescente, isso faz de você o cara mais descolado do planeta.

Mais importante: isso leva o grupo de colegas para sua casa, onde você pode (discretamente) manter um olho de águia sobre tudo que acontece.

E vou dizer uma coisa, isso não tem preço.

SALVA-VIDAS

Tudo se resume a relacionamentos.

ANOREXIA

Anorexia nervosa é uma enfermidade debilitante. Pessoas que sofrem desse distúrbio se recusam a manter um peso corporal saudável porque têm um medo obsessivo de engordar. Uma garota de 45 quilos pode se olhar no espelho e ver uma imagem de 70 quilos. É uma doença mental séria e afeta pessoas de todas as idades, raças e origens socioeconômicas e culturais. A famosa cantora Karen Carpenter, por exemplo, morreu de anorexia.

Mas o mal na verdade não tem nada a ver com comida. É uma surpresa enorme para a maioria das pessoas, já que aparentemente a vida toda de uma pessoa anoréxica gira em torno da comida. Ao contrário, tem tudo a ver com uma visão míope da vida e uma autoimagem distorcida.

Por favor, observe que a anorexia não começa em adultos. Começa na adolescência, devido ao peso das expectativas. Uma mãe me contou a seguinte história:

> Minha filha, Andrea, era cheinha quando criança e era provocada na escola por isso. Agora ela tem 13 anos, e no mês passado passou a comer cada vez menos no jantar. Uma noite, ela só comeu ervilhas, disse que não estava com fome e saiu da mesa. Então uma amiga dela me contou que estava realmente preocupada; Andrea nunca almoçava na escola. Sempre jogava o almoço fora.
>
> Como eu pude ser tão inocente? Só pensei que ela estava passando por uma fase de menos apetite. Mas agora ela está perdendo peso — muito peso. Não sei como abordar o problema. Quando tento conversar com minha filha, ela diz: "Estou bem, mãe. Não é nada demais".

Em todos os meus anos como terapeuta profissional, nunca atendi um menino anoréxico, e só ouvi falar de um caso que outro terapeuta tinha atendido. A doença obviamente é específica de mulheres jovens. Mas como ela começa?

Outro dia, estava conversando com minha netinha no jantar e fiquei chocado ao descobrir que Adeline corta o cabelo no Great Waves — o mesmo lugar que minha esposa, Sande. (Eu continuo ainda com o tipo de corte é-só-dar-um-jeitinho, de 15 dólares).

— Bem, o vovô pode cortar seu cabelo — eu disse a ela. — Você não precisa ir ao Great Waves.

Adeline, de 5 anos, olhou para mim como um zagueiro em uma final de Copa do Mundo correndo atrás do atacante adversário.

— Mas, vovô — ela anunciou — no Great Waves eles lavam e secam meu cabelo.

Eu desisti.

Que seja o Great Waves.

Pense por um momento sobre como a sociedade reforça a perspectiva de "sua aparência é tudo que importa" desde que as meninas são muito novas. Elas estão cercadas pela filosofia "ser magro é ser bonito" em cores vivas. Toda mulher se vê diante de expectativas excessivas quanto à aparência — seu cabelo, seu corpo, sua maquiagem, suas roupas. Para ser sexy e interessante para a população masculina, e nisso o equívoco prossegue, você precisa ser magra. Da boneca Barbie perfeita que sua filha ganha quando criança até os modelos que ela vê nas revistas, na TV ou em filmes, há um denominador comum: o perfeccionismo. E a obsessão pela perfeição é suicídio lento. Sua filha nunca vai conseguir competir com aquelas imagens retocadas, nem deveria jamais tentar.

Mesmo assim muitas garotas são pegas exatamente nessa armadilha. Garotas como Andrea.

Se você suspeita que sua filha é anoréxica, leve-a imediatamente a seu médico e, em seguida, a um especialista que lide com anorexia. Esse é um distúrbio que põe a vida em risco, produzido por expectativas e demandas de nossa sociedade e as consequentes visões falsas que as próprias garotas desenvolvem. A anorexia exige sua atenção *imediata*.

> Da boneca Barbie perfeita que sua filha ganha quando criança até os modelos que ela vê nas revistas, na TV ou nos filmes, há um denominador comum: o perfeccionismo.

Se você acha que é capaz de lidar com isso sozinho, saiba que está errado. Tenho visto pais tentarem, e tudo que conseguem é ver suas filhas queridas perderem-se ainda mais nas garras da doença até ficarem às portas da morte. (E tenha em mente que eu sou o cara que diz às pessoas que o último lugar em que você quer acabar é no consultório do psiquiatra local.) Em caso de anorexia, você precisa de assistência profissional para ajudar sua filha a se recuperar.

SALVA-VIDAS

Algumas coisas exigem atenção imediata, e a anorexia é uma delas.

AUTOESTIMA

É bom que os adolescentes se sintam capazes, ou seja, confiantes em si mesmos e no que conseguem realizar. Todos os jovens deveriam crescer com uma autoavaliação saudável, cientes dos prós e contras de sua personalidade e talentos, e seguros em relação a seu lugar no mundo. Afinal, conhecer nossos pontos fortes e fracos é muito importante. Bons casamentos têm um equilíbrio notável — um cônjuge é forte em uma área, o outro é forte em outra. Se ambos têm as mesmas habilidades, um deles não seria necessário. Variedade é o que faz o mundo girar.

Seu adolescente precisa saber que ele será excelente em algumas áreas, e em outras não. Seus dons naturais vão se elevar ao topo em algumas áreas, e em outras não. Mas se ele está firmado em sua essência — forte em sua compreensão de si mesmo — suas falhas não o afetarão; vão motivá-lo.

No entanto, também quero dizer claramente que acredito que toda essa questão de autoestima é exagerada em nossa sociedade. Em consequência disso, estamos criando jovens que veem as recompensas como direitos. É uma péssima maneira de se pensar, porque os direitos de cada um só vão até o ponto em que não interferem nos direitos de outra pessoa. Respeito mútuo é a chave, e esse respeito infelizmente está em falta no mundo de hoje. Em vez disso, criamos uma geração de jovens cuja atitude geral em relação à vida é: "Você está me devendo".

Se você quer que seu adolescente saia de casa com respeito pelos outros e pelas opiniões alheias, e veja a si próprio no mesmo patamar dos demais, independentemente de seu gênero, raça, idade ou tamanho, então seja um exemplo de autoestima saudável. Demonstre respeito pelos outros. Trabalhe duro. Admita suas falhas; ria delas. Se você colocar as coisas em perspectiva, seu adolescente fará o mesmo.

> Estamos criando jovens que veem as recompensas como direitos.

Manter uma perspectiva saudável significa que você tem os pés no chão, de modo que seu adolescente também os terá. Quando seu filho faz algo bem feito, incentive-o: "Uau, você tirou B! Sei que estudou muito para essa prova de ciências. Você deve estar muito feliz consigo mesmo. Ótimo resultado!". Mas não o elogie demais: "Oh, filhinho, você é o melhor jogador de futebol *de todos os tempos*!". Seu adolescente saberá que você está falando da boca para fora; ele já viu por si mesmo que há outros melhores, em praticamente todas as áreas.

É importante para seu adolescente perceber que ele é *uma pessoa* no mundo. Seu papel é importante, sim, mas o mesmo vale para todos os demais. E ele é parte de sua família, na qual ninguém está isento do trabalho exigido para a casa funcionar. Todo mundo contribui, todo mundo ajuda.

SALVA-VIDAS

Equilíbrio é o xis da questão.

BOCA SUJA

Falar palavrões e xingar são coisas legais de se fazer em vários círculos de adolescentes. Muitos deles usam a palavra com "F" constantemente, como algo natural em seu vocabulário. Linguagem sexualmente explícita, grosseira e indecente sai de muitas bocas. E não nos esqueçamos do ato de tomar o nome do Senhor em vão — isso me faz subir pelas paredes. Toda vez que você usa o nome de Deus como xingamento, você atrai a atenção de Deus, mas não da maneira como gostaria.

Espero que você não seja tão inocente a ponto de achar que só meninos têm boca suja, porque as meninas podem ser tão grosseiras quanto qualquer garoto. Mesmo adolescentes mais sensatos vão acabar usando palavrões devido à pressão dos colegas. A tendência a querer ser como todo mundo e se encaixar é intensa durante esses anos críticos de ensino médio. Então, quando você deparar com seu filho ou filha usando esse linguajar, não se surpreenda.

Simplesmente dispare na mesma hora: "Querido, você fala assim? Preciso dizer que estou surpresa. Na verdade, estou chocada de ouvi-lo falando desse jeito".

O que você está de fato dizendo? "Considero você melhor do que isso. E não aprovo nem aprecio essa atitude." Você está repreendendo seu filho (e com toda razão). Muitos pais são reticentes em dar nome aos bois e dizer aos filhos como se sentem. É por isso que tantos jovens não são punidos por sua boca suja.

Você não precisa humilhar seu adolescente quando o surpreende com esse linguajar. Não precisa dizer: "Ei, que coisa feia! Como ousa falar assim? Vá lavar a boca!". Basta revelar seu desapontamento.

O ponto básico é que os filhos não gostam quando mamãe ou papai ficam tristes com o que eles fizeram. Eles se sentem culpados — e deveriam, neste caso, mudar seu comportamento — e desconfortáveis. E esse desconforto trará a mudança (pelo menos para seus ouvidos).

> Os filhos não gostam quando mamãe ou papai ficam tristes com o que eles fizeram.

Você pode impedir que os palavrões saiam da boca de seu filho? A realidade é que os jovens falarão assim quando quiserem. Mas não se esqueça de que você é como um pastor com a vara e o cajado. Você ajuda a conter o carneiro e a conduzi-lo em determinada direção. Mas não precisa bater na cabeça dele e machucá-lo com esses instrumentos.

Um simples "Estou desapontado com o que você acabou de dizer" vale mais do que qualquer sermão.

SALVA-VIDAS

Diga a verdade em amor.

BRIGAS POR CAUSA DA LIÇÃO

A cada trimestre recebo as notas de minha filha caçula pelo computador. Eu simplesmente clico no relatório e *voilá*! As notas aparecem. Sim, sou o pai, então entendo por que a escola acha que tem de enviar o relatório para mim. Mas na realidade são as notas *da Lauren*. São o resultado do trabalho *dela*. Não do meu.

Tendo Deus por juiz, não consigo me lembrar de qualquer um de meus filhos me perguntando: "Pai, você pode me ajudar com a lição?". Ora, eles me pediram para correr até a loja e comprar cartolina e outras coisas do gênero a fim de fazer algum trabalho. Mas a realidade é que a lição de casa deles é a lição de casa *deles*. Eu já fui à escola e fiz a minha. (Bem, mais ou menos. Dizer que eu não era um aluno que merecia um prêmio é um eufemismo e tanto. Mas alguns de vocês já conhecem a história se leram meus outros livros.)

Eis o que acontece em muitas casas. Logo depois do jantar, a briga pela lição de casa começa. E não termina até as 23 horas, duas horas depois do horário de seu filho de 13 anos ir dormir, com lágrimas da mãe, portas sendo batidas pelo adolescente e gritos por parte do pai, disparando alguns "Não fale com sua mãe desse jeito".

Deixe-me perguntar uma coisa: de quem é a lição de casa?

"Bem, eu só estou tentando ajudar", você diz. "Afinal, sou formada em pedagogia. E sou muito boa em matemática".

Aqui não é seu lugar. Não é sua função. É função de seu filho.

Permita-me, portanto, perguntar: por que você se envolve na lição de casa de seu filho?

É porque você acredita que ele precisa tirar só notas A para ser bem-sucedido? Ou você precisa ter algumas alegrias psicológicas consigo mesmo ao ver pessoas lhe dando tapinhas nas costas para demonstrar como seu filho é inteligente? Mas e se ele for apenas mediano? Todo mundo tem suas preferências e aversões, seus talentos naturais e áreas nas quais tem dificuldade. Então, se você está envolvido demais com a lição de casa de seu adolescente, seria bom se perguntar por quê. Você acha que ele não consegue fazer sozinho? Está com medo de ele ir mal? Está aspirando à perfeição?

De quem é a lição de casa?

Pais, vocês precisam sair de cena e deixar seu adolescente fazer o próprio trabalho.

Como, então, vocês *podem* ajudar?

- Estabeleça um horário para a lição de casa (por exemplo, das 18h às 20h) e crie um espaço onde eles possam se concentrar sem outras distrações.
- Ajude os adolescentes que têm dificuldades de se organizar a aprender como priorizar o que precisam fazer. Nas escolas de hoje, você geralmente pode ir ao computador e descobrir quais são as tarefas de seu filho.
- Consulte os professores quando vir que seu adolescente está com dificuldade.

Uma análise do ano anterior dele na escola é uma boa indicação de como será o ano seguinte. Há grandes chances de que você passará pelas mesmas discussões, apenas intensificadas. Com isso em mente, consiga ajuda para seu filho, mas fique fora disso! Contrate um tutor para ajudá-lo — um estudante de faculdade ou até um aluno inteligente do ensino médio que venha até sua casa e ajude seu filho de maneira regular. Não permita que a lição de casa se torne uma briga poderosa. Não permita que seus filhos o envolvam desnecessariamente em uma batalha pela lição de casa.

E não permita que seu filho fique acordado até tarde para terminar a lição. Quando os adolescentes não dormem, eles ficam de mau humor com todo mundo (inclusive com você) no dia seguinte. Então, faça um favor a si mesmo e a todos na casa. Estabeleça o horário, insista para que a lição seja feita durante esse espaço de tempo sempre que possível, e então determine o momento de ir para a cama — para o bem de todos.

A prioridade é sempre a responsabilidade com a casa, depois com a escola e, por fim, com as outras coisas, como empregos de meio período, música, esportes e tempo com os amigos. Assim, A (casa) vem antes de B (tarefas escolares) e então C (outras atividades, se houver tempo) pode acontecer. Se seu filho não é capaz de chegar ao fim da lição sem frustrações, ele precisa de menos atividades externas para que possa se concentrar.

Você já terminou o ensino fundamental; já terminou o ensino médio. É a vez de seu filho. Deixe acontecer.

SALVA-VIDAS

A lição de casa não é sua; é de seu filho.

BRIGAS POR PODER

Isso é garantido: se você se envolver em uma briga por poder com seu adolescente, você perde. Toda vez. E por um motivo específico: você tem muito mais a perder em uma briga assim do que seu filho. Quando você aplica força bruta (figurativamente falando, é claro) e atinge uma audiência tanto de estranhos como de amigos, sim, eles vão olhar para seu filho e vão comentar entre si: "Uau, esse garoto passou dos limites. É realmente uma peça rara". Mas, confie em mim, eles vão olhar principalmente para você e dizer: "Que pai mais sem noção deixaria um filho escapar impune com uma atitude dessas?".

Socialmente, você tem muito mais a perder do que seu adolescente, que vive a vida momento a momento despretensiosamente. (Você lida com o constrangimento por muito mais tempo.) Ninguém vence uma briga por poder.

> Ninguém vence uma briga por poder.

Em outra parte deste livro menciono como é importante manter o veleiro longe de seu adolescente ventania. Deixe o vento soprar, depois retire-se e fique calado. Entre em modo silencioso e espere. Não vai demorar muito para o jovem do grupo hormonal precisar ou querer alguma coisa. Quando acontecer, dê a ele a vitamina N — de "Não". Mais uma vez, permaneça calado e espere.

Cedo ou tarde, ele vai aparecer com esta:

— Ué, o que está acontecendo? Você não me deixa fazer nada. Tudo que peço você diz não.

— Vou lhe dizer a verdade — você diz calmamente. — Estou chateado com o que você disse hoje pela manhã. Não gostei das palavras que escolheu para falar comigo, nem de sua atitude. E não gostei de sua expressão.

Então você vira as costas e vai embora, porque a essa altura há outra possibilidade de uma explosão maior.

O que você realmente quer é que seu adolescente "entre em contato com seus sentimentos" e se dê conta de que o que disse é prejudicial, irresponsável e altamente desrespeitoso. Ele lhe deve desculpas. Agora você precisa se manter firme, sem dar um tiro no próprio pé. Não deixe a vida continuar para seu adolescente até que o pedido de desculpas chegue. Porém, resista à tentação de dizer: "Você me deve desculpas". Pense nisso por um momento. Você realmente quer que ele peça desculpas porque você disse que ele lhe devia isso? Nada foi conquistado se isso acontecer. Pedir desculpas é simplesmente fácil demais.

> Resista à tentação de dizer: "Você me deve desculpas".

No entanto, se um jovem cai em si e pede desculpas por livre e espontânea vontade, pelo menos você tem a satisfação de saber que ele é capaz de pedir desculpas e que o fez com algum grau de sinceridade.

Agora vamos falar de meninos por um minuto. Eles são bem parecidos com suas contrapartes — homens adultos. Quando um homem adulto tem uma divergência com a esposa sobre alguma coisa, e em seguida eles fazem sexo, o problema ficou resolvido na cabeça dele. Mas, para a mulher, o problema persiste. Da mesma forma, se um garoto trata com leveza a discordância com sua mãe, uma vez que o pedido de desculpas é feito, a vida claramente segue em frente. Assim, naturalmente ele voltará depois do pedido de desculpas e pedirá algum benefício. Porém, o problema ainda continua na cabeça da mãe.

O que uma mãe pode fazer para atravessar a ponte sobre a distância de gênero? A mesma coisa que faz com a filha. Diga: "Hoje não, querido. Vamos rever essa ideia amanhã".

É uma maneira gentil de você dizer: "Há limites e diretrizes nesta família. Quando você passa dos limites, há consequências. E você está vivenciando essas consequências neste exato momento".

SALVA-VIDAS

Mantenha-se firme, sem dar um tiro no próprio pé.

BULIMIA

Não é preciso ser um gênio para perceber os sinais da bulimia. Ver caixas de laxantes no banheiro ou no quarto de sua adolescente é uma pista. Ouvir sua filha vomitar (e não estou falando aqui de um mal-estar eventual) quando ela está lutando para perder peso é outra boa indicação de uma adolescente com problemas com a doença.

O que é bulimia?

> Bulimia é um transtorno alimentar. Alguns bulímicos podem comer demais (compulsão) e em seguida vomitar (purgação) em um ciclo de compulsão-purgação. Comer compulsivamente diz respeito a comer grandes quantidades de comida rapidamente em curtos períodos de tempo. Purgação envolve o vômito forçado, uso de laxantes, exercícios em excesso ou jejum na tentativa de perder o peso que pode ser ganho ao se comer normal ou compulsivamente.[3]

Assim como no caso da anorexia nervosa, não se veem pessoas de 40 anos lutando contra a bulimia, a menos que a doença tenha começado na adolescência. Mais uma vez, o transtorno é associado a adolescentes mulheres. Acredito que a bulimia, assim como a anorexia nervosa, é socialmente induzida pela busca da perfeição, devido a todas as imagens com que as jovens são bombardeadas. Uma pessoa com bulimia costuma sentir uma perda de controle sobre a comida, bem como culpa por seu comportamento (que ela geralmente tem consciência de ser anormal). O que torna uma bulímica diferente de uma anoréxica, porém, é que alguém com bulimia normalmente tem peso normal — ou quase. Ao comer uma dúzia *donuts* de uma só vez e em seguida expulsar o conteúdo do estômago, vomitando ou tomando laxantes, ela chega ao ápice da compulsão, mas ao mesmo tempo mantém controle de seu peso. É por isso que uma bulímica nem sempre é notada tão rapidamente quanto uma anoréxica. Mas pais inteligentes percebem os sinais, como enormes quantidades de comida secretamente desaparecendo (especialmente *junk food* — nunca ouvi falar de uma bulímica que comesse alface compulsivamente), e vão direto à fonte.

> Não se veem pessoas de 40 anos lutando contra a bulimia.

Se você vir sinais de que sua adolescente pode ser bulímica, uma abordagem direta é melhor. "Querida, vi uma dúzia de Dunkin' Donuts em seu quarto e depois descobri a caixa no lixo. Acho que você comeu todos esses *donuts* e que está sofrendo de bulimia. Será que isso é possível?".

A bulimia tem terríveis consequências psicológicas, emocionais e sociais para sua adolescente. Quando se empanturra, ela se sente mal sobre sua falta de controle, mas parece não conseguir evitar. Então, sente-se culpada, e essa culpa domina sua vida, o que nunca é bom. Alguém com bulimia apresenta comportamentos autodestrutivos, e isso afeta tudo o que é e faz.

Pais, vocês precisam interferir. Não, sua filha pode não estar literalmente desaparecendo aos poucos como alguém com anorexia, mas a bulimia é igualmente séria. Busque ajuda profissional imediatamente. Caso não saiba por onde começar, converse com seu médico. Sua filha precisa que você se mantenha firme — para o bem dela, tanto agora quanto mais adiante.

SALVA-VIDAS

Uma abordagem direta é sempre melhor.

CABELO E APARÊNCIA

Aposto que a primeira coisa que você pensa quando eu digo "cabelo" é em garotas, não é? Cabelo e aparência são especialmente importantes para mulheres, e isso começa logo cedo. Garotinhos não andam por aí com tiaras no cabelo, mas garotinhas sim, e elas às vezes trocam de tiara várias vezes por dia para combinar com suas roupas. Os meninos? Se a mãe conseguir arrastá-los o suficiente para pararem de torturar formigas no quintal, talvez consiga passar o pente na cabeça deles de vez em quando. Meninos não se importam com cabelo, aparência ou higiene. É por isso que as mães ficam boas no "teste da cheirada" antes de deixarem os meninos saírem pela porta. Mas então chega o dia mágico em que eles começam a reparar no sexo oposto, e tudo muda. Eles podem passar quase o mesmo tempo que uma menina diante do espelho, conferindo sua aparência, seu hálito, seu cabelo etc.

No mundo dos hormônios — no qual acnes estouram e as "pessoas perfeitas" parecem ser as mais populares — você precisa ser a líder de torcida de seu filho. Não, não aquelas exageradas com pompom e tudo, mas o tipo que demonstra um interesse pelo mundo de seu filho e que cativa o coração dele.

Isso significa que você precisa reservar um tempo necessário para observar seu filho, isto é, os humores, os assuntos prediletos dele. No longo prazo, isso é muito mais importante do que as roupas ou a aparência.

As tendências no vestuário e estilos de cabelo mudam todo ano. Agora mesmo no basquete universitário, os *shorts* dos jogadores são mais compridos, até o joelho, e enormes. Você às vezes se pergunta se eles vão cair bem no meio da ação, deixando a todos uma imagem a ser lembrada. Olhe para trás em jogos de basquete profissional há vinte anos, e você vai achar que é estranho ver os rapazes jogarem com *shorts* tão curtos. Mas ouça o que eu digo: em um dia não muito distante vamos voltar a ver aquilo. E daqui a vinte anos, seus filhos estarão rindo de si mesmos por usar *shorts* tão folgados quando estavam no ensino médio.

A verdade é que os estilos mudam, mas o coração — o modo de pensar de um jovem, de se relacionar com os outros, de se comportar — permanece. Não perca o coração de seu filho em meio a batalhas por roupas, corte de cabelo ou higiene.

É raro que você tenha de dizer a uma garota para ir tomar banho, porque ela sente o cheiro. Em geral ela toma dois banhos por dia e troca de roupa diversas vezes. Mesmo assim, você pode levantar a sobrancelha quanto ao penteado que ela decidiu usar. Mas, eu lhe pergunto, realmente vai ter importância daqui a dez anos se, durante um ano inteiro, ela usou uma franja tão comprida que não conseguíamos ver seus globos oculares? (Quando ela finalmente se cansar de espiar por entre a franja, ela vai cortá-la.) Ou se, por um tempo, ela insistir em ter uma mecha enorme cor-de-rosa no cabelo?

No caso de garotos que ainda não notaram as garotas (e até alguns que notaram mas que não têm ideia de como atraí-las), eles podem precisar de uma ajuda. Ninguém quer ficar perto de um garoto que tem cheiro de meia suada e suja. E ele não vai conseguir a atenção de uma garota se parecer que não penteou o cabelo pelo menos uma vez neste século. Então, se você tem um filho com aversão a água e que não lava o rosto há um mês ou não toma banho se você não o obrigar, você vai precisar agir como pai ou mãe. Você sabe que uma boa higiene é importante. (Lavar o rosto provavelmente significará menos espinhas, algo com que ele *vai* se importar, e tomar banho pode torná-lo mais, digamos, aromático para amigas potenciais na escola.) Portanto, você precisa soar o apito da criação de seu filho, interromper a ação e dizer: "Muito bem, você precisa tomar um banho". E a vida não continua até que o banho seja tomado.

Ninguém quer ficar perto de um garoto que tem cheiro de meia suada e suja.

Considerando que o seu nariz, mãe, geralmente é um pouco mais refinado que o do pai, na maioria das vezes será sua responsabilidade soar o apito do banho. Que Deus a abençoe.

Mas mesmo quando você tiver de soar o apito, aprenda a deixar passar algumas coisas. Nada é perfeito na vida. Limpeza é bom, mas realmente não é nada perto da compaixão. Sempre mantenha o equilíbrio. O cabelo com mecha cor-de-rosa não estará sempre aí, mas sua filha sim. Então, mantenha o foco no que é importante no longo prazo — o relacionamento entre vocês — e deixe passar as coisas pequenas.

E para se divertir um pouco enquanto isso, reveja as fotos de como você era quando adolescente. Elas vão render boas risadas, além de uma perspectiva diferente.

De repente no fim das contas a franja de sua filha não vai parecer tão ruim.

SALVA-VIDAS

Os estilos são fugazes, mas o coração continua batendo.

CASTIGO EM CASA

"Muito bem, rapazinho, você está de castigo e não sai de casa!", anuncia a mãe ou o pai numa explosão de raiva e frustração. Mas o que isso significa realmente? Significa que, quando você for convidado para ir à casa da vovó para comer um assado no fim de semana, seu filho de 16 anos que está na casinha do cachorro não vai junto porque está de castigo?

Neste livro, é exatamente isso o que significa. Se você vai deixar um filho em casa de castigo por uma infração, deixe-o por 24 horas. Se for uma infração maior, deixe-o por 48 horas. Isso é uma eternidade para um jovem. Mas ficar de castigo sem sair de casa significa que ele não vai a lugar nenhum. Nem à casa da vovó para jantar, nem ao *show* para o qual ele tem um ingresso, nem à reunião do grupo de jovens.

Não sou muito desse tipo de castigo, mas se você vai usá-lo como forma de disciplinar, não faça como muitos pais fazem. Chamo isso de "castigo seletivo" — em outras palavras, prender os filhos em casa apenas para impedi-los de ir aonde querem. Se você vai deixá-los em casa, extraia o máximo disso. Seu filho não vai a lugar nenhum. E isso inclui a escola. Se a infração acontecer no fim de semana e exigir que seu adolescente fique em casa e não vá à escola na segunda-feira, ele é plenamente capaz de ligar para a escola, saber quais são os deveres e fazê-los em casa. Se deixá-lo em casa em dia de aula lhe causar todo tipo de problema — você trabalha fora — então, é claro, não faça isso. Não use

Funcionou para mim

Gostaria de falar sobre uma perspectiva totalmente nova de castigo! Quando deixamos nosso filho Adam em casa depois que o surpreendemos bebendo outra vez, ele entendeu nosso aviso. Ele não foi a lugar nenhum — nem à escola, nem ao trabalho, nem ao treino de basquete ou aos jogos — durante dois dias inteiros. Também perdeu os privilégios de celular e computador, e por isso não pôde entrar em contato com os amigos. Quando a sexta e o sábado terminaram, ele estava um caco. Ao devolvermos o celular no domingo de manhã, ele disse docilmente: "Obrigado", e foi tudo.

Uma semana depois, os caras com quem ele costuma andar foram pegos bebendo atrás da escola e acabaram suspensos. Mas adivinhe onde Adam estava? Em casa, por livre e espontânea vontade, conversando comigo na cozinha. Você está certo. Esse é o tipo de amor duro que funciona.

Nancie, Colorado

esse tipo de castigo. Mas se usar, estabeleça um período de tempo determinado e atenha-se a ele.

Nada é sagrado. Nem mesmo a igreja. Se seu filho se arruma para ir à igreja com você no domingo de manhã, vire-se para ele e diga:

— Filho, aonde você vai?

— Para a igreja — ele dirá.

— Não, você está de castigo; não vai a lugar nenhum.

Ele pode dizer "Tudo bem!", mas quando a família sair pela porta sem ele, ele sentirá o chacoalhão que você deu nele — especialmente por não ir ao restaurante favorito com todos vocês depois da igreja.

Deixe seu filho de fora por alguns instantes; faça que ele saiba que recebeu uma lição.

Contraste isso com o ridículo castigo: "Vá para o seu quarto!".

Por que ele não gostaria de ir para o quarto, se o jovem médio tem todo tipo de badulaque eletrônico imaginável lá dentro? Isso com certeza não é sofrimento. O jovem muito provavelmente está pensando: "Ótimo! Uma noite inteira só para mim sem perturbação".

Assim, se você vai castigar seu filho mantendo-o em casa, não lance palavras no calor da raiva como: "Você nunca mais vai sair de casa!". Isso é risível, porque não pode ser levado até o fim. Ele sabe levar você na conversa.

Em vez disso, mantenha-o em casa por 24 horas, e garanta que ele não vá a lugar nenhum. Isso *sim* o deixará impressionado.

SALVA-VIDAS

Extraia a máxima diversão de seu tostão.

CORTES/AUTOMUTILAÇÃO

A Clínica Mayo define cortar-se ou automutilar-se desta maneira:

> O ato de ferir deliberadamente o próprio corpo, como cortar-se ou queimar-se. Não tem a intenção de uma tentativa de suicídio. Em vez disso, a automutilação é uma maneira doentia de lidar com a dor emocional, a raiva intensa e a frustração. Ainda que a automutilação possa trazer uma sensação momentânea de paz e uma descarga de tensão, geralmente é seguida de culpa e vergonha e da volta das emoções dolorosas. A automutilação vem acompanhada da possibilidade de infligir-se lesões sérias e até fatais.[4]

Como saber se seu adolescente apresenta problemas nesta área? Procure sinais reveladores, sugere a Clínica Mayo:

- Cicatrizes, como de queimaduras e cortes
- Cortes recentes, arranhões, hematomas e outros machucados
- Ossos quebrados
- Objetos pontiagudos sempre à mão (canivetes, facas)
- Muito tempo gasto sozinho
- Problemas de relacionamento
- Uso de luvas longas e calças compridas, mesmo no auge do verão
- Hábito de alegar que sempre sofre acidentes e dá azar.[5]

Se um jovem está lidando com um trauma passado ou enfrentando questões opressivas na vida cotidiana, ele pode recorrer aos cortes ou a outro tipo de automutilação como forma de superar seus problemas. Isso pode fazê-lo sentir-se melhor por um pouco de tempo — como se ele estivesse novamente no controle de sua vida — mas a dor volta e o ciclo continua.

Jovens que se cortam normalmente desejam parar, mas não sabem como. Eles não conseguem parar sozinhos, até que obtenham ajuda para compreender por que querem ferir-se, aprendam maneiras saudáveis de lidar com o estresse e encontrem recursos para ajudá-los. Jovens que se automutilam costumam ser agrupados com os suicidas. Mas a maioria deles faz isso como forma de recuperar o controle de sua vida, não para morrer. Eles usam a automutilação para lidar com emoções fortes, para ocultar a dor emocional (podem se concentrar na dor física), para controlar seu corpo ou para se punir. Também, em geral, fazem isso secretamente (ao contrário de jovens que gritam por atenção tentando se matar).

Jovens que se automutilam fazem isso como forma de recuperar o controle da vida.

Observe que a maioria das pessoas com mais de 40 anos não tenta se cortar. É um comportamento praticamente único de adolescentes. Por quê? Porque adolescentes vivenciam altos bem altos e baixos bem baixos. Jovens que se cortam tendem a ser, de alguma forma, depressivos e retraídos; eles passam muito tempo sozinhos no quarto. Sentem que não têm controle sobre nada na vida. Esses jovens precisam desesperadamente de alguém com quem conversar, mesmo se não forem bons em relacionamentos. A raiva que têm de si mesmos é dirigida para dentro.

Os pais geralmente tendem a creditar essas coisas a uma "fase": "Ah, é apenas uma fase pela qual ele está passando". Mas cortar-se não é uma fase. Como a anorexia nervosa e a bulimia, automutilar-se é sério. Acontece por um motivo psicológico e emocional profundo.

Se houvesse um elefante sentado no sofá da sala, você iria embora e fingiria que ele não existe? Ou se sentaria no sofá ao lado e perguntaria por que ele está ali e o que está havendo?

Se seu filho está se automutilando, não é uma acusação de que você "falhou" como pai. Mas é um aviso de que algo está acontecendo e de que ele precisa de ajuda. Este é o momento de procurar assistência profissional para seu filho ou filha.

SALVA-VIDAS

Esconder sua cabeça na areia não resolve nada.

CULPA

Podem parar agora mesmo, pais. Sabiam que a culpa é que os leva a tomar decisões ruins como pais?

A culpa controla a vida de muitos de nós, e os filhos são realmente bons em amontoá-la em nosso caminho. As mães especialmente caem nessa armadilha. Bastam dois olhos suplicantes, o "Mas, mãe...", e o desmoronamento começa.

Mas vamos voltar à natureza intencional do comportamento, tudo bem? Seu adolescente conhece seu ponto fraco; ele sabe como tirá-lo do sério, mãe ou pai. E se funcionou da última vez, pode apostar que ele vai tentar de novo. Ele não é tonto.

E você também não deveria ser. Qualquer um pode tomar decisões fáceis. Mas dizer "não" a seu filho quando todo mundo está dizendo "sim" — ou quando todos os demais estão fazendo aquilo que você não quer que ele faça — não é fácil. Mais uma vez, você quer que seu filho seja como todo mundo? Não mesmo. As melhores decisões que você pode tomar normalmente são as mais difíceis, mas você deve fazer o que é certo tanto para seu adolescente quanto para sua família.

Qualquer um pode tomar decisões fáceis.

Não deixe que o desapontamento, o fracasso ou a raiva de seu filho pelo fato de os pais não fazerem que a vida seja do jeito dele coloquem você num delírio de culpa — "Maus, mamãe e papai são maus!".

Não se culpe. Não diga "eu deveria". Seja prático, pragmático e equilibrado.

A culpa só leva ao desmoronamento... e às desculpas por ter desmoronado... e essas desculpas só tornam o fraco mais fraco.

Portanto, alegre-se. Faça o que é certo. Se fizer, você e seu adolescente vão sair ganhando, toda vez.

SALVA-VIDAS

Não deixe a culpa controlar sua vida.

CULTO RELIGIOSO

Seu adolescente tem de ir ao culto com você? (Se você não é uma pessoa de fé, pode pular esta seção e ir para a próxima.) Há duas escolas de pensamento nesse sentido.

Primeira perspectiva

Quando seu filho chega ao ponto de dizer "Não quero ir com você", o que você responde? "Tudo bem, querido, converse comigo. Por que você não quer ir?"

Deixe seu adolescente dizer especificamente por que não quer ir:

- "O pastor é chato."
- "Essas mensagens não me ajudam em nada."
- "As pessoas são um bando de esquisitos."
- (Você preenche a lacuna, porque provavelmente já ouviu um monte de outros motivos.)

Seja honesto.

"Eu tenho de concordar com você", você diz a seu adolescente. "O pastor ainda tem muito a aprender. Certos dias eu mesmo cochilo. E, sim, alguns dos meninos são estranhos. Mas sabe o quê? Nós adoramos juntos porque temos uma fé profunda em Deus como família, e todos nós concordamos que ir ao culto juntos é uma coisa saudável para nós".

E você continua: "Outro dia eu estava pensando... Não exigimos que você faça muitas coisas toda semana. Então, considerando seus sentimentos negativos a esse respeito, quero que você saiba que adoraríamos que você se arrumasse agora e fosse conosco. Eu vou saber quando o vir sentado a duas fileiras de mim que, mesmo não querendo realmente estar lá, você respeita e ama esta família o suficiente para ir conosco".

A meu ver, essa provavelmente é a melhor forma de lidar com a situação.

Segunda perspectiva

Algumas igrejas têm grupos de jovens terrivelmente chatos; e outras têm alguns bem divertidos, e os pastores ainda por cima são afinados com a cultura jovem. A adoração se torna, nesse grupo de jovens, uma experiência divertida, com música e temas com os quais os adolescentes podem se relacionar, além de ótimos grupos de atividades. Se seu adolescente está envolvido com um grupo assim, fabuloso! Mas muitos pais ficam nervosos porque seus filhos insistem em frequentar um culto diferente do deles, porque querem ir lá pelo grupo de jovens.

Pais, se essa é a sua situação, agradeça a Deus por você ter um filho que quer ir. Dê um tempo! Faça tudo o que puder para permitir que seu adolescente vá a outro lugar quantas vezes quiser. Visite a reunião você mesmo e disponha-se a dizer ao pastor dos jovens: "Vamos à [nome da igreja], mas nosso filho gosta muito de seu grupo de jovens. Você deve propor coisas ótimas, porque ele sempre quer voltar. Obrigado por oferecer um local assim para ele".

Um grupo de jovens bom e ativo é um apoio e um estímulo maravilhosos para um adolescente. Essa é a "terceira parte" saudável na qual seu adolescente pode conseguir sabedoria e orientação. Então faça o que for possível para mantê-lo nessa linha.

Posso lembrá-lo de que 90% dos norte-americanos *dizem* que são cristãos? Mas o que realmente querem dizer é: "Bem, está escrito na moeda: 'In God We Trust' [Em Deus nós confiamos]". Você não prefere que seu adolescente cresça com um relacionamento forte, saudável e pessoal com Deus? O local onde isso acontece não importa tanto; é a experiência que conta.

Assim, ganhe a cooperação de seu adolescente ao permitir que ele tome algumas de suas próprias decisões, como a qual grupo de jovens ele quer ir. Permitir que ele escolha irá ajudá-lo a ter sua "própria" fé e tomar decisões sobre como levá-la adiante, mesmo antes de sair de seu ninho.

SALVA-VIDAS

Ganhe a cooperação de seu adolescente.

DEPRESSÃO

Amanda era uma garota viva, feliz, que vivia cantando alto as músicas mais recentes dos filmes. Ela era conhecida por sua risada, sua criatividade e seu gosto por interpretar seus próprios musicais para pais e amigos. Então, Amanda fez 11 anos. Poucos meses depois da primeira menstruação, seus hormônios começaram a enlouquecer. Ela chorava na escola pelo menos duas vezes por dia. Sentia-se sobrecarregada pelos estresses da vida. Tornou-se calada e se afastou dos amigos. Ficava olhando para o nada. Toda manhã, implorava ao pai para não mandá-la à aula, porque agora odiava a escola que costumava adorar. Sentia que ninguém gostava dela, mesmo estando cercada pelo mesmo grupo de amigos queridos.

Amanda estava deprimida.

Depressão não é só "ficar baixo astral", uma coisa temporária.

> Depressão é uma doença "de corpo inteiro", que envolve seu corpo, humor e pensamentos. Afeta seu modo de comer e dormir, a maneira como você se sente consigo mesmo e seu modo de pensar sobre as coisas. Um transtorno depressivo não é o mesmo que uma tristeza passageira. Não é sinal de fraqueza da pessoa ou uma condição que pode ser determinada pela vontade ou esquecida. As pessoas com depressão não podem simplesmente "se reerguer" e melhorar.[6]

As pessoas que estão deprimidas geralmente se sentem tristes sem motivo nenhum. Elas não apreciam fazer as coisas de que costumavam gostar. São indiferentes e apáticas em relação à vida. Têm problemas em focar ou se concentrar. Acham que as pessoas não gostam delas. Afastam-se dos grupos com os quais costumavam se relacionar.

Se você enxerga esse tipo de mudança no comportamento ou na conduta de seu adolescente por mais de cinco dias, é um sinal de que seu filho ou filha pode estar lutando contra a depressão.

A depressão não vai embora sozinha. É um problema de saúde.

Considerando que as emoções no grupo hormonal podem ser muito inconstantes, muitos pais pensam: "Ah, ela só está um pouco para baixo agora. Vai passar". Mas a depressão não vai embora sozinha. É um problema de saúde, que precisa ser tratado imediatamente por seu médico. Além disso, esteja ciente de que doenças mentais tendem a vir de família. Há outra pessoa em seu círculo familiar que tem problemas com a depressão?

Ao perceber mudanças profundas e abruptas na personalidade e no comportamento de seu filho ou filha — com a maioria dos adolescentes que estão deprimidos acontece uma mudança de 180 graus em seu comportamento e personalidade — preste muita atenção. Quanto mais rapidamente você obtém ajuda profissional, melhor será para seu filho e para a família toda.

SALVA-VIDAS

A mudança nem sempre é para melhor.

DESENVOLVIMENTO FÍSICO (OU A FALTA DELE)

O desenvolvimento físico é uma questão difícil para ambos os sexos. Os jovens sempre falam de extremos: o menino baixo sempre deseja ser três centímetros mais alto; a menina alta sempre deseja ser três centímetros mais baixa. Claro, da perspectiva dos pais, "Você é quem é. Único. Como ninguém mais". Mas num mundo em que é difícil se destacar de alguma maneira, jovens que são "diferentes" (mais atrasados ou adiantados no desenvolvimento físico) podem passar por maus bocados. Como você pode ajudar? Afirme seu adolescente por quem ele é, preste atenção ao coração dele e torne sua casa um lugar seguro. Mas também use a cabeça para perceber como seu filho pode ser tratado em seu grupo de colegas em consequência de seu desenvolvimento físico (ou falta dele).

Meninos

Meninos que estão *atrás* na curva de crescimento têm a sentença mais dura de todas. Para começar, em seu amadurecimento, os meninos geralmente estão um ano atrás das meninas. Isso significa que se ele for um pouco lento no desenvolvimento físico, haverá meninas em sua classe quase quatro centímetros mais altas. Ele pode ter uma voz de taquara rachada, enquanto os outros garotos da classe têm pelos nas axilas e todas as características de um homem. Quando um garoto está se esforçando para ser macho e competir com os outros caras, ser menor pode ser algo muito castrador.

Veja o Randy, por exemplo, um garoto tecnicamente brilhante que tem 14 anos, mas parece ter 10. Todos os seus colegas atléticos estão alcançando o aro da tabela de basquete e parecem alunos do último ano do ensino fundamental ou até do ensino médio. Mas e Randy? Uma monitora do *playground* recentemente presumiu que ele estava em uma série muito abaixo (pior, ela disse isso na frente dos colegas dele). No mesmo dia uma garota da classe decidiu lhe dar dois apelidos: "Mulherzinha" e "Nanico". Como você acha que Randy se sentiu quando chegou em casa naquele dia? E por que você acha que ele fingiu estar doente no dia seguinte para não ter de ir à escola?

> Quando um garoto está se esforçando para ser macho e competir com os outros caras, ser menor pode ser muito castrador.

A sensação de não ser alto o suficiente para competir em um mundo de gente grande pode ter muitos efeitos emocionais e psicológicos sobre os meninos. É por isso que digo aos pais que é sensato segurá-los por um ano na pré-escola — especialmente se não parecem prontos e estão próximos da idade mínima. Se você der a seu garoto a vantagem de um ano para amadurecer, haverá menos probabilidade de ele ficar para trás no desenvolvimento físico.

Como você pode ajudar? Dar a esse menino a oportunidade de se abrir sobre seus sentimentos e os eventos que acontecem durante seu dia é muito importante. Talvez isso possa acontecer à noite ao sentar-se na beira da cama dele. Conte-lhe histórias de colegas seus (ou mesmo histórias suas) que foram atormentados por serem baixinhos; e diga então que na reunião de dez anos de formatura, eles eram maiores que os outros caras que implicavam com eles. Por exemplo, eu conheço um cara que hoje tem 1,60 metro mas que tinha 1,35 metro no ensino médio — ele parecia um aluno do sexto ano com um livro de química! E então ele cresceu

25 centímetros em um verão. Histórias assim não diminuem a artilharia pesada que está em ação, mas podem ajudar seu filho a ganhar alguma perspectiva.

Já que competição é o xis da questão para meninos devido à própria natureza deles, quando você é o baixinho da turma, certamente vão pegar no seu pé. Lembro-me de uma festa quando eu tinha 16 anos — naquela época as festas eram bem elegantes, mas quase sempre havia alguém infiltrando uma cerveja escondido — e eu estava com alguns garotos numa sala de jogos. A única coisa de que me lembro depois disso é que alguém, do nada, me deu um soco no maxilar e eu desabei. Alguém tinha desafiado um cara a me bater, e ele fez isso! Sem nenhum motivo! Esse é o mundo dos meninos. Todo jovem faz coisas idiotas, mas os meninos se superam.

Eis aqui, porém, o que mais acontece no mundo deles. No final de um ano escolar, ele pode parecer um garoto de 11 anos. Mas quando volta para a escola, espichou 13 centímetros, tem uma voz mais grossa, e parece ter 14 anos.

Meninos que se desenvolvem rapidamente parecem ter todas as vantagens: têm aparência de homens, falam como homens e podem até atrair a atenção de garotas mais velhas. Eles também têm uma margem competitiva em esportes. Quem não gostaria disso? Mas sua falta de maturidade pode às vezes colocá-los em situações nas quais eles não deveriam estar. Por exemplo, podem parecer velhos o suficiente para passar por 18 anos, o que significa que podem começar a andar com uma turma mais velha. Com pouca idade, podem se colocar em situações perigosas em festas, com bebida ou drogas ilegais. E também podem se envolver com garotas mais velhas que presumem que eles são mais velhos, tirando vantagem deles. Os homens não são os únicos predadores sexuais hoje em dia.

Meninas

Para as meninas, a maior dificuldade diz respeito àquelas que estão à frente da curva do desenvolvimento físico. As garotas geralmente amadurecem um ano antes dos meninos. Se sua filha tem 13 anos e se transforma em uma linda embalagem (incluindo um busto de 90 centímetros) que a faz passar por alguém de 17 ou 18 anos, isso é problema na certa. Apesar de sua maturidade emocional ser de apenas 13 anos, sua maturidade física certamente atrairá rapazes mais velhos. E como ela parece mais madura, provavelmente verá seu grupo de colegas da mesma idade na escola como imaturos demais. Sua migração natural será na direção de grupos mais velhos, e isso pode ter consequências. A diferença entre uma garota e um garoto de desenvolvimento precoce consiste em que a garota será notada pelos

As garotas geralmente amadurecem um ano antes dos meninos.

homens; a maioria dos homens que se desenvolve cedo é vista apenas de relance pelas garotas. É por isso que os riscos são mais altos para garotas desenvolvidas.

Se sua filha tem um corpo que vai atrair a atenção masculina, certifique-se de discutir com ela por que é importante que o tipo de roupa que ela usa seja cuidadosamente monitorado.

O que os pais podem fazer por uma filha que parece mais velha do que é? Ficar atento para que ela não entre para um grupo de colegas mais velhos. Definitivamente você não quer que ela comece a namorar cedo. Encoraje interações com meninas da idade dela.

Meninas de desenvolvimento tardio têm tipos de problemas similares ao dos meninos com atraso de desenvolvimento, exceto por uma coisa: é mais aceitável em nossa sociedade que uma garota demore para se desenvolver do que um garoto. Para pais de meninas assim, tenho um conselho importante. Se sua filha tem 11 anos e todas as outras meninas da classe usam um sutiã para educação física (ou mais), compre para sua filha um sutiã assim também, mesmo que ela não tenha nada para proteger (e eu quero dizer *nada*!). Vestiários são um mundo cruel tanto para meninos quanto para meninas.

• • •

Todo adolescente quer estar ajustado ao grupo; nenhum quer se destacar de uma maneira ou de outra. O mundo do ensino médio em particular tem tudo a ver com não ser diferente — ser mais um na multidão. Se um jovem tem acne, se se desenvolve mais rápido ou mais devagar, se tem uma deficiência ou um nariz ou orelhas grandes, ele pode se tornar um saco de pancadas. Quem é diferente será atacado e ridicularizado. E ninguém se sente bem com isso.

Todo adolescente quer estar ajustado ao grupo; nenhum quer se destacar de uma maneira ou de outra.

É por isso que o fato de seu filho ter uma sensação positiva acerca de si mesmo ao entrar na adolescência vai fazer toda a diferença para ajudá-lo a navegar pelos inúmeros labirintos da adolescência. Cada dia que ele se sente diferente pode ser excruciante e interminável. Os pais precisam ficar atentos para a intensidade dessa dor. (Esse é um bom momento para olhar para trás, para os anos de sua própria adolescência e o tempo em que implicavam com você por ser diferente, e reviver algumas dessas emoções.)

Estou dizendo que você deve mimar e ter pena de seu filho que é diferente de alguma maneira? Não, você deve tranquilizá-lo de que, em breve, ele vai mudar. Seja parceiro de seu filho para ouvir suas angústias, encoraje-o em todas as coisas nas quais ele se sai bem e ajude-o a focar no que ele é — por dentro.

SALVA-VIDAS

Você é o cobertorzinho psicológico de seu adolescente.

DIFICULDADES DE ENTROSAMENTO COM COLEGAS

Na maior parte das vezes, Jimmy era um aluno ótimo, músico brilhante e amante dos livros. Era um garoto equilibrado de quem todo mundo parecia gostar. Mas seus pais estavam preocupados por ele passar tanto tempo sozinho.

— Queremos que ele encontre um grupo com quem se relacionar, sabe, onde ele possa ter amigos e se encaixar, ser como os outros garotos — eles me disseram.

Irei perguntar a mesma coisa que perguntei àqueles pais:

— Vocês realmente querem que seu filho seja como todos os outros garotos da turma? Até que ponto vocês querem que seu filho se encaixe?

Se seu filho for como todos os outros adolescentes, eles provavelmente perderão a virgindade durante a adolescência; vão fumar Spice ou se interessar por maconha; vão colar na prova para ter notas melhores; vão mentir a você sobre onde estavam na sexta à noite.

Isso acontece porque os adolescentes, na maioria, são como *hamsters*. Eles não tomam decisões sozinhos; caem no pensamento grupal. Não conseguem defender o que é certo porque não foram ensinados a fazer isso. Então, seguem a onda, esteja ela certa ou errada.

Jamais se preocupe com o fato de seu adolescente não se encaixar em um grupo específico (a menos, é claro, que você perceba que ele esteja ficando deprimido por isso). Em relação a Jimmy, ele era filho único, e os solitários costumam ser filhos únicos. Tendem a ser introspectivos, pessoas muito capazes que não precisam ir a festas o tempo todo. São ótimos para se divertir sozinhos.

> Os adolescentes, na maioria, são como *hamsters*. Eles não tomam decisões sozinhos; caem no pensamento grupal.

Se seu adolescente não faz parte do grupo popular da escola, bem, bom para ele! Olhe para trás em sua própria sala do ensino médio. Vários srs. Gostosões e srtas. Populares daquela época não se tornaram os adultos mais bem-sucedidos e felizes, não é? Mas e quanto aos colegas que você dispensou e achou que nunca chegariam a lugar algum? Surpresa! Um é neurocirurgião; outro é astrofísico; outra acabou de receber um prêmio por seu inovador livro de ficção; outro é especialista em restaurar aviões da Segunda Guerra Mundial.

É como sempre digo: "Se um homem possui um belo cavalo, ele deve se lembrar de que a beleza está no cavalo, e não em si". Portanto, ensine seus adolescentes sobre o que realmente é importante na vida — o que está dentro deles, a parte que vai durar depois das turmas do ensino médio, que mudam a cada semana. Converse com seus filhos sobre quem eles são e que decisões tomaram. Reforce suas boas ações e comportamentos com palavras que expressem: "Eu não poderia estar mais orgulhoso de como você lidou com essa situação. Estou muito feliz de chamá-lo de meu filho".

Suas palavras de encorajamento fazem toda a diferença na percepção de vida de seu adolescente. Você pode achar que um grupo de amigos o influencia, mas adivinhe? Você influencia muito mais a vida de seu filho do que esses colegas.

Mesmo quando sua filha parece não estar prestando atenção a suas palavras, ela está ouvindo *tudo que você diz*. Então, não deixe de caprichar no encorajamento (esqueça os falsos elogios).

Seu filho é único. Deixe-o ser exatamente quem ele é.

Ninguém precisa de um clone, afinal.

SALVA-VIDAS

Deixe seu filho ser quem ele é.

DISCUSSÕES

Se você olhar pelo lado positivo, discutir é um ótimo exercício para os pulmões!

Pelo lado negativo, pode ser irritante e cansá-lo como pai. Quando as pessoas discutem, falam extremos como "você sempre" ou "você nunca", o que arma o vaivém competitivo.

É isso mesmo. Usei a palavra *armar*, e é exatamente o que quero dizer. A maioria das discussões com adolescentes são armações. Seu queridinho, para dizer de maneira simples, está manipulando você, e ele é bom nisso.

> A maioria das discussões com adolescentes são armações.

O que seu adolescente está de fato dizendo quando discute? "Ei, não gostei do que aconteceu e quero brigar porque me deu vontade".

Mas discutir é voluntário. Além disso, não pode ser feito por somente uma pessoa na sala; são necessárias duas pessoas para discutir. Assim, se você tirar seu veleiro da frente de seu adolescente ventania — saindo graciosamente para outro quarto ou mantendo a boca fechada — a discussão não terá continuidade. Isto é, a discussão só existe se você, o pai, assoprar as chamas!

Como disse Darlene, de 11 anos, a uma amiga: "Eu não discuto com minha mãe. Não funciona".

Ah, agora você entendeu.

Quando os filhos começam a discutir, você tem uma escolha a fazer: será combativo em contrapartida ou vai neutralizar a situação?

E se, em vez de dizer, "Estou cheio de suas discussões. Pare agora mesmo, mocinha!", você dissesse: "Uau, essa é uma perspectiva interessante. Conte-me mais a respeito"? Dê só uma conferida na cara de assustada que ela fará. Você a pegou no pulo; conteve a discussão. Voltemos mais uma vez ao comportamento intencional. Se o comportamento de sua filha não dá os resultados que ela espera — uma briga intensa e desnecessária para abrandar o dia ruim na escola — então ela não vai continuar usando esse recurso.

Com adolescentes jovens, há mais tempo para praticar. Eles logo vão aprender, como Darlene, que discutir não funciona, e você terá filhos bastante cooperativos. Mas para crianças que têm postura desafiadora, dizer um simples "Hum, você pode estar certo. Por que não pensar no assunto?", seguido do convite "Conte-me mais sobre isso", fará maravilhas por seu relacionamento.

Se seu filho anda nervoso e quer desabafar, você poderia dizer: "Aposto que há milhões de motivos para você ficar irritado com isso". Em seguida, sente-se e ouça. Deixe seu filho desabafar um pouco, contanto que ele não esteja atacando você pessoalmente. Mantenha a conversa sempre sob controle.

A outra maneira de cortar a discussão pela raiz é permanecer em silêncio e esperar, e cedo ou tarde seu filho vai ser aproximar e perguntar o que está havendo.

— Vou lhe dizer o que está havendo — você diz. — Não estou contente.

Então, saia da sala.

Há grandes chances de seu filho ir atrás de você e, parecendo confuso, perguntar:

— Por quê?

Nesse ponto você terá a oportunidade de aproveitar um momento didático.

— Porque não gosto da maneira como você falou comigo hoje cedo. Foi desrespeitoso e rude.

Mas há uma parte difícil, mãe. Quando sua filha vira aqueles olhos azuis para você e diz: "Me desculpe, mãe", aceite as desculpas. Mas *nunca, sob nenhuma circunstância*, volte atrás.

Quando seu adolescente diz: "Então eu posso ir ao cinema agora, certo?", você responde: "Hoje não". Em outras palavras, não deixe seu filho pensar que um simples "Me desculpe, mamãe" conserta tudo e que a vida pode voltar ao normal. Ainda deve haver consequências para a ação dele, e isso significa nada de cinema com os amigos à noite. Se você se mantiver firme agora, ele provavelmente não tentará as mesmas táticas novamente, porque não funcionaram.

Portanto, deixe seu "não" ser não e seu "sim" ser sim. Se você não tiver firmeza, está apenas pedindo uma discussão, porque sua filha sabe que se ela discutir tempo suficiente, você vai mudar de ideia.

Discussões terminam quando você não discute de volta.

SALVA-VIDAS

Quando um não quer, dois não brigam.

DIVÓRCIO

Divórcio não é fácil para ninguém, especialmente para as crianças envolvidas. Os adolescentes se sentem como ossinhos da sorte, puxados em todas as direções, e se esticando para agradar o pai e a mãe. Eles não querem ter de tomar partido entre as pessoas que amam.

Pais inteligentes mantêm seus adolescentes fora do alcance dos tiros. Para os pais que não conseguem se entender no casamento e estão em guerra um com o outro durante o divórcio, sei que essa é uma expectativa elevada. Mas, repito, quem é o adulto da história? Seus filhos não escolheram o divórcio; você e seu ex-cônjuge sim. Então, mantenham o estresse entre vocês dois. Não o despejem sobre seus filhos.

Isso significa que você não fala mal de seu ex (por mais tentador que isso seja) — *jamais*. Mesmo se seu ex for uma pessoa desagradável, suas críticas sobre ele ou ela voltarão para assombrá-lo em grande estilo. Dê a seu adolescente um pouco de crédito para que ele possa descobrir quem está dizendo a verdade na situação — seja agora ou mais adiante. Você não tem de ser o proclamador todo-poderoso da situação.

Permita-me ir direto ao ponto. Os tradicionais arranjos em acordos de divórcio são brutais — por exemplo, fazer o adolescente morar uma semana em sua casa e outra na de seu ex. Eu pergunto novamente: seus filhos escolheram o divórcio? Não, você e seu ex é que o fizeram. Então por que é que eles estão sendo jogados de um lugar para outro como panquecas na frigideira? E se, em vez disso, os pais trocassem de casa? Isso seria muito melhor para os filhos, em minha avaliação. Curiosamente, muitos pais em processo de divórcio e divorciados tiveram um lampejo estão fazendo exatamente isso. Mas pode não funcionar em seu caso específico — especialmente se for um divórcio complicado, cheio de raiva.

> Seus filhos escolheram o divórcio? Não, você e seu ex é que o fizeram. Então por que é que eles estão sendo jogados de um lugar para outro como panquecas na frigideira?

Tudo que estou dizendo é que, apesar de vocês estarem atados pelos acordos legais, qualquer coisa que possam fazer para tornar as coisas mais fáceis para seus filhos é preferível. E se houver alguma maneira de tornar as visitas ao outro cônjuge mais voluntárias por parte de seu adolescente, faça isso. Dar a seu filho a liberdade de decidir quanto tempo vai passar na casa do outro é bom para o jovem.

Alguns leitores já ficaram irritados só de ler essas palavras, porque são a última coisa que querem ouvir. Você só veria sua filha uma vez por mês no fim de semana se fosse assim. Mas forçar seu adolescente a passar um tempo com você por obrigação não ajuda em nada no desenvolvimento de um relacionamento para toda a vida.

Há complicações suficientes na vida de um adolescente para que ainda haja o estresse do divórcio. Mesmo assim, o divórcio é uma realidade em nossa sociedade. Porém, isso não significa que você, o adulto da situação, não deva fazer tudo a seu alcance para remover o máximo de estresse possível da situação.

Recentemente, recebi um telefonema de cortar o coração por parte de um pai. A ex-mulher dele, alcoólatra, arrastou-o para o tribunal, declarando mentiras a seu respeito. Ela o pintou da maneira mais terrível possível para o sistema judiciário, de modo que conseguiu custódia de sua filha, exceto aos sábados. Considerando, porém, que esse pai geralmente tem de trabalhar nos fins de semana, não é fácil para ele encontrar tempo para ver a filha. O homem estava em prantos quando me contou sua situação.

— Doutor — ele disse — amo demais a minha filha, mas a estou perdendo. E ela só tem 14 anos.

A mãe havia envenenado de tal maneira a filha contra ele que a menina não queria mais ver o pai; ela acreditava nas mentiras que a mãe lhe contava.

Foi isso o que eu disse àquele pai:

> Eis as boas notícias. Passei por isso centenas de vezes com centenas de famílias diferentes e vi muitos finais felizes. Mas você não vai gostar do que vou dizer em primeiro lugar. Pare de tentar forçar sua adolescente a vê-lo. Afaste-se; não force. Fique mudo. Sim, sei que isso vai matá-lo durante o processo, mas espere e seja paciente. Qualquer jovem de 14 anos que vive com uma mãe depressiva e alcoólatra não estará feliz com sua vida num ambiente assim por muito tempo. E quando você deixar de ser o saco de pancadas psicológico para ambas — e, objetivamente, é isso que você é para elas agora, mesmo que esteja apenas tentando ser um bom pai — ficará surpreso com o que acontece.
>
> Deus não o colocou neste mundo para ser mastigado e cuspido. Mesmo que a decisão legal diga que você tem direito à visita um sábado sim e outro não, de tal hora a tal hora, você estaria de fato em desacordo com a decisão caso não fosse? Você deveria conversar com seu advogado sobre isso, mas acho que não. Você tem a *opção* de ver sua filha, mas não é obrigado. Então, retire-se do conflito. Se você se afastar o suficiente, pelo menos saberá que quando sua filha lhe

telefonar, ela vai *querer* conversar com você. Não caia na armadilha de ser um pai Disney — fazendo de tudo para conseguir a atenção de sua filha. Os dois lados da relação têm de estar funcionando.

Divórcio é um negócio horrível, sob qualquer ângulo. Mas se você optar pelo caminho certo e não falar mal de seu ex — jamais — estará fazendo o melhor que pode para seu adolescente. Sei de muitos jovens que, depois que saíram do ninho e foram viver por conta própria, desenvolveram uma perspectiva mais ampla sobre o que aconteceu em casa e fizeram o que estava ao alcance para passar um tempo com o outro progenitor.

SALVA-VIDAS

Mantenha seu adolescente fora do alcance dos tiros.

DORMIR FORA DE CASA

Se você conhece os adolescentes com quem seu filho está se relacionando, se os pais deles têm um relacionamento confiável e saudável com os filhos, se vocês visitam a casa uns dos outros com frequência, dormir fora de casa não é um grande problema. Porém, qualquer tipo de excesso (por exemplo, dois amigos dormindo em casa ao mesmo tempo) raramente é bom e pode ainda desgastar seu adolescente que está em fase de crescimento e precisa de sono extra. Naturalmente, a ideia faz mais sentido numa noite de sexta-feira ou sábado, quando os filhos não têm aula no dia seguinte, considerando que quando *dormem fora* eles

Funcionou para mim

Adorei seu conselho sobre dormir fora. Decidimos que nossa filha não dormiria fora até ter 12 anos. Só então pensaríamos a respeito. Recusamos vários pedidos para que ela fosse dormir fora porque não conhecíamos as outras garotas ou famílias muito bem. E ficamos satisfeitos por isso. Agora nossa filha tem 14 anos e encontrou um ótimo grupo de amigas que vêm de origens semelhantes, e nós, os pais, também saímos juntos várias vezes por semana, quando as meninas se reúnem. Nos últimos dois anos, visitamos as casas uns dos outros e compartilhamos nossas dificuldades, angústias e sonhos.

Na semana passada, por exemplo, as meninas dormiram em casa pela primeira vez e se divertiram muito. O interessante é que todas elas ligaram para falar com os pais antes de ir dormir — sem que eu precisasse encher a paciência delas para isso. Minha filha diz que valeu a pena esperar para dormir fora, porque esse grupo de amigas é o máximo!

Amanda, Illinois

não *dormem* coisa nenhuma. Contudo, ter amigos do sexo oposto dormindo em casa nunca é uma boa ideia na adolescência, já que esses são os anos hormonais, nos quais coisas que "não deveriam acontecer" podem acontecer.

Portanto, quando sua filha o abordar em relação a dormir fora, sua primeira pergunta é: "Onde?". A noite fora vai se passar em uma casa que sua adolescente visita com frequência? É um lugar onde ela se sente confortável? Você conhece os pais e o ambiente dessa casa?

Sua segunda pergunta deve ser: "Com quem?". Se você não conhece muito bem a amiga ou os pais ou irmãos da amiga, seria um bom momento para fazer uma visita — a menos que a noite fora com a nova amiga seja na sua casa, e os outros pais estejam dispostos a deixar a filha ir.

Não vá apenas pelo que seu filho ou os amigos dele dizem; dê você mesmo o telefonema. Se seu adolescente está dormindo fora, seja um pai inteligente e sempre telefone para conferir. Esse telefonema lhe apresenta o estado das coisas: Os pais estão realmente lá? Tudo está saindo como planejado? Chegaram outras pessoas para dormir, gente que seus filhos não sabiam que estaria lá?

O movimento mais inteligente no tabuleiro de xadrez é sempre aquele que é feito com prudência e cuidado.

O movimento mais inteligente no tabuleiro de xadrez é sempre aquele que é feito com prudência e cuidado. Na casa dos Leman, convites para dormir são privilégios, não concessões. E são cuidadosamente conferidos, sempre.

SALVA-VIDAS

Saiba onde seu filho está se deitando.

DROGAS E ÁLCOOL

Quando você pensa em heroína, o que imagina? Um vagabundo sem eira nem beira se injetando na favela? Vivendo à margem da sociedade? Pedindo dinheiro na esquina?

Bem, pense melhor. Um dos maiores problemas de escolas muito prósperas (como uma perto de mim em Tucson, na qual as crianças vêm de lares abastados) é o uso de heroína. Tanto o jovem arrumadinho quanto o gótico — nem sempre é possível perceber pela aparência de um jovem ou pela roupa que ele veste — podem cair na armadilha de usar drogas pesadas. Ninguém está imune. O uso de heroína chegou para ficar, bem como fumar maconha, cheirar cocaína, usar metanfetamina ou outras drogas, sem falar no consumo de cerveja e até de bebidas mais fortes.

Pais inteligentes não enfiam a cabeça na areia, reclamando sobre como os tempos mudaram. Em vez disso, tomam consciência de que drogas e álcool realmente estão por aí e são fáceis de encontrar, e que, muito provavelmente, seus filhos logo serão abordados a experimentá-los (se é que ainda não foram).

A verdade é que os prejuízos e perigos causados pelas drogas e pelo álcool são imensos. Mas por que, afinal, são tão socialmente aceitáveis?

> Os prejuízos e perigos causados pelas drogas e o álcool são imensos. Mas por que, afinal, são tão socialmente aceitáveis?

Talvez seja porque vivemos em uma sociedade na qual muitos pais também fumam maconha e bebem. Um amigo me contou que estava na festa de aniversário de uma criança e viu duas mães tagarelando no canto da garagem enquanto fumavam maconha. Muitos pais acreditam que não faz mal servir álcool a menores de idade em casa, uma vez que eles também se embriagam e mantêm um armário de bebidas à vista de todos. Mas, pais, vocês não moram na França, onde os pais realmente servem álcool para as crianças no jantar.

Jovens que usam drogas e álcool geralmente têm acesso a uma coisa: dinheiro.

Marian cresceu em um lar com pais trabalhadores, prósperos e influentes. Aos 11 anos, ela voltava dia após dia para uma casa vazia e encontrava conforto no armário de bebidas. Um gole ou dois de vodca e ela não se sentia mais sozinha. Para esconder seu vício crescente, ela enchia novamente as garrafas com água. Só depois de dois anos, quando voltou para casa de uma festa no meio da noite, parecendo machucada, despenteada e bêbada, é que seus pais se preocuparam — depois de terem telefonado como loucos para todo lugar a fim de encontrá-la. Eles não faziam ideia de que ela bebia ou de que vinha fazendo isso pesadamente durante dois anos, bem ali no armário de bebidas deles.

Oito semanas depois, os pais tiveram outro choque. Marian, de 13 anos, estava grávida — ela havia sido estuprada na festa quando estava embriagada, e nem mesmo se lembrava de quem a estuprou. O remorso que esses pais sentiram sete meses depois, quando viram sua filha assinar, em prantos, os papéis de adoção de seu bebê, é inimaginável.

Então, pais, prestem atenção aos sinais de que seu filho pode estar em dificuldades. Faça alguma coisa *agora*. Não espere.

Existe também algo novo no mercado de que você talvez ainda não tenha ouvido falar mas precisa estar atento: Spice. Eu estava conversando recentemente sobre isso com um grupo de cinquenta pais em uma sala e perguntei: "Quem sabe o que é Spice?". Apenas uma mão se levantou. É por isso que incluí esta informação para você.

Spice, ou K2, não é de fato uma droga, mas age como se fosse. Pode proporcionar uma sensação bem prazerosa, e é popular hoje entre jovens mais novos por duas razões: 1) é muito barato e 2) você pode comprar em qualquer tabacaria como incenso. Alguns estados norte-americanos estão agora se apressando para tornar essa substância ilegal, mas ela ainda estava disponível quando eu escrevia este livro. E o pior, não é detectada em um teste para drogas.

Atualmente diversas escolas dos Estados Unidos estão realizando testes de drogas em seus alunos. Este procedimento teve início em escolas privadas, nas quais a dificuldade de implantação é menor, mas acredito que não vai demorar muito para o teste de drogas ser parte integrante da educação de seu filho.

A tentação de usar drogas e álcool sempre estará rondando seu adolescente. Você não pode mudar esse fato; não pode colocá-lo em uma bolha ou estar ao lado dele a todo instante como a Mamãe ou o Papai Urso. Então, o que você vai fazer para que seu filho seja diferente? O que vai fazer em sua casa agora mesmo para garantir que seu filho não fume a erva, não cheire cocaína nem faça qualquer coisa ilegal?

Jovens que usam drogas e álcool geralmente têm acesso a uma coisa: dinheiro.

A capacidade de seu filho de se posicionar ou não contra as drogas e o álcool tem tudo a ver com a maneira como você o apoia, o encoraja e acredita nele. Nossos filhos, quando eram abordados para usar drogas e álcool, foram ensinados a dizer simplesmente: "Não, somos da família Leman, e os Leman não fazem isso". Em seguida, viravam as costas e iam embora.

Quando um jovem se sente seguro acerca de quem ele é como parte de sua família, ciente de que possui um lugar seguro e sólido, ele consegue dizer não para as coisas que falsamente o fariam "sentir-se bem" ou que o seduziriam a fazer parte de um grupo que não é saudável para ele. Ele já é parte de um grupo — vocês, a família dele — e se sente bem com isso.

Se vocês fizeram as coisas corretas como pais enquanto seu filho crescia, é muito provável que ele não acabe usando drogas e álcool. Mas se você exagerou — sendo muito rígido, tentando forçar seu filho a ser o que você queria que ele fosse ou sendo permissivo demais, permitindo que ele fizesse o que quisesse sem consequências — ele pode se rebelar.

Quando nossos cinco filhos eram pequenos, toda vez que eu via uma cena de acidente, eu balançava a cabeça e dizia: "Drogas", alto o suficiente para que eles ouvissem. Mais tarde, quando nossos filhos deparavam com cenas de acidentes, eles me perguntavam: "Pai, você acha que foi por causa de drogas?". Deixar impressas as consequências das drogas e do álcool em seus filhos o mais cedo possível na vida realmente causará uma marca. Quatro de meus cinco filhos já saíram do ninho, e todos eles me disseram: "Pai, nunca dei um trago num baseado (maconha), apesar de terem me oferecido, porque eu não precisava disso para ser legal".

Agora, eu era um cão farejador o tempo todo? Não, porque não se pode acompanhar cada movimento de seus filhos como se você fosse o próprio Deus Todo-poderoso. Simplesmente não é possível. Em vez disso, tratei meus filhos com respeito. Eles sabiam que nós, os Leman, não nos drogávamos. Sabiam que drogas têm consequências (e frequentemente falavam sobre isso com os amigos). Sabiam que o uso de álcool e drogas não seria tolerado em nossa casa.

Contraste isso com os pais que acham legal alugar alguns quartos de hotéis de beira de estrada para que seus filhos possam se divertir "em segurança" na noite do baile de formatura. Perdoem-me, mas esses pais fazem Jim Carrey no filme *Débi & Loide* parecer inteligente feito um astrofísico.

Se você está lendo este livro e dizendo: "Dr. Leman, a maioria das coisas que você está falando é simplesmente bom-senso", obrigado por perceber. Este livro é *só* sobre bom-senso, e é isso que falta a muita gente hoje em dia. Infelizmente, são frequentes os pais de adolescentes que passam dos limites em suas próprias atitudes, comportamento e caráter. E adivinhe com quem os filhos aprendem? Vá a uma competição esportiva de crianças pequenas um dia e você ficará surpreso com a maneira ultrajante como alguns pais agem. Eles passam por idiotas. Mas os filhos que competem no campo estão bem (na verdade, eles estão lá revirando os olhos de constrangimento por conta do comportamento dos pais).

Portanto, antes de começar a dar sermão em seus filhos sobre drogas e álcool, dê uma boa olhada no espelho. O que você faz, eles vão fazer.

Agora, o que você faz se seu adolescente for pego fumando maconha ou usando qualquer outra substância? Faça a si mesmo esta pergunta: "Eu deixaria alguém que usa drogas dirigir meu carro?".

Eu não, com certeza.

Lembrem-se, pais, vocês dão as cartas, e as cartas na sua mão são ases. Se seu filho passou dos limites e foi para uma direção diferente da que vocês gostariam, vocês precisam se posicionar e levantar o cartão vermelho, dizendo: "Isso não vai acontecer em nossa casa". Quando seu filho tiver 18 ou 19 anos e estiver fora de casa, ele fará o que quiser. Nada que vocês possam fazer ou dizer vai mudar esse jovem. Mas enquanto ele mora em sua casa, está vivendo sob suas regras. E se não aderir a elas, perde os privilégios como membro da família (o que atinge mesada, gastos e as chaves do carro). Não se esqueçam de que drogas não são baratas. Custam muito dinheiro, e seu filho só vai conseguir "filar" dos amigos por um tempo. Então, de onde vem o dinheiro? Se está vindo de vocês, interrompam o fluxo agora.

Pais, vocês dão as cartas, e as cartas na sua mão são ases.

Se seu filho está usando drogas, uma confrontação é pertinente. "Sei que você está bebendo/usando drogas. Você precisa de ajuda, e como pai ou mãe vou garantir que você tenha a ajuda de que precisa. Então é assim que vai funcionar." Seja firme. Não brigue. Só apresente os fatos.

Um pai me disse recentemente que a coisa mais difícil que já teve de fazer na vida foi internar seu filho em uma clínica de reabilitação há um ano, mas ele sabia que era o certo a fazer. O filho gritou obscenidades para ele e disse que o odiava. Mas hoje pai e filho têm um bom relacionamento; jogam bola juntos duas vezes por semana e fazem questão de ir ao cinema às sextas. Essas noites de cinema mantiveram o filho longe de sua antiga turma de drogados. Semana passada, o pai, de olhos marejados, disse: "Ontem, Sean me disse uma coisa que nunca vou esquecer. Ele disse: 'Pai, você sabe que eu nunca odiei você de verdade. É que eu estava naquela confusão toda'".

Pais, preencham a lacuna. Consigam a ajuda de que seu filho precisa se estiver usando drogas e álcool. Faça o que for possível em sua casa para educá-lo sobre drogas e álcool, bem como sobre seus efeitos.

Drogas e álcool não são um cupinzeiro; são montanhas que compensam seu tempo e esforços intensos. Essas substâncias são o tipo de coisa que vai destruir um filho, acabar com a motivação dele e com a capacidade que ele tem de pensar e raciocinar. E, nesses anos críticos, essa é uma situação crucial de verdade. Pais inteligentes *sempre* prestam atenção aos sinais de uso de drogas e álcool. Nada é garantido na vida, mas pensar o melhor de seus filhos, esperar o melhor e falar o melhor sobre eles é fundamental para que eles se comportem de maneira apropriada em todas as áreas da vida.

SALVA-VIDAS

O que você faz, eles vão fazer.

ESCOLA (IR MAL)

Os garotos não começam a ir mal na escola de repente; isso normalmente vem do ensino fundamental. Em geral é aí que as coisas começam a sair do prumo. Por exemplo, quando as crianças não estão aprendendo os fundamentos do quarto ano, mas ninguém o deteve e disse: "Olha, você precisa ficar aqui no quarto ano novamente no ano que vem", existe um efeito cumulativo desse tipo de negligência. É como os adultos que nunca fizeram limpeza bucal. Com toda probabilidade acabarão tendo um problema na gengiva. Alguns desses problemas são reversíveis, mas geralmente vão significar cirurgias delicadas, caras e demoradas.

Alguns jovens não recebem nenhum tipo de orientação acadêmica, mas são ótimos em trabalhos manuais. Porém, vivemos em uma sociedade que diz que os vencedores na vida são os tipos acadêmicos. E quanto aos jovens do tipo mecânico, que não tiveram sucesso em seus primeiros nove anos de escola pública?

Esperamos que eles mudem quando entrarem no ensino médio? É duvidoso que isso aconteça.

Mas isso não significa que você não deve tentar ajudar um adolescente que realmente quer mudar com orientação, educação especial, visitas extras à escola nas férias ou um trabalho com professor particular depois do horário de aula. Nos Estados Unidos o sistema de ensino geralmente possui um plano apropriado para lidar com jovens que não vão bem.

Olhando em retrospecto para minha adolescência, lembro-me de que eu sempre amei esportes e jogava todas as temporadas. Mas eu só jogava as primeiras seis semanas de cada temporada, porque depois desse ponto os formulários de qualificação precisavam ser assinados por todos os professores, e eu nunca era qualificado. Assim, mesmo sendo maluco por esportes, isso não era motivação suficiente para eu melhorar. Eu apenas admitia que ia jogar somente as seis primeiras semanas de cada temporada.

> Um sentimento nostálgico me causou um frio na espinha, e eu pensei: "O que vou fazer agora?"

Não atinei que não estava indo a lugar nenhum até que minha classe estava reunida no "Dia da Mudança", quando cada turma se moveria de seu lugar no auditório até sua nova sala de aula. Nós, do último ano, cantamos uma música sobre "nossos anos dourados que chegavam ao fim". Foi meio estranho, mas uma percepção da qual jamais me esquecerei. Um sentimento nostálgico me causou frio na espinha, e eu pensei: "O que vou fazer agora?".

Foi nesse momento que meu futuro foi posto em marcha.

Acabei não sendo aceito na faculdade até nove dias antes do início do semestre. E então minha aceitação ficou condicionada a uma carga de apenas doze créditos. Foi aí que este rapaz, que sempre foi mal na escola, finalmente começou a levar as coisas a sério.

Quando um jovem não se preocupa com a escola, pode ser difícil motivá-lo. Mas garanto que quando a motivação realmente aparece, ele vai trabalhar duro para fazer algo da própria vida.

Eu é que sei.

Quando olho para trás em minha vida, uma coisa permaneceu constante. Eu tive pais que me amavam, que acreditavam em mim. Vejam bem, eles não tinham motivo para acreditar em mim. Afinal, ser expulso dos Escoteiros Mirins não era exatamente um sinal de grandeza, nem alvejar os enfeites da árvore de Natal, herança de família, com uma espingarda de ar comprimido e pôr a culpa no gato. É por isso que sempre tentei prestar um tributo especial a meus pais, ambos agora no céu, porque eles merecem. Sou muito agradecido por eles terem vivido o suficiente para ver o filho mais novo receber o diploma de doutor.

Não importa o motivo, pais, não deixem sua crença em seu adolescente vacilar.

SALVA-VIDAS
Mesmo quem demora amadurece.

EU, EU, EU

A frase "eu, eu, eu" está no sangue da atual geração. A maioria dos pais criou filhos que pensam que são o centro do universo. Diante do menor esforço, os filhos de hoje são entusiasticamente saudados com "É o meu garoto" ou "É a minha garota" e "Estou tão orgulhoso de você!". Sob o pretexto da verborragia de que afirmações positivas ajudarão a autoestima de nossos filhos, extrapolamos e somos pródigos em elogios muitas vezes falsos, vazios e sem valor.

As pessoas de fé vão descobrir que em nenhum lugar da Bíblia há referência à "autoestima" da pessoa. Vou parar por aqui.

Quer dizer, bem, talvez não. Seja humilde, saiba perdoar, seja bondoso... Ora, você entendeu a ideia.

Mesmo assim, somos orientados socialmente pela falsa premissa do conceito de autoestima. Pense com cuidado por um minuto. A autoestima positiva é realmente uma atitude que você deseja esforçar-se para obter? "Eu, eu, eu" — é exatamente isso que você vai ganhar!

Se você prestar atenção aos ensinamentos de Jesus, não vai ouvir falar de "eu, eu, eu"; você ouvirá sobre os outros. O próprio Jesus lavou os pés das pessoas para demonstrar o que queria.

> Quando você tem o coração voltado para as pessoas, não precisa ir longe para encontrar gente necessitada.

Em vez de se preocupar com a autoestima positiva de seu filho, por que não procurar maneiras de sua família, incluindo seus filhos, dar aos outros sem esperar nada em troca? Quando você tem o coração voltado para as pessoas, não precisa ir longe para encontrar gente necessitada. Seus adolescentes devem ser parte disso. Durante as férias você vê muitas pessoas assumindo projetos em família; mas, e quanto ao resto do ano? Tem de ser um projeto contínuo.

Nós da família Leman ajudamos duas crianças por meio de programas de auxílio a países do terceiro mundo. Poderíamos fazer mais? Sem dúvida! Mas pelo menos nossos filhos aprenderam bem cedo que os outros são importantes; a vida não diz respeito só a eles. Eles não saem por aí perguntando em cada esquina: "O que você tem para mim?".

Algumas pessoas que conhecem nossa família hoje acham que é um milagre que sejamos todos generosos. Mas para mim, esses resultados eram bastante previsíveis. Os cinco filhos da família Leman são generosos — não há um único interesseiro no bando — porque, em nossa casa, o foco é dar aos outros.

Também é interessante que, ao contrário do pai caçula que gosta dos holofotes, nossos cinco filhos de fato se esquivam disso. Eles têm uma atitude muito humilde. Fiquei intrigado há um tempo, enquanto olhava a página de meu filho no Facebook, ao ver o que ele descreveu como sua ocupação. A profissão que ele colocou? "Auxiliador." Na verdade, Kevin Leman II é o principal redator de um programa vencedor do prêmio Emmy — um seriado de televisão, o mais engraçado do momento na TV. E ele é hilariante. Mas é tão despreocupado quanto possível para um roteirista de comédias, se dá bem com todo mundo e é conhecido por sua honestidade, integridade e natureza doadora.

Se você acha que é impossível que um adolescente pense além de seu umbigo, está errado. Mas, para que ele aja assim, é importante que você dê o exemplo — e que considere as ideias dos outros dignas de seu tempo e atenção.

Se você fizer isso, seu filho também fará.

SALVA-VIDAS

É mais abençoado dar do que receber.

FACEBOOK E OUTRAS INVENÇÕES SOCIAIS

Como psicólogo e escritor, sou um pouco excêntrico. Faço minha própria página do Facebook. Posso citar nomes de todos os tipos de sujeitos que contratam pessoas para fazer isso por eles, mas eu não. Gosto que os pais me proponham questões difíceis, gosto de atender a campainha quando ela faz *ding* e gosto de ajudar o pai ou a mãe a transformar a vida de seu filho ou de sua família. Atualmente, tenho cerca de 10 mil seguidores, adoro o vaivém da tecnologia e gosto muito de usá-la como ferramenta didática para casais e pais. Além disso, minha natureza caçula também tira daí um entretenimento, já que torno as coisas divertidas para todos no Facebook, inclusive para mim!

Os pais interpretam mais essa coisa de Facebook do que precisam. Alguns acham que se seus filhos estão no Facebook, alguma pessoa mais velha, indecente, vai aparecer e sequestrar sua criança, desfigurando-a para sempre. Mas, assim como tudo mais, o bom-senso precisa prevalecer. Se seu filho tem uma conta no Facebook e não distribui informações pessoais para estranhos (ou seja, pessoas que ele não conhece e com quem não interage pessoalmente), e se é ensinado a não ficar "amigo" de ninguém que não conheça pessoalmente, então invenções sociais como o Facebook são bastante inócuas. Pode ser uma atividade divertida para seu adolescente interagir com o grupo de amigos (e isso também pode fazer você economizar um montão na conta do celular, se não tiver um plano familiar).

No entanto, os filhos precisam ser ensinados a ter cuidado quanto a quem eles adicionam como "amigos" no Facebook. Assim, certifique-se de estabelecer diretrizes com seu adolescente (note que eu não disse "decretar orientações") para o uso seguro do Facebook. Eles não devem começar amizades com estranhos ou mesmo com amigos de amigos que não conhecem. Por exemplo, se sua filha tem um pedido de uma amiga da amiga no Facebook em outra região do país, você não sabe se essa pessoa é realmente amiga dela ou não. Então, ensine-a a ser esperta. Ela deve recusar os pedidos de qualquer pessoa que não conheça pessoalmente.

Os filhos precisam ser ensinados a ter cuidado quanto a quem eles adicionam como "amigos" no Facebook.

Claramente, o Facebook e outras invenções sociais vieram para ficar. Jovens adoram esses troços eletrônicos novos, descolados. Vivemos em um mundo *high-tech*. Imagine só como vai ser daqui a 25 anos!

A chave é ter equilíbrio (qualquer um que passa seis horas por dia em sua conta do Facebook precisa ir cuidar da vida e encontrar mais o que fazer) e usar o bom-senso. Você pode ensinar as duas coisas para seu filho.

Funcionou para mim

Sou quase tão não tecnológica quanto possível. Ainda não entendi como pagar contas em meu computador (sim, sei que é triste). Por isso entrei realmente em pânico quando meu irmão comprou um iPhone para meu filho como presente de aniversário. Toda essa coisa de internet e o que eu tinha ouvido sobre os perigos me deixaram nervosa. Não queria que meu filho de 14 anos tivesse conta no Facebook, e não queria que ele visse imagens na internet.

Aí ouvi você falar sobre como a tecnologia chegou para ficar, e como nós, pais, precisamos ser mais espertos e informados a esse respeito. Pedi a meu filho que me mostrasse como funcionava. Ele achou que era bem legal que sua "velha" mãe quisesse saber e pedisse a ajuda dele para entender. Agora meu filho me mostra as coisas que ele descobre na internet e até textos engraçados de seus amigos. A tecnologia que eu temia, na verdade, nos deu mais assunto para conversar.

Karyn, Minneapolis

SALVA-VIDAS

A tecnologia chegou para ficar, então seja esperto em relação a isso.

FALAR MAL DOS OUTROS

À medida que eu ia crescendo, meus pais me ensinavam coisas básicas da vida. Uma delas foi: "Descubra pelo menos uma qualidade para gostar em alguém, mesmo se não gostar da pessoa". Por mais antigo que seja esse conselho, ele permanece verdadeiro no século 21. Ao falar mal de alguém — ao humilhar essa pessoa — você está desprezando alguém que o Deus Todo-poderoso criou pessoalmente. Só esse fato deveria transmitir certo respeito. Do contrário, ao humilhar outras pessoas, você está dizendo, em essência: "Ei, Deus, você fez algumas criações bem ruins aqui".

A realidade é que nenhum de nós é melhor que o outro. Às vezes nós nos enganamos ao pensar assim, por pertencermos a certo grupo étnico ou de fé, ou vivermos em determinado país. Mas o Deus Todo-poderoso nos vê a todos como iguais, pessoas imperfeitas em grande necessidade de — adivinhe? — graça.

Quando seu filho fala mal de alguém, o que ele está fazendo na verdade? Tentando, de uma maneira imatura, sentir-se melhor consigo mesmo. Humilhar alguém significa subir um degrau na escada do sucesso.

Caso estejam falando mal ou fofocando sobre sua filha na escola, explicar por que os outros fazem isso pode abrandar um pouco a situação. "As pessoas falam mal das outras apenas quando não se sentem bem consigo mesmas. Essa pessoa não deve ser muito confiante se precisa implicar com você."

> As pessoas falam mal das outras apenas quando não se sentem bem consigo mesmas.

Caso seja o seu adolescente quem está falando mal de alguém, acabe logo com os mal-entendidos. "Ouvi da mãe de Fulana de Tal que você falou mal dela ontem. Você realmente se sente tão mal consigo mesmo que precisa fazer isso a outra pessoa para se sentir melhor?" Em seguida feche a boca e vá embora. Deixe suas poucas palavras falarem o que é preciso. E deixe a merecida jornada de constrangimento e culpa começar.

Você realmente é capaz de conter as conversinhas entre adolescentes? Provavelmente não. Mas pode com certeza evitar que eles façam isso dentro dos limites de sua casa, que precisa ser uma zona livre de estresse.

Vamos dizer que suas filhas de 13 e 14 anos se envolveram em uma discussão na manhã de terça-feira. Esse seria um bom momento para pegá-las pelo braço, acompanhá-las até outro cômodo da casa (o menos confortável, e pequeno o suficiente para que elas tenham de se olhar nos olhos) e dizer: "Vocês duas precisam resolver isso. Vou voltar para ver como vocês estão em vinte minutos". Então feche a porta, vá embora e desfrute de seu café da manhã em paz.

Melhor ainda, se você tem o privilégio de morar em um lugar de clima quente, como aqui em Tucson, no Arizona, escolte suas filhas para fora a fim de que elas resolvam sua rixa longe de casa.

Aliás, suas duas queridinhas vão tentar sair do cômodo em dois minutos, dizendo que está tudo bem.

Diga-lhes com firmeza: "Não, eu quero que vocês conversem bem sobre isso. Estou cansada de uma ficar falando mal da outra, e quero resolver esse assunto. Então voltem para lá, e eu voltarei em dezoito minutos".

Se a demora de vinte minutos fizer que elas se atrasem para a escola, melhor ainda. Porque agora você tem uma oportunidade de escrever um bilhete para a secretaria da escola, dizendo:

> Minhas filhas não têm motivo para se atrasar. Elas escolheram falar mal uma da outra na mesa do café da manhã. Fiquem à vontade para fazer o que acharem que deve ser feito. De minha parte, sinto que elas não têm absolutamente motivo algum para estarem atrasadas.
>
> Obrigada,
>
> Sr. ou Sra. Silva

É um pé naquele lugar ter de levar suas adolescentes para a escola de carro porque elas perderam o ônibus? Ah, claro que é. Mas tenho notícias para você. O simples fato de ter filhos é uma grande inconveniência e um contratempo, e você escolheu ser pai ou mãe. Esta é sua parcela de responsabilidade.

O ponto é manter a bola no campo correto. Se suas adolescentes estão falando mal dos outros, a bola pertence ao campo delas. Não tome para si o que não é seu, e não se intrometa.

No mínimo, elas vão aprender a não falar mal uma da outra na sua frente. E certamente não farão isso no café da manhã em dias de aula.

Touché!

SALVA-VIDAS

Não tome para si o que não é seu.

FALTA DE COLABORAÇÃO EM CASA

No caso de seu filho se recusar a fazer qualquer coisa em casa, ele não deveria receber nenhum dos benefícios garantidos a um membro da família. Trate-o a pão e água, é o que eu recomendo.

> Trate-o a pão e água, é o que eu recomendo.

Se o jovem não faz nada em casa, há uma boa chance de que não esteja fazendo muita coisa na escola. O resultado? Ele não receberá um tostão para comprar o lanche. E você também não deve prepará-lo. Deixe-o pegar sua própria gororoba da geladeira para levar à escola.

Leve seu adolescente de volta ao nível mais básico. Considerando que ele não está cumprindo seu papel como membro da família, não recebe mais mesada. Se ele possui uma TV no quarto, ela é retirada. Se possui um *laptop*, fica guardado. Se você lhe comprou um telefone celular ou está pagando sua conta mensal, peça-lhe para se despedir disso. Se ele tem o privilégio de dirigir, perde o acesso ao carro da família.

Ele não tem nada além de eletricidade, água para beber, banho, jantar (se aparecer no horário; se não, a comida é retirada e fica indisponível), e um lugar para se encostar à noite.

Melhor ainda, você não discute de antemão com ele a remoção de nenhum desses itens. De repente, eles simplesmente não estão lá.

Se seu filho tem o mínimo de cérebro, não vai demorar muito para querer saber o que está acontecendo.

Agora tem início o momento didático. "Do meu ponto de vista, vejo que você não dá a mínima para o que acontece em casa, e acho que isso é desrespeitoso para todos nós. Então, até que decida contribuir com esta família, você terá apenas um lugar para deitar, água para tomar um banho e refeições para comer conosco — caso apareça no horário. E não, você não vai dirigir o carro da família".

Tudo volta ao básico. Se seu filho é teimoso, ele vai pensar: "Bem, vamos ver quanto isso dura. Vou simplesmente aguentar isso por um tempo e esperar até que mamãe e papai desistam. Não há possibilidade de eu levar o lixo para fora ou fazer qualquer coisa do tipo".

Há jovens que vão jogar esse jogo por bastante tempo porque são teimosos ou totalmente preguiçosos. Outros farão isso porque estão se escondendo da vida, sentindo-se derrotados ou desenvolvendo um problema psicológico. Se você suspeita que qualquer uma dessas coisas possa estar acontecendo com seu adolescente, procure ajuda profissional. Às vezes uma intervenção é necessária.

Se seu filho é simplesmente teimoso ou preguiçoso, cedo ou tarde a motivação vai levá-lo a fazer algo além de ficar sentado em casa e preparar o próprio lanche para a escola.

Quando a oportunidade surgir, converse com ele. "Se você quiser conversar, sou todo ouvidos. Não posso viver sua vida, mas posso ajudar".

Novamente, mantenha a bola na quadra de seu adolescente. Não se torne o chato de plantão ou a pessoa que o empurra o tempo todo. E, por favor, não seja a pessoa que se debruça sobre ele com um regador, apressando: "Desabroche, criatura, desabroche".

Um dia seu filho vai perceber: "Ei, isso de ficar sem fazer nada não está mesmo dando certo para mim. Talvez seja melhor tirar meu traseiro daqui e fazer alguma coisa da vida".

Assim, seja paciente e espere (por mais que isso o esteja matando por dentro). Seu filho precisa ver algum tipo de vantagem ou compensação antes que se disponha a tornar-se um membro que contribui com a família.

Por vezes a existência à margem é tudo de que eles precisam para entender a questão.

SALVA-VIDAS

É uma casa, não um hotel.

FALTA DE MOTIVAÇÃO/APROVEITAMENTO DE POTENCIAL

A maioria dos jovens que sofre de falta de motivação tem uma razão específica para tal. Isso remete ao comportamento intencional. Qual é o comportamento intencional de um jovem que não faz a lição de casa? De um aluno que aparentemente vai mal em todas as matérias? A ironia é que muitas vezes os jovens que não concluem suas lições de casa, não participam em aula e vão mal nas provas são na verdade brilhantes. Eles poderiam fazer seu trabalho, e fazê-lo bem. Então, por que são tão pouco motivados?

Vocês não precisam olhar para muito além de si mesmos, pais, para descobrir a resposta. Ui, isso dói, não é? Mas pense comigo por um minuto. Se você é daqueles pais que forçou a barra, que tem altas expectativas de seus filhos, que é rápido em apontar qualquer falha, que diz: "Ei, o que é que esse B está fazendo em seu boletim?" (quando é um B em meio a uma fileira de As), você está criando o tipo de condições em sua casa que vão catapultar seus filhos para um estado de desmotivação, e mantê-los ali.

Filhos que convivem com expectativas pouco realistas e perfeccionismo temem o sucesso.

"Espere aí, dr. Leman", diz você. "Você quis dizer que eles temem o *fracasso*, não foi?"

Não, eu quis dizer temem o *sucesso*. O fracasso eles realizam muito bem.

Filhos que convivem com expectativas pouco realistas e perfeccionismo temem o sucesso.

Como John, do segundo ano do ensino médio, que costumava ser um aluno sempre com notas B, até que se tornou calouro. Foi quando ele decidiu que não conseguia mais competir com sua brilhante irmã mais velha, que estava prestes a se formar, ou mesmo superar a altura dos obstáculos das expectativas que seus pais lhe colocavam. Agora ele tira nota F em praticamente todas as matérias, mesmo naquelas em que ele costumava adorar e ir bem.

Jovens que são pressionados para sempre atingir determinado nível, para realizar tudo com perfeição, são aqueles que muito provavelmente se encaminharão para a opção de não fazer nada. Afinal, se eles forem totalmente bem-sucedidos, *sempre* terão de ser bem-sucedidos aos olhos dos pais, e a pressão é grande demais.

O adolescente que demora a desabrochar não vai florescer debaixo de vigilância constante.

E há muita gente assim por aí. Eu fui uma delas. Não desabrochei até que fui expulso da faculdade, tornei-me faxineiro e me vi estagnado na vida. Agora, porém, ao olhar para trás, me dou conta de que o momento em que comecei a desabrochar foi quando meu irmão, cinco anos mais velho, saiu de casa, e minha irmã mais velha também. Fiquei sozinho com meus pais. Foi a primeira vez que não tive os Irmãos Incríveis pairando sobre mim. Eles haviam partido para a vida adulta, e eu não vivia mais sob o peso diário de seus êxitos.

O adolescente que demora a desabrochar não vai florescer debaixo de vigilância constante.

Às vezes as circunstâncias da vida forçam um jovem a reavaliar a situação e se motivar. Para mim, esse momento aconteceu quando eu tinha 17 anos e estava terminando o ensino médio. Todos os meus amigos estavam se encaminhando para a faculdade, enquanto eu não seria aprovado em nenhuma. Essa amarga percepção me transformou. Comecei a levar a sério a ideia de tomar rumo na vida.

Quando falta motivação a um jovem, esse comportamento serve para um propósito em sua vida. Ele pode estar recebendo atenção negativa da mãe ou do pai, mas pelo menos recebe atenção. Com a falta de motivação, esse jovem está dizendo: "Não consigo estar à altura do que vocês pensam que eu deveria ser, então não vou nem tentar".

O que vocês podem fazer como pais?

Em primeiro lugar, reduza suas expectativas. Encoraje-o no que ele faz bem. Retire a pressão.

Segundo, se você tem um filho de 13 ou 14 anos no final do ensino fundamental cujas notas estão ruins, peça à escola para segurá-lo. Deixe-o repetir o último ano. Dê a ele a chance de entrar no ensino médio mais preparado.

"Mas, dr. Leman", você diz. "O que vai acontecer com a psique dele? Isso vai prejudicá-lo tremendamente".

Alguém pode me dizer o que é uma psique?

Vamos deixar para lá o psico-blá-blá-blá e cair na real, como disse Harry Truman certa vez: "As transferências de culpa terminam aqui". Talvez você tenha de bater na mesa do diretor para conseguir que ele repita seu filho. A maioria das escolas públicas norte-americanas engoliu a isca, o anzol e a linha de que o conceito de autoavaliação (o que um jovem pensa de si mesmo) é mais importante que as notas (o desempenho de um jovem na escola). Afinal, nós não gostaríamos de destruir a autoestima do pobre Joãozinho, não é mesmo? Se, porém, o pobre Joãozinho vem sendo reprovado em tudo na escola, onde está a autoestima dele? Por favor!

Se os pais concederem a seu filho outra chance no mesmo ano escolar, estarão tratando-o de uma maneira respeitosa ao dizer: "Sei que você está tendo dificuldades, então vamos lhe dar um novo começo".

Perceba que estou usando um menino como exemplo neste caso. Isso porque, em termos estatísticos e psicológicos, há muito mais crédito em repetir um menino do que uma menina. Os meninos, por natureza, estão cerca de um ano atrás das meninas em maturidade.

Mas você também pode ser criativo. Se seu adolescente vai repetir um dos últimos anos, você pode transferi-lo para outra escola a fim de tornar o processo um pouco mais fácil.

A reprovação de ano pode mudar a vida de seu filho para sempre.

Agora, se você acha que fazê-lo repetir é uma solução dura, deixe-me perguntar: se você não tomar esse tipo de ação decisiva, o que vai fazer seu filho mudar? Quando a luz da motivação vai acender?

É hora de dar uma boa olhada em suas próprias expectativas quanto a seu adolescente e acender alguma motivação nele. Repetir um ano não vai ferir a psique dele. A reprovação de ano pode mudar a vida de seu filho para sempre.

Funcionou para mim

Você chutou a bola no ângulo quando falou recentemente sobre perfeccionismo e pais críticos em um programa de rádio. Não achei que fosse perfeccionista ou crítico, mas estava enganado. Eu não tinha ideia de que meu comportamento estava fazendo com que minha filha fosse mal em matemática. Ela havia até parado de tentar ir melhor, e quem poderia culpá-la? Eu sempre lhe perguntava porque ela tirou B quando sabia que ela era mais inteligente que isso. Aí ela começou a tirar Ds e Fs, e eu interrompi seus privilégios, mas isso não ajudou.

Percebi então que eu é que precisava mudar primeiro. Disse à minha filha que sabia que matemática era difícil para ela, e que estava arrependido de ter tornado a situação ainda pior. Perguntei o que poderia fazer para ajudá-la. Essa conversa abriu nossa comunicação. Ontem ela veio para casa com um C em um trabalho de matemática. Eu notei que ela estava nervosa ao me mostrar. Mas quando vi, disse a ela: "Ótimo trabalho. Sei que você está se esforçando bastante, e está valendo a pena". Ela pareceu surpresa, mas sorriu.

Você tem razão, dr. Leman. A mudança em minha filha tinha de começar comigo. Eu só gostaria de ter sido mais esperto para perceber isso antes.

Kurt, Tennessee

SALVA-VIDAS

As transferências de culpa terminam aqui.

FESTAS

Há festas inofensivas, e há festas perigosas. Quando seu adolescente começa a falar sobre ir a uma festa, as primeiras duas perguntas que você faz são:

1. Você está indo à casa de quem?
2. Haverá algum adulto por lá?

Pais, tenham cuidado em relação à casa que seu filho visita, seja qual for a razão. O melhor cenário possível: se seu adolescente vai passar um tempo na casa de alguém, conheça bem os pais e visite o local pessoalmente para saber se o ambiente é seguro ou não para seu filho.

Mas vamos encarar os fatos: haverá festas às quais seu adolescente irá sem você saber, especialmente porque esse tipo de evento tende a acontecer espontaneamente. Em geral, adolescentes não são os indivíduos que mais se planejam com antecedência no mundo. E a maioria das festas acontece em locais em que não há adultos por perto. Elas consistem em drogas, álcool, música e sexo, e jovens se acabando, vomitando e se envolvendo em todo tipo de atividades por baixo dos panos que não preciso descrever neste livro.

De modo geral, a maioria das festas não é boa para adolescentes, nunca. Uma vez que eles chegam à marca dos 15 aos 17 anos, as festas às quais vão não são aquelas divertidas e inócuas a que iam aos 9 anos, quando pregavam o rabo no burro. Os riscos são muito maiores.

Quando os pais viajam por um fim de semana e deixam o filho de 15 anos em casa, eles certamente estão girando a roleta.

Mesmo jovens legais fazem coisas estúpidas. Veja, por exemplo, uns amigos meus que deixaram seu filho de 17 anos — um rapaz bacana, muito responsável — em casa quando viajaram por um fim de semana. Adam certamente era o tipo de jovem com quem não era preciso se preocupar. Os pais decidiram que o filho poderia chamar um amigo para dormir com ele e lhe fazer companhia.

Bem, aconteceu que Adam e seu amigo resolveram chamar algumas pessoas. A história se espalhou e a escola inteira apareceu. O pessoal trouxe caixas de cerveja, e eles começaram a beber. Algumas horas depois, o rapaz ficou chocado ao ver o estrago feito em sua casa e no tapete caríssimo de sua mãe, e ao descobrir que alguns itens haviam sido roubados da casa.

Recentemente meu filho, que tem mais de 30 anos, encontrou um amigo na Disneylândia. O amigo o apresentou a uma jovem ao seu lado.

— Kevin Leman — disse a moça. — Claro, você mora em Tucson. Fui a uma festa na sua casa.

Kevin, que cresceu ciente do modo de pensar da família Leman em relação às festas, disse:

— Acho que não.

— Você não tem uma casa com degraus que descem para uma grande sala de jogos no piso de baixo?

Kevin ficou alarmado.

— Bem, sim.

— Então eu fui a uma festa na sua casa.

Agora Kevin ficou intrigado.

— É mesmo? Quando?

— Quando meu amigo Jake estava tomando conta da casa para seus pais.

Nós descobrimos 13 anos depois que, sem o nosso conhecimento, o rapazinho que havia ficado em casa para tomar conta de nossos animais deu uma festa enorme enquanto estávamos fora!

Tudo isso mostra que, em se tratando de festas, você pode esperar o inesperado. Mesmo com jovens bacanas.

Em se tratando de festas, você pode esperar o inesperado. Mesmo com jovens bacanas.

Sabendo que um dia seu adolescente vai acabar em uma festa na qual ele não quer estar, é importante que você tenha um pacto antecipado com seu filho para que, se ele um dia se vir nessa situação, possa ligar para casa e você vá buscá-lo, sem perguntas. Se for uma festa espontânea que acontece na sua própria casa contra a vontade de seu filho, ele pode ligar para vizinhos de confiança — ou para a polícia.

Veja, é uma questão de segurança.

Seus adolescentes também precisam saber algumas regras básicas sobre festas:

- Se algum dia você participar de uma festa em que um jovem estiver bebendo demais — por exemplo, mamando o quinto Bourbon — existe alta possibilidade de que ele acabe se matando. Aconteceu algo do tipo quando eu era reitor de alunos na Universidade do Arizona. Se você vir uma coisa assim, precisa chamar o resgate imediatamente.
- Diga não a drogas ou álcool de qualquer tipo. Nem mesmo comece a andar por esse caminho. Diga apenas: "Sou da família Silva, e os Silva não bebem nem usam drogas".
- Nunca deixe sua bebida de lado; mantenha-a em sua mão e diante de seus olhos. Se você se esquecer de olhá-la, jogue fora e pegue uma nova quando precisar. Nem todo mundo é como sua mãe ou sua tia querida que prepara torta

de maçã para você. Há pessoas na vida que querem abusar de você, estuprá-lo, usá-lo e matá-lo.

• Ligue para seus pais imediatamente, sem perguntas, se a festa estiver de algum modo começando a sair do controle.

Jovens querem estar juntos. Mas é importante saber quem está supervisionando, onde seu filho está e se ele conhece as regras básicas da festa.

Melhor ainda, se seu adolescente está morrendo de vontade de ir a uma festa, ofereça uma em seu próprio território, onde você possa estabelecer as regras e ser o cão farejador sempre presente, pronto a tocar o apito se qualquer coisa sair da linha.

E ainda melhor, ajude seu adolescente a descobrir atividades saudáveis em que ele possa interagir com garotos de mentalidade parecida, seja individualmente ou em pequenos grupos, em locais mais controlados, potencialmente menos perigosos.

SALVA-VIDAS

Confie em seu filho, mas dê as cartas.

FIGURAS DE AUTORIDADE

Se você fez as coisas certas como pai ou mãe até o momento em que seu filho chegou aos anos hormonais, responder com respeito a figuras de autoridade não deve constituir um problema para ele. Mas se um adolescente não foi ensinado a respeitar autoridade (ou seja, o pirralho exigente que conseguia tudo que queria enquanto crescia — e há um montão de crianças desse tipo por aí), a vida pode acertar um tapa na cara dele. Ao ignorar o policial que pede para sua filha parar o carro, ela estará em grande encrenca. Ao desrespeitar uma professora, o técnico de basquete ou o pai da namorada, seu filho certamente terá de pagar por isso.

Se você tem um adolescente que apresenta dificuldades diante de figuras de autoridade, diga a ele: "Sei que você não gosta que lhe digam o que fazer. Mas é com isso que essas pessoas ganham a vida. Agora, eu não sou você, e, com base em minha experiência de vida, você não tem de gostar que lhe digam o que fazer. Mas vai ter de conviver com isso e pelo menos demonstrar o respeito devido a essas pessoas".

Os jovens que se envolvem em problemas com figuras de autoridade são os que têm temperamentos fortes. O menino que, aos 15, joga a raquete de tênis do outro lado da quadra quando não marca um ponto é o mesmo sujeitinho poderoso que, com 4 anos, choraminga, reclama e tem um chilique até que seus pais cedam a fim de manter a própria sanidade e alguma paz na casa. Mas o que esses pais criaram? Um monstro que agora está se rebelando contra todas as autoridades — incluindo a deles.

Se seu filho de 11 ou 12 anos demonstra sinais de ser poderoso e não tem consciência da autoridade, é hora de corrigir esse comportamento, e quanto antes melhor. Se você tem um filho de 17 anos que não respeita a autoridade, já se envolveu em problemas e dá sinais de que vai se envolver em mais confusão adiante, as consequências que virão dessa rebeldia provavelmente vão ensinar melhor do que qualquer coisa que você possa dizer ou fazer a essa altura. Se seu filho toma multas por excesso de velocidade, ele vai pagar as multas e enfrentar as punições cabíveis. Dependendo de quantas multas ele tomar, pode ter a habilitação cassada. Se sua filha não presta atenção e se envolve em um acidente, o que dobra o valor de seu seguro, uma consequência natural seria: "Bem, acho que você terá de andar a pé; você não vai mais usar o carro".

Se os militares não aceitam papo furado, por que você aceitaria?

Alguns jovens aprendem tarde na vida, e da maneira mais difícil.

É interessante como alguns desses jovens de temperamento forte se sentaram em meu consultório dizendo-me que iam se alistar nas forças armadas.

Quase engasgo de tanto rir. Eles realmente sabem o que acontece nas forças armadas?

Mas então me contenho quando os ouço falar: "Bem, se eu for para as forças armadas, eles vão me ajudar a me corrigir, porque lá não aceitam papo furado".

Ah, eles acertaram no alvo.

Se os militares não aceitam papo furado, por que você aceitaria?

SALVA-VIDAS

Todas as crianças aprendem.
Algumas da maneira mais difícil.

FOLGA

Vamos ser sinceros. Alguns jovens são mais folgados que os outros. Eles têm dificuldade para cumprir as tarefas e costumam evitar as responsabilidades porque acham que o bom da vida está em outro lugar.

Mas estou convencido de que os jovens que parecem "folgados" foram ensinados a ser assim. Quando não conseguem encontrar alguma coisa, a mãe, o pai ou outro irmão encontram para ele.

— Ah, sua camisa não está pendurada em seu armário? Tem certeza? — pergunta a mãe.

O filho confirma.

— Tenho certeza.

Então, apesar de a mãe saber que acabou de lavar a roupa e pendurar a camisa ali, adivinhe quem vai até o quarto para conferir? Não, não é o filho. É a mãe. Ela deixa de lado o projeto *dela* pela metade para ver o que acontece com o projeto *dele*, que de repente passou a ser encontrar sua camiseta favorita.

— Oh, querido, está bem aqui no meio de suas outras roupas — anuncia ela.

O Menino Folgado venceu novamente. Não só a fez ir lá encontrar para ele — algo que ele poderia facilmente ter feito se tivesse procurado por mais de um segundo em seu armário — mas fez com que ela desviasse a atenção de sua própria tarefa. Em outras palavras, mamãe pulou na hora ao chamado do Menino Folgado. Que beleza, a vida não poderia ser melhor, não é? Não é de se admirar que o Menino Folgado continue folgado. Ele sempre manteve o burro na sombra.

Muitos jovens são folgados porque decidiram que é mais fácil que as outras pessoas façam as coisas por eles. É uma maneira de fugir da responsabilidade, e é algo muito manipulador.

Nunca é bom fazer pelos filhos as coisas que eles poderiam fazer sozinhos. Isso significa que você nunca se levanta e pega uma bebida para ele? Não, fazer isso demonstra amor, gentileza e boa vontade. Entretanto, fazer a lição de seu filho, sempre resgatá-lo de situações de aperto ou não mandá-lo de volta para procurar aquela camiseta "perdida" não vai ser de proveito algum a ele. Ao contrário, permite que ele se torne um folgado e não assuma suas responsabilidades. E isso não faz bem a ninguém — a você, a ele, ao resto dos membros de sua família, aos professores dele na escola, aos amigos ou a qualquer outra pessoa com quem ele interaja.

Se seu filho é folgado, *por que* ele é assim? Será que isso o exime da responsabilidade?

Alguns jovens são folgados porque possuem DDA (distúrbio do déficit de atenção) ou DDAH (distúrbio do déficit de atenção e hiperatividade). Porém, sou da opinião profissional — depois de anos atendendo crianças, adolescentes e seus pais — que as pessoas lançam esses rótulos de maneira rápida demais, em vez de trabalhar com a natureza intencional do comportamento. Se seu filho é folgado, *por que* ele é assim? Será que isso o exime da responsabilidade? A irmã fica chateada quando ele se esquece das tarefas, e acaba fazendo por ele? Ou ele é responsabilizado por realizar seu próprio trabalho, mesmo quando não lhe é conveniente? Assim, antes de visitar seu médico ou terapeuta, dê uma de detetive por conta própria. Seu filho é folgado, desorganizado e incapaz de se concentrar o tempo todo, ou só quando algo é exigido dele?

Muitos jovens estão por aí tomando remédios para DDA ou DDAH quando o que precisam de fato — ou em combinação com os remédios por um curto período de tempo — é de alguém que lhes ensine responsabilidade, prestação de contas e concentração em um projeto. Visto que alguns jovens foram diagnosticados com DDA ou DDAH, os pais usam isso como desculpa e perdoam o comportamento inadequado de seus filhos: "Oh, meu filho tem déficit de atenção; ele não pode fazer nada!". Não, ele pode e precisa fazer. Se ele não aprender como controlar seu comportamento agora, que Deus o ajude — e a todos a sua volta — quando ele se tornar adulto.

Este é o momento de oferecer a seus adolescentes as ferramentas de que eles precisam para viver como adultos saudáveis que retribuem à casa e à comunidade, em vez de agir como exploradores.

SALVA-VIDAS

Nunca faça por eles o que eles podem fazer por si mesmos.

FUMO

Fico impressionado quando vejo adolescentes fumando hoje em dia. Os jovens de minha geração fumavam, mas naquela época éramos idiotas e não tínhamos todas as informações sobre tabagismo que estão acessíveis a todo tempo hoje — como o fato de causar câncer de pulmão e enfisema e encurtar a vida. Isso deveria ser suficiente para fazer qualquer um parar, mas sei por experiência própria que hábitos assim são difíceis de perder.

Quando eu era adolescente, costumava surrupiar guimbas do cigarro de meu pai — ele fumava Lucky Strike, um cigarro forte e sem filtro — de onde quer que ele as deixasse. Eu as enfiava em meu bolso e fumava no caminho da escola. Para facilitar as coisas, vários pais de jovens com quem eu andava permitiam que os adolescentes fumassem em casa — aos 15 anos!

> Sujeitos como eu, que já fumaram e largaram, provavelmente são os maiores ativistas contra o fumo.

Portanto, já passei por isso — fui um fumante. Mas sujeitos como eu, que já fumaram e largaram, provavelmente são os maiores ativistas contra o fumo.

Se eu tivesse um filho fumante, certamente iria querer cortar o mal pela raiz. É um hábito ruim — nada saudável não somente para seu filho, mas também para todos aqueles que se tornam fumantes passivos. Contudo, agora que seu filho é adolescente e tudo o que você disser pode ser usado contra você, bater na tecla dos males do tabagismo provavelmente não dará resultado em seu objetivo de fazê-lo parar. Mas uma visita amigável ao médico da família (para quem você já deu a dica, é claro, de que seu adolescente está fumando) ajudaria a preparar o terreno, ou um jantar com alguma outra pessoa que seu filho respeita.

Há outra maneira de interromper o fluxo. Cigarros custam dinheiro. De onde seu adolescente está tirando o dinheiro para o hábito de fumar? É de você? Da mesada dele? Do trabalho que ele executa? Se for assim, interrompa o fluxo. E sim, mesmo que isso signifique informar o chefe dele de que ele não tem mais sua permissão para trabalhar. Lembre-se, pai, isso tudo tem a ver com transformar seu adolescente até sexta. Se você quer mudança, precisa aderir ao plano, sem avisos ou ameaças. Basta agir.

Seu adolescente só vai conseguir filar cigarros dos amigos por um tempo curto, até que eles se cansem disso. Sem dinheiro, o hábito vai desaparecer.

Não participe disso, pai. As consequências à saúde em longo prazo são grandes demais para você fazer o contrário. É preciso agir já.

SALVA-VIDAS

Se você não gosta, interrompa o curso.

FURTOS A LOJAS

Eis o que você precisa entender sobre furtos a lojas. A polícia, os donos das lojas e os juízes têm uma maneira simples de lidar com quem furta. Então, se você receber um telefonema da delegacia de polícia dizendo que sua filha está presa porque furtou algo, e a evidência é clara, peça para falar com ela (no caso de outra pessoa ter ligado). Diga a sua filha: "Querida, eu me sinto muito mal por você; que situação horrível essa em que você se meteu".

Sei que você quer pagar a fiança e tirá-la dali, mas não faça isso de imediato. Se ela tiver de passar um tempo em uma cela, que seja. Na verdade, quanto mais tempo ficar, melhor. Muito aprendizado e reflexão sobre as consequências vão acontecer durante esse tempo intenso.

Se sua filha acabar indo a julgamento — e a possibilidade certamente existe — eis minha sugestão: tente entrar em contato com o juiz e descobrir se você pode entrar na sala, mas fique no *fundo* da sala. Você não deve se sentar ao lado de seu adolescente. Afinal, quem foi que furtou? Deixe o jovem enfrentar o drama sozinho.

Deixe o jovem enfrentar o drama sozinho.

O que você está dizendo a esse juiz com suas ações? "Senhor juiz, foi minha filha quem roubou, não eu, então eu gostaria que o senhor se comunicasse com ela e lidasse com ela sem minha interferência. Se precisar de mim, estarei no fundo do tribunal".

Será uma experiência emocionalmente perturbadora tanto para você como para sua filha? É claro. E deve ser, para ser bem sincero.

Mas terá um final feliz? Ah, sim, terá um ótimo final. Se a adolescente tiver de encarar o drama sozinha, há grandes chances de ela nunca mais vir a furtar.

SALVA-VIDAS

Um pouco de realidade pode ser um excelente toque de despertar.

GRAVIDEZ

Existe a possibilidade de que, quando você ouvir falar sobre a gravidez de sua filha ou da namorada de seu filho, já tenham se passado três ou quatro meses pelo menos. Depois de superar o choque inicial, a pergunta invade: "O que faremos agora?".

Recentemente, dois casais nessa situação me chamaram para sentar com eles e com os jovens futuros pais e participar da discussão. A jovem mulher estava convencida a não fazer um aborto, o que aplaudi. Porém, conforme a discussão progrediu, ficou muito claro o que essa moça e sua família tinham em mente. A garota de 15 anos teria o bebê, e a criança seria criada na casa da família, com os pais dela.

> De quem é esse filho?

Pensei: "De quem é esse filho? Quem vai criar a criança? Quem é a mãe da criança? Estamos falando de uma garota de 15 anos. Ela não tem idade nem para dirigir um carro, quanto mais para ser mãe".

Nesse momento, pude prever o que ia acontecer. Aquela criança seria criada pela vovó e o vovô. A garota de 15 anos seguiria sua vida como se o bebê fosse seu irmão ou irmã, não seu filho ou filha. A jovem terminaria o ano escolar por correspondência ou seria transferida para outra escola a fim de concluir o ensino médio. Em seguida, seria mandada para a faculdade. Com o filho a tiracolo? Não, a criança ficaria com a vovó e o vovô.

Algumas pessoas diriam: "Bem, o que há de errado nisso? Você mesmo aplaudiu a decisão da garota de não fazer um aborto".

Sim, mas não se pode esquecer uma questão primordial: o que é melhor para a criança que está crescendo no útero da menina de 15 anos?

Segundo: o que é melhor para os dois jovens, os pais da criança?

Quando mencionei essas coisas para as duas famílias e os futuros pais, pude ver nos olhos do rapaz que ele concordava. Ele não estava feliz com o rumo que a conversa estava tomando.

Antes de deixar a sala naquele dia, apontei meu dedo para cada indivíduo e disse a mesma coisa para todos eles: "Você é egoísta".

Digamos apenas que as expressões não espelharam gratidão. Na verdade, os olhos da vovó (a mãe da garota grávida) transmitiam o veneno mais puro que já vi.

Repito, porém, que a família havia me pedido para participar e dar minha contribuição. Então, mesmo que você, leitor, discorde de mim, eu darei minha contribuição.

O melhor lugar para qualquer criança crescer é em uma casa com um casal maduro — uma mãe e um pai que se amam.

Os avós de hoje estão cada vez mais criando os netos, uma vez que seus filhos têm tido estilos de vida irresponsáveis. Mas vamos voltar à questão primordial: essa é realmente a melhor coisa para a *criança*?

Acredito que a melhor coisa que qualquer garota grávida fora do casamento possa fazer é encontrar um casal amoroso que compartilhe a mesma fé, princípios básicos e valores que ela considera importantes, e então dar o presente de uma vida toda — adoção — para um bebê e sua família adotiva. É um ato de amor maravilhoso que um casal leve o filho de outra pessoa para sua casa e o crie como se fosse seu. E muitos casais que merecem estão esperando dia após dia por essa oportunidade.

Há um ano conversei com o pai do bebê.

— Como vão as coisas? — perguntei.

Ele olhou para baixo.

— Não muito bem. Eles não querem que eu veja a criança. Querem que eu fique totalmente fora da história.

— Lembra-se daquele dia em que sentamos juntos? — perguntei-lhe.

Ele olhou para cima com olhos preocupados.

— Lembro bem.

— Lembra-se de quando nós nos sentamos juntos e perguntamos a todos o que achavam que deveríamos fazer, e você concordou com eles? Eu pude ver em seus olhos que você não concordava, estou certo?

— Sim.

— Por que você não abriu a boca para dizer isso?

Ele deixou a cabeça cair.

— Eu estava apavorado. Não sabia o que fazer. Mas sabia em meu coração que o que você disse estava certo.

Bem, antes que vocês comecem a redigir aquelas cartas de ódio para me enviar, deixe-me afirmar algumas coisas. Sei que nos Estados Unidos existem muitos grupos para os quais oferecer uma criança em adoção contraria sua cultura, e há muitos avós que criaram seus netos com sucesso. Mas a realidade é que avós não foram feitos para ser pais. Eles deveriam ser avós. Há uma diferença significativa nesses papéis.

Muitos avós têm limitações físicas em termos de energia e podem ter menor tendência a disciplinar as crianças. Eles deveriam desfrutar de seus anos como avós. Todos os avós querem estragar um pouquinho seus netos. Mas quando um avô ou avó assume o papel de pai, esse estragar "só um pouquinho" pode gerar uma criança egoísta que só pensa em "eu, eu, eu". Avós já cumpriram a tarefa de criar seus próprios filhos; eles não deveriam ser colocados novamente na função de pais só porque seus filhos decidiram ser irresponsáveis e escapar de suas obrigações. Mas, repito, de quem é o filho? E por que o bem-estar da criança não é considerado nessa história toda?

Vivemos em uma sociedade na qual dar à luz uma criança fora do casamento não constitui um grande problema. Atrizes de Hollywood chamam um assessor de imprensa e pedem que prepare uma declaração: "Estou grávida". Isso é divulgado sem a menor vergonha ou preocupação. Muitas mulheres hoje têm esta ideia: *Por que eu preciso de um marido?*

Qualquer um que entenda o comportamento humano compreende que toda criança precisa de uma boa dose de feminilidade e de uma boa dose de masculinidade. Esse conceito é mais velho que o próprio tempo.

Mas em toda essa busca pelos "meus direitos", quem acaba jogado para o último lugar na lista de prioridades são os bebês que ainda não nasceram, quando as necessidades deles é que deveriam vir primeiro.

SALVA-VIDAS

Faça a coisa certa — sempre.

GUERRA PELAS CHAVES DO CARRO

As chaves vêm em quatro tipos distintos: copas, espadas, paus e ouros. Do que estou falando? As chaves do carro são como quatro ases. São o canal para a liberdade na cabeça do adolescente.

Mas com a liberdade também vem a *responsabilidade*. Durante anos tenho dito que, em se tratando de disciplinar adolescentes, vale atingi-los com o carro. Não a 80 quilômetros por hora, por favor. Dirigir um carro, para a maioria dos jovens, é uma grande coisa. Haverá vezes em que, por não ter sido ouvido ou respeitado, você terá de pegar o seu touro adolescente pelos chifres e demonstrar com ações que dirigir o carro da família não é um direito adquirido. É um privilégio garantido aos que ouvem, obedecem e são confiáveis, prestativos, gentis e têm consideração.

As chaves do carro são como quatro ases. São o canal para a liberdade na cabeça do adolescente.

A maioria dos jovens de hoje tem uma noção de permissão ("você me deve") quando tiram a carteira de motorista e ganham acesso ao carro. Eles simplesmente não conseguem imaginar que podem ouvir um "não" dos pais em relação ao carro da família.

Mas, pais, esta é a barra sobre a qual vocês têm de se equilibrar com seu adolescente todos os dias. Você é o pai dele, não o amigão. Você tem de saber — e ser capaz de dizer e se ater a isso — a hora de dizer "basta" e notar quando seu adolescente passa dos limites.

Nenhum adolescente vai andar perfeitamente na linha. (Nem você vai.) Haverá muitos dias em que eles vão cair da plataforma e vocês vão precisar assistir à queda e então ajudá-los a se reerguer.

No entanto, quando certas coisas que você espera deles como membros da família não acontecem, não tenha medo de atingi-los onde dói. Para 99% dos adolescentes norte-americanos acima de 16 anos, trata-se do privilégio de dirigir.

Pense desse modo. Se seu adolescente não consegue ser responsável em cumprir deveres como membro da família, então por que raios você iria querer colocá-lo atrás da direção de um carro, onde os riscos são muito mais altos — tanto para ele mesmo quanto para os outros?

Funcionou para mim

O que você disse sobre a geração "você me deve" calou fundo. E eu estava cultivando uma boa safra dela em minha própria sala de estar. Decidi que as coisas tinham de mudar. Quando nossa filha mais velha exigiu as chaves do carro, eu disse não. Ela forçou. Ficou louca. Mas eu a ignorei até que ela finalmente disse: "Por que, papai?".

Fui capaz de explicar como sua atitude de "você me deve" e sua irresponsabilidade quanto a fazer as coisas na casa magoaram tanto a mim como à mãe dela. Eu havia decidido não entregar as chaves do carro para alguém que não era responsável. Ela ficou tão chocada que fechou a boca e passou o resto da noite em seu quarto. No dia seguinte, ela se levantou e tomou o café da manhã sem reclamações. Permaneceu quieta e respeitosa depois da aula. Então me pediu as chaves do carro novamente. Quando eu disse não, ela pareceu pensativa e foi para o quarto novamente. Desde aquela noite, há um mês, ela não me pressionou nenhuma outra vez em relação às chaves do carro. Ela tem sido atenciosa com os irmãos e feito as tarefas da escola, e a fala autoritária de "você me deve" parou.

Amanhã ela completa 17 anos. Estou achando que seria uma boa noite para que toda a família saísse para jantar. E adivinhe quem vai dirigir? Obrigado pela dica que nos rendeu uma filha com uma atitude completamente diferente.

Sean, Kansas

Bloquear o privilégio de dirigir de seu adolescente — por três dias, uma semana, o que for — concede a ele tempo para perceber: "Mamãe e papai não estão para brincadeira. Eles têm autoridade sobre mim (por mais que eu não goste de admitir) e estão com todos os ases na mão. E eu não gosto quando eles jogam. Acho que é melhor me emendar ou não vou dirigir até entrar na faculdade".

Alguns adolescentes vão desafiá-lo a dar um passo à frente e ser o pai que você precisa ser. Alguns pais já estão nesse ponto. Seu adolescente pegou o carro sem permissão. O que você faz? Denuncia à polícia que seu carro sumiu. E diz a eles que acredita que seu filho o tenha levado sem autorização. Em seguida, deixe a polícia cuidar do assunto; certamente isso vai chamar a atenção de seu adolescente. E, a propósito, se saiu com o carro sem sua permissão, ele está demonstrando que você, pai, deveria tomar um cuidado maior com essas chaves e colocá-las num lugar em que ele não possa ter acesso. Isso é ser um pai inteligente.

O relacionamento entre você e seu adolescente vale a quantia de respeito mútuo que um demonstra pelo outro.

SALVA-VIDAS

Pegue o touro pelos chifres.

HORÁRIOS/FICAR FORA ATÉ TARDE

Sempre que falo com os pais sobre esse assunto, eles ficam surpresos ao descobrir que, na família Leman, nenhum de nossos filhos jamais teve horários.

"Dr. Leman, li todos os seus livros, e todos eles são orientados à ação e têm a abordagem do amor duro. Você quer me dizer que não estabelece horários para seus filhos?"

Isso mesmo, nunca estabelecemos. Eis o motivo.

Quando seu adolescente sai com um amigo dirigindo o carro da família, você já expressou sua confiança na responsabilidade e na capacidade dele de tomar decisões. Do contrário, por que você o deixaria sair pela porta dirigindo um carro com o qual ele potencialmente poderia machucar ou matar a si mesmo e a outras pessoas?

Acredite, portanto, em seu adolescente. Agora é hora de colocar a bola no lado certo da quadra. Quando seu adolescente pergunta: "A que horas devo estar de volta?", responda: "Em um horário razoável".

"Dr. Leman", você diz, "se eu disser isso para o meu filho, ele vai chegar às 4h30 da manhã!".

Então eu diria que ele ficaria sem sair de carro por um longo, longo tempo.

O que quero dizer? Espere o melhor de seu adolescente. Expectativas positivas dão muito mais resultado do que declarações negativas contra as quais eles tendem a se rebelar (mesmo se estiverem pedindo por isso).

Você pode se surpreender ao descobrir, como aconteceu com Sande e comigo, que seus filhos estarão em casa muito antes do horário que tivesse sido estabelecido. Em nossa família, também deixei nossos filhos estabelecerem as regras para usar o carro da família. Eles foram muito mais estritos do que nós, pais, teríamos sido.

> Quando seu adolescente pergunta: "A que horas devo estar de volta?", responda: "Em um horário razoável".

A maioria dos adolescentes, quando você disser "Esteja em casa em um horário razoável", vai retrucar: "Me dê um horário".

Insista. "Apenas chegue em casa em um horário razoável".

Apesar de os filhos quererem que você estabeleça a hora para eles — por exemplo, "Esteja em casa à 1h da manhã ou vou transformá-lo em sapo" — a mensagem que você deseja comunicar para seu adolescente é: "Eu confio em você para fazer o que é certo".

Esse é o momento didático que você não pode se dar ao luxo de deixar escapar.

SALVA-VIDAS

Espere o melhor.

INTERNET

Se você voltasse cinco anos no tempo, poderia encontrar pessoas como eu sugerindo aos pais que mantivessem o computador em um local neutro — um local público — na casa. Você ouviria os especialistas dizerem coisas do tipo: "Não permita que seus filhos tenham um computador no quarto. A ideia é estar por dentro do que está acontecendo, ser capaz de dar uma passadinha e ver a tela a qualquer momento".

Hoje eu diria aos pais que essa provavelmente é a última de suas preocupações. Os adolescentes têm telefones e computadores com acesso à internet 24 horas por dia se quiserem. Você não consegue saber todos os *sites* que eles estão acessando. Sim, há os botões de histórico nos computadores, e sim, você pode ser aquele pai-que-olha-por-cima-do-ombro e dar uma espiada no que seus filhos estão fazendo de vez em quando. Mas hoje em dia muitas famílias não possuem somente um computador em casa; elas têm múltiplas fontes de uso de internet, incluindo vários computadores e telefones celulares.

Isso significa que, na maior parte das vezes, seu filho de 11 a 17 anos pode ter acesso ao que quiser na internet — com ou sem a sua permissão. E não só isso: os jovens recorrem à internet para tudo, desde tarefas escolares até baixar ou ouvir música, procurar fatos sobre os quais têm curiosidade e interagir com amigos. Há escolas em Tucson, Arizona, e em outros locais dos Estados Unidos, em que tudo é feito no computador. Não há apostilas, só internet. Quer ler o capítulo 5 de seu livro de estudos sociais? Conecte-se e leia no computador ou no iPad.

Pais, é aqui que o trabalho duro que vocês dedicaram a seu filho compensa. Sim, você pode dar a seus filhos orientações, incluindo a não divulgação de informações pessoais ou familiares para estranhos na internet, e é melhor que você seja inteligente também. Mas ter expectativas positivas e confiar que seu filho ou filha vão fazer a coisa certa vai além de quaisquer regras em relação ao uso da internet. Se você inculcou os valores familiares em seu adolescente — de uma maneira saudável e equilibrada — e vive segundo esses valores diante da família, o filho tem uma probabilidade maior de absorvê-los do que se você sacá-los de repente do bolso e começar a lhe passar um sermão (mas secretamente fizer o oposto em sua própria vida).

É aqui que o trabalho duro que vocês dedicaram a seu filho compensa.

Deixe-me incluir aqui uma nota curta sobre jogos de computador *online*. Eu mesmo não conheço muito bem essa área, já que não jogo pela internet, e nenhum de nossos cinco filhos gosta de jogar. Mas um grande amigo nosso gosta. Ele e sua filha adolescente jogam com um grupo de pessoas de mentalidade parecida por duas horas toda sexta-feira à noite. É a "hora do pai e da filha", e eles jogam com dez outros amigos em um *site* cuidadosamente monitorado, no qual um grupo selecionado de pessoas concordou com as regras, o tipo de linguagem que pode ou não ser usada, e os comentários e comportamento que são ou não aceitáveis. Se alguém passa dos limites, é banido do jogo.

Muitos adolescentes que sabem tudo de internet e gostam do mundo interativo dos *games* são atraídos para isso. Pode ser um mundo complexo, que consome muito tempo, mas que realmente estimula muitos jovens. Como qualquer outra coisa, se jogado em "*sites* seguros", nos quais o jogo é monitorado e os transgressores são expulsos, pode ser um momento divertido e relaxante (especialmente para jovens solitários e que têm dificuldade de fazer amigos na escola). Mas, como tudo o mais, qualquer coisa em excesso não é boa. Jogar uma ou duas vezes por semana visando a algumas horas de relaxamento necessário é bom. Jogar toda noite e passar tanto tempo no mundo virtual de modo que aquilo passa a habitar sua cabeça constantemente não é. Isso pode criar uma fissura emocional nas famílias e com os amigos, além de dependência psicológica de um mundo irreal.

A internet chegou para ficar. Ensine seu filho a ser inteligente em relação a isso, encoraje o equilíbrio em todas as coisas e tome consciência de que você não pode controlar tudo na vida dele. Lembre-se apenas de que suas palavras de ânimo, crença e confiança importam mais para seu adolescente do que você pensa. Seu adolescente vai superar suas expectativas.

SALVA-VIDAS

Equilíbrio é importante em todas as coisas.

INTERRUPÇÕES

Você espera interrupções de uma criança pequena quando está falando ao telefone; mas e se seu filho de 14 a 17 anos criar dificuldades, colocando-se à sua frente quando você está ao telefone?

Diga à pessoa com quem você está falando: "Com licença um minuto", cubra o telefone e diga para seu filho: "Eu falo com você daqui a pouco". Volte à conversa. Quando terminar, diga a seu filho: "Estou completamente decepcionada por você ter entrado e interrompido meu telefonema". Dê a seu filho "o olhar".

Dê a seu filho "o olhar".

Lembre-se de que seu adolescente quer agradá-lo, e ele não gosta que você fique desapontado com o comportamento dele. Note que você não o está colocando para baixo; está lhe dizendo que está desapontado com *o comportamento* dele — as palavras que saíram de sua boca e seus modos impositivos.

Funcionou para mim

Nossa casa é insana. Temos dois cachorros, uma doninha e dois meninos muito barulhentos com apenas um ano de diferença. Eu nunca conseguia ter uma conversa pelo telefone sem ser interrompida. Um dos garotos sempre surgia e na mesma hora "precisava" de alguma coisa. Sendo a única mulher da casa, às vezes preciso desesperadamente de um momento feminino, então levei seu conselho em consideração.

Após dois minutos conversando ao telefone, meu filho mais velho entrou no quarto e gritou: "Mãe, eu preciso...".

Eu disse "Com licença" à minha amiga, cobri o fone e disse a ele que conversaríamos quando eu terminasse.

Um minuto depois, ele me interrompeu novamente. Dessa vez, eu o ignorei, fui para outro quarto, tranquei a porta e continuei a conversa. Os dois meninos começaram a brigar no corredor bem em frente à porta e assim ficaram. Eu mal conseguia ouvir minha amiga no meio do tumulto, mas contei a ela sobre o que estava fazendo.

> "Isso explica tudo", ela disse, rindo. "Espero que funcione."
>
> Quando terminei, abri a porta, peguei os dois ainda brigando no corredor e dei a eles "o olhar". Disse-lhes calmamente como estava decepcionada com os dois — que um me interrompeu no meio de meu único momento feminino, e que os dois tiveram de brigar bem na porta de onde eu estava conversando.
>
> Então me virei e fui embora.
>
> A briga parou. Houve um silêncio mortal.
>
> Normalmente eu gritaria com eles e lhes diria para parar. Dessa vez, mantive a calma e fui para a cozinha lavar a louça.
>
> Uma hora depois, ouvi de longe os meninos falarem para o pai: "Xi, será que a mamãe está doente ou algo assim? Ela está meio estranha".
>
> O "meio estranha" pegou. Eu só tive de encenar a cena da interrupção ao telefone mais uma vez na noite seguinte até que eles entenderam: deixe a mamãe sozinha se ela estiver ao telefone. Que alívio. Obrigada pela dica!
>
> Annie, Seattle

Então, deixe estar. A esperança é que suas palavras de desapontamento resultem em um pedido de desculpas de seu filho. Mesmo se isso não acontecer, ele vai pensar melhor na próxima vez que o interromper.

Se esse comportamento continuar, eu daria alguma punição a esse adolescente. Se ele tem um celular, confisque-o por dois dias para que ele possa pensar sobre respeitar o tempo dos outros membros da família ao telefone.

SALVA-VIDAS

Ensine respeito, moderação e responsabilidade.

JUNK FOOD

Tenho uma pergunta: de onde vem toda a *junk food* de seus armários?

A resposta me parece bastante simples. Nossa sociedade basicamente encoraja as pessoas a comer mal. (Apesar de eu admitir que vejo mais pessoas nos supermercados hoje lendo as letras miúdas nas embalagens dos produtos.) Açúcar e sódio são grandes contribuintes para muitas das doenças predominantes atuais. Pais e escolas não ajudam. Nos Estados Unidos, a maioria das escolas publica a lista de refeições na internet, ou ela vem para casa com a agenda mensal. Dê uma olhada rápida no menu, levando em consideração que este é o *sistema educacional.*

Os profissionais de educação vão dizer a você que alimentamos nossos filhos com *nuggets* de frango, pizza e cachorro-quente porque são as únicas coisas que eles comem. Mas os maus hábitos começam com a comida servida aos bebês em nossa sociedade. Muitas que você compra na prateleira como comida para bebê não são exatamente nutritivas; são alimentos que fazem o bebê desenvolver o gosto pelo açúcar. A maioria das crianças desenvolve hábitos pobres de alimentação bem cedo. Eu até li sobre alguém que entrou na Justiça e processou o McDonald's por "ter engordado" seus filhos. Isso é que é tirar o corpo fora! Mas em nossa sociedade, a culpa nunca é de ninguém. Assumir a responsabilidade é algo extinto como o pássaro dodô. Os pais acreditam em disciplina até que você discipline o filho deles na escola. Então, aparecem com um advogado a tiracolo.

Portanto, se comida de baixo valor nutritivo é um problemão para você, não tire o corpo fora. Se é você o responsável por levar as porcarias para casa, pare. Descubra alternativas saudáveis para sua alimentação. Sim, sei que é um desafio fazer isso com horários tão malucos e a comida rápida disponível com tanta facilidade. Mas se você tem de pegar comida rápida, escolha a mais saudável que puder encontrar, ou escolha um dos poucos itens saudáveis do menu.

Você, como pai e autoridade na casa, tem controle sobre o que é consumido. Muito provavelmente é você quem compra a comida. Então compre coisas boas! Comer *junk food* demais leva a todo tipo de problemas de saúde, sem contar problemas de peso. As pessoas hoje estão ficando cada vez mais gordas e fora de forma do que em qualquer momento da história. Pode-se pensar que, com toda a atenção dada às academias de ginástica, estaríamos em situação muito melhor.

> Se é você o responsável por levar as porcarias para casa, pare. Descubra alternativas saudáveis.

Bem, se você der uma olhada em minha silhueta, vai pensar que eu deveria ler meu próprio livro. Pessoalmente, devo dizer, sempre aprecio coisinhas gordurosas e carboidratos...

SALVA-VIDAS

O lixo que entra sai.

LINGUAGEM CORPORAL

A linguagem corporal comunica milhares de palavras. Tudo, desde "Você é o pai mais idiota do planeta" (aquele revirar radical de olhos e o desdém) até "Estou supermal porque meu melhor amigo se desentendeu comigo hoje e não quer mais a minha companhia" (o olhar distante, tristonho, perdido em algum lugar fora da janela do carro) ou "Estou totalmente sob pressão e quero brigar" (olhos estreitos, braços cruzados, pose desafiadora) e muito mais. Até "o rosnado" chega em alto e bom som, não é?

Quando você receber esse rosnado, eis aqui a primeira coisa que eu diria: rosne de volta. Geralmente isso quebra o gelo e os dois começam a rir (ou pelo menos você ganha uma revirada de olhos simpática). Você precisa ser um pai inteligente, que reconhece as mudanças na linguagem corporal de seu filho.

Agora, antes de começar a rir, deixe-me dizer que eu sei o que você está pensando: "Ei, Leman, as mudanças na linguagem corporal em nossa casa não acontecem diariamente, mas de hora em hora. Como é que vou conseguir acompanhar isso?".

A linguagem corporal comunica milhares de palavras.

A mudança faz parte da natureza da criatura do grupo hormonal. Mas, pais, é também uma das pistas mais importantes que vocês precisam identificar se quiserem estar por dentro.

Quando você vê uma linguagem corporal que informa "Eu me sinto arrasado, estressado e deprimido", uma coisa apropriada a se dizer seria: "Querido, você está mesmo para baixo hoje. Quer conversar a respeito?".

Se seu adolescente balançar a cabeça dizendo que não ou der de ombros e for embora, deixe-o ir. Não vá para cima dele como um cão de caça que tenta farejar a presa. A maioria dos pais tenta extrair as coisas de seus filhos. Mas você faria muito melhor mantendo os ouvidos abertos e prestando atenção quando ele estiver pronto para falar. De modo geral, nesse momento você ouvirá uma torrente de tudo que está acontecendo na vida adolescente dele.

Mas vamos dizer que seu filho ainda esteja calado no dia seguinte, e você observa que o comportamento dele persiste. Diga, então, gentilmente: "Eu confiei em você ontem, mas você ainda parece chateado (ou nervoso, ou preocupado). Para mim seria um verdadeiro privilégio se você compartilhasse comigo o que o está aborrecendo".

Tais observações demonstram que você de fato percebe e presta atenção à maneira como ele se sente. Muitos adolescentes hoje em dia acham que os pais não prestam a menor atenção neles, e que precisam se defender por conta própria. E os jovens que não têm apoio dos pais enfrentam um caminho difícil durante esses anos críticos. Se você convida em vez de forçar, seu adolescente se sentirá confortável para se abrir, quando estiver pronto.

Quando ele realmente se abrir — sobre a escola, uma questão de saúde, um relacionamento, uma briga entre amigos ou um problema com um professor — não tire conclusões. Não julgue. Essa é sua vez de manter a boca fechada e ouvir. Às vezes basta ouvir para ajudá-lo a resolver o problema.

Seu adolescente se importa com o que você pensa mais do que com o que pensa qualquer outra pessoa no mundo. É por isso que ter um tempo para ouvir e se preocupar com as coisas do mundo dele significa mais do que você pode imaginar.

SALVA-VIDAS

Observe, então convide — nunca exija.

MENSAGENS DE TEXTO

As mensagens de texto chegaram para ficar. Fazem parte do crescente mundo da tecnologia que seus adolescentes conhecem e amam. Mas também é importante que seu adolescente saiba quando é apropriado enviar mensagens de texto e quando não é.

Thomas L. Friedman ficou perturbado quando leu um artigo no jornal *The New York Times* sobre o uso de equipamentos digitais por uma adolescente — ela envia e recebe "27 mil mensagens de texto por mês, [...] mantém sete conversas de texto ao mesmo tempo, [...] envia mensagens entre as aulas [...] e, com frequência, enquanto está estudando". Suas notas, consequentemente, estão cada vez piores. "Precisamos de estudantes melhores, que venham à escola prontos para aprender, não para trocar mensagens [...] [e de] um esforço de toda a sociedade [...] para cultivar uma cultura de realização e excelência".[7]

Professores da Wilkes University informam que enviar mensagens de texto é a distração número 1 em classe atualmente. "Nove entre dez alunos admitem enviar mensagens de texto durante a aula — e cerca de metade diz que é fácil passar despercebido. Ainda mais perturbador, 10% dizem que já enviaram ou receberam textos durante provas, e 3% admitem usar seus telefones para colar." A professora de psicologia Deborah Tindell diz: "Os estudantes hoje em dia estão muito acostumados a tarefas múltiplas. [...] Eles acreditam que são capazes de processar informação tão efetivamente quando estão enviando mensagens de texto como quando não estão". Tindell agora diz aos estudantes que, se ela vir um telefone celular durante uma prova, o aluno toma um zero automático.[8]

Algumas escolas têm a política de tolerância zero com o telefone celular durante o dia letivo. Outras estabelecem regras de quando é apropriado o uso do celular — por exemplo, durante os intervalos, mas não durante as aulas e provas. Se o jovem decidir não aderir às regras, tome uma atitude. Ficar sem telefone celular durante a semana escolar é uma eternidade para um adolescente que vive para enviar mensagens de texto.

Também é cada vez mais importante no mundo de hoje perceber o significado dos tipos de mensagens que seu filho ou filha estão enviando e recebendo.

Em 2008, a aluna do ensino médio Jessie Logan enviou fotos dela mesma nua para o namorado. Quando eles terminaram, ele enviou essas fotos para outras garotas da escola, que começaram a importuná-la. Infeliz e deprimida, Jessie ficou com medo até de ir à escola. Sua mãe não tinha ideia do que estava acontecendo até muito tempo depois. Jessie concordou em contar sua história para um canal de TV em Cincinnati, Ohio, para que ninguém mais fosse pego pelos perigos das mensagens sexuais. Dois meses depois, incapaz de lidar com o assédio constante, ela se enforcou em seu quarto. Agora sua mãe, Cynthia Logan, sofre com a perda da filha e tornou pública a história de Jessie a fim de alertar outros jovens sobre os perigos de enviar fotos e mensagens com conteúdo sexual.

> [O envio de mensagens sexuais] é um problema crescente que está resultando em acusações de pornografia infantil contra adolescentes em todo o país. Mas, para Cynthia Logan, esse tipo de mensagem é mais que uma atividade possivelmente criminosa: é questão de vida ou morte.
>
> No outono passado, a Campanha Nacional para Prevenção de Gravidez Adolescente Não Planejada entrevistou adolescentes e jovens adultos sobre mensagens com conteúdo sexual — envio de material desse tipo por mensagens de texto via celular — ou postagem de tais materiais *online*. Os resultados revelaram que 39% dos adolescentes estão enviando ou postando mensagens sexualmente sugestivas, e 48% informaram que já receberam esse tipo de mensagem.[9]

Pais, vocês estão vendo essas estatísticas? Entre os adolescentes, 39% estão enviando mensagens com conteúdo sexual, e 48% dizem que as recebem! Significa que é altamente provável que seu adolescente já esteja envolvido nisso, de um jeito ou de outro. E o mesmo vale para muitas outras pessoas — aquelas que deveriam estar mais cientes, devo acrescentar.

Olhe à sua volta. Adultos sacrificam suas carreiras (como o repórter de esportes da ESPN que foi demitido por enviar mensagens com conteúdo sexual), atletas profissionais (incluindo pessoas do Hall da Fama) são processados por linguagem inapropriada em mensagens de texto, e casamentos terminam por conta disso.

Jovens precisam saber que não importa quão particular uma conversa possa parecer, ela não o é.

Antes que você permita que seus filhos tenham um telefone celular (eu sempre digo que todo adolescente precisa de um quando começa a dirigir), ou mesmo se eles têm um agora, enfatize a importância de tomar muito cuidado com esse telefone. Jovens precisam saber que não importa quão particular uma conversa possa parecer, ela não o é.

Isso significa que você precisa ensinar seus adolescentes a ter bom-senso e a seguir as diretrizes em relação às mensagens de texto. Se algo não deveria ser dito ou mostrado pessoalmente, não deve ser dito ou mostrado em uma mensagem de texto. E se seus filhos recebem mensagens inapropriadas, devem saber que essa linguagem é inaceitável, e que, se acontecer outra vez, eles não vão mais trocar mensagens com tal pessoa.

Os adolescentes vivem para digitar. É só observar um deles sentado com a família em um restaurante, ignorando-os e teclando mensagens como loucos. Então, mais uma vez, se um jovem está sentado à mesa de jantar com a família, o envio de mensagens não deveria ser permitido. Há tempo para mandar mensagens e tempo para deixar o telefone de lado. E se eles estão trocando mensagens o dia inteiro em vez de interagir com outras pessoas pessoalmente, algo está errado. Tudo na vida é equilíbrio.

Mandar mensagens de texto será uma parte da vida de seus filhos. Certifique-se, portanto, de que ele conheça as orientações para que essa prática seja segura:

1. Nunca envie mensagens enquanto dirige.
2. Mensagens ou imagens sexuais não são aceitáveis.
3. Saiba que toda mensagem que você envia pode se tornar pública.
4. Há um momento para deixar o celular de lado.

SALVA-VIDAS

Pense antes de digitar.

MENTIRAS/DESONESTIDADE

Quando os filhos mentem, a reação ideal é ter um diálogo calmo sobre a razão da mentira. Alguns adolescentes nem sequer têm consciência de por que mentiram nem são capazes de articular um motivo. Mas a maioria dos jovens que mente de maneira regular têm pais controladores demais, autoritários demais. Para esses jovens, a única maneira de conseguir um pouco de liberdade na vida é mentindo. Eles temem que, se disserem a verdade, ficarão em apuros.

Funcionou para mim

Fiquei chocada na primeira vez que descobri que meu filho de 14 anos tinha mentido para mim sobre onde foi depois da escola. Soube então por outra mãe que não foi a primeira vez que ele mentiu. Aceitei seu conselho e perguntei a ele sem rodeios porque tinha mentido. Ele fez aquela cara de "ai, ui, me pegaram". Quando finalmente me contou a verdade — que mentiu porque pensou que, do contrário, eu não o deixaria mais fazer nada ou ir a lugar algum — percebi como sou uma mãe sufocante.

Agora estou aprendendo a confiar em meu filho e deixá-lo ir (ainda é muito difícil, mas estou progredindo). Ele está aprendendo a me contar a verdade, mesmo quando sabe que não quero ouvi-la. Estamos começando a desenvolver um relacionamento baseado na confiança.

Hannah, Dakota do Norte

Mas a mentira acaba com o respeito entre vocês. Então, se seu filho ou filha mente para você, diga: "O fato de você mentir para mim é um problema, porque isso significa que não posso confiar em você. Agora me diga, eu seria esperto ou idiota se entregasse as chaves do carro e o deixasse viajar no fim de semana com seus amigos se não posso confiar em você?".

Se sua filha de 11 anos continua a mentir, dê a vitamina N (um belo e nítido "Não!") para *qualquer coisa* que ela pedir até que se dê conta de que algo está acontecendo. Quando ela captar a mensagem, provavelmente vai protestar: "Ei, como assim? Você sempre me deixa fazer...".

> Dê a vitamina N para *qualquer coisa* que ela pedir.

Este é o momento didático. "Bem, nós tivemos uma conversa sobre mentiras, e meu nível de confiança no que você diz caiu bastante, pois você continua a mentir. Então agora não consigo acreditar em nada do que você fala. Isso significa que você não vai a lugar algum até aprender que honestidade é a melhor opção.

"Na verdade, a vida vai funcionar melhor para você, e você terá mais liberdade, se pudermos ter um diálogo honesto. Mesmo que seja algo que você saiba que eu não quero ouvir, vou respeitá-la por ter me contado a verdade. Prometo que sempre vou dizer a verdade também, mas vou um pouco além. Sempre quero saber como você se sente quanto a isso, porque quero ser mais respeitoso em relação a você".

Ganhe a cooperação de seu adolescente. Quando ele começar a vê-lo como um parceiro — e vocês dois começarem a contar só a verdade um para o outro — a mentira vai parar. E quando parar, seu filho ganhará mais liberdade novamente.

SALVA-VIDAS

Honestidade é sempre a melhor opção.

MORTE

Uma de minhas lembranças mais antigas — eu tinha 5 anos — é a do funeral de minha tia Micky. Lembro-me de que alguém me disse que tia Micky estava apenas dormindo.

Pensei: "Não acredito nisso. Para mim, ela não parece estar dormindo. Acho que está morta".

Honestamente, eu me lembro de ter pensado assim.

Eu não era idiota, e seu adolescente também não é. Quando eu era pequeno, a maioria dos adultos tentava proteger as crianças da morte. Desse modo, o fato de meus pais optarem por me levar a um velório com 5 anos certamente foi incomum por alguma razão. (Eles provavelmente não tinham dinheiro para pagar uma *baby-sitter*, já que as finanças eram apertadas em nossa casa.)

Mas, no mundo de hoje, seu adolescente enfrenta a questão da morte com muito mais frequência do que você imagina. Por exemplo, minha filha Lauren está no último ano do ensino médio, e alguns de seus colegas de classe já perderam os pais. Terri, que cursa o primeiro ano do ensino médio no centro da cidade, perdeu cinco de seus colegas nos últimos três anos devido a *overdoses* ou brigas de gangue. O melhor amigo de Jared, que estuda em uma escola particular, não conseguiu mais suportar os estresses da vida e se suicidou. Jenna, de 11 anos, acabou de saber que a terceira série de quimioterapias de seu irmão de 14 anos falhou, e ele vai morrer. A avó de Marie está morrendo de câncer de mama. A mídia está cheia de mortos e mortes — adolescentes matando outros alunos e professores por insignificâncias reais ou imaginadas.

Como lidar com a morte? Como conversar com seu adolescente sobre isso?

A morte pode ser repentina. Na primeira vez em que seu adolescente perde um membro da família ou amigo, a realidade do "fim" pode ser devastadora. O processo da morte também pode ser demorado devido a uma doença prolongada, de modo que seu filho pode enfrentar um longo período de perda (por exemplo, um avô ou avó com Alzheimer, que vai sucumbindo lentamente).

Na primeira vez em que seu adolescente perde um membro da família ou amigo, a realidade do "fim" pode ser devastadora.

Para adolescentes que assistiram a muitos filmes "impressionantes" sobre o tema, a dura realidade da morte é bastante diferente e causa impacto. Eles veem o vovô deixar de ser uma pessoa divertida e vibrante para se tornar uma pessoa alienada, em declínio. Ou perdem, do dia para a noite, devido a um acidente de carro, o amigo que eles pensavam que teriam para sempre.

Todas as coisas vivas morrem. Acredito que animais de estimação são importantes para crianças (alguns de vida curta, como peixes, são um bom começo), porque a morte de um animal é uma lição de vida importante a fim de preparar seus filhos para enfrentar a realidade da morte nas relações humanas.

Meu conselho para quando seu adolescente estiver diante da morte? Mantenha-se sempre aberto. Compartilhe as lágrimas dele. Não as escondam um do outro. Dê a sua filha a chance de falar sobre seus sentimentos. Certifique-se de que ela tenha a oportunidade de dizer para seu pai, mãe, irmão ou amigo qualquer coisa que queira dizer antes de o fim chegar. A morte é final; não temos uma segunda chance de dizer o que é importante. A hora, portanto, é agora. Se a pessoa já morreu, faça que seu adolescente escreva uma carta para a pessoa expressando seus sentimentos, a fim de ajudá-lo a processar sua tristeza.

Afinal, parte da morte é aprender a viver — entender o que faríamos diferente se pudéssemos reviver o relacionamento com aquela pessoa. Desse modo, você pode seguir adiante e levar os princípios que aprendeu para novos relacionamentos.

SALVA-VIDAS

Seja sincero, seja honesto, aceite a emoção.

MUDANÇAS HORMONAIS

Para citar minha querida esposa, Sande, a pior idade de uma menina é entre 10 e 11 anos. Os psicólogos chamam esse período de "pré-adolescência". Hoje as meninas estão começando seus ciclos menstruais mais cedo do que nas gerações anteriores. Apesar de os hormônios afetarem tanto meninos como meninas, o impacto parece maior em jovens mulheres. Sempre me refiro afetuosamente aos adolescentes como o *grupo hormonal*, já que os hormônios ditam boa parte do que seus filhos fazem durante esses anos. As mudanças hormonais determinam rápidas mudanças de humor que pipocam em frases como: "Você nunca me deixa fazer isso" ou "Você sempre faz aquilo". Os hormônios determinam os extremos a partir dos quais os adolescentes funcionam.

Nesses anos críticos, a personalidade de seus filhos lembra um sismógrafo durante um terremoto no sul da Califórnia. Seus filhos nem sempre estão no controle daquilo que sentem, o que significa que quando se envolvem numa briga, seja entre si ou com você, alguém precisa tocar o apito psicológico. "Muito bem! Cada um para um lado. Vamos fazer uma pausa e voltar quando todos tiverem se acalmado. Então, qualquer que seja a questão que provocou essa explosão familiar, vamos resolvê-la".

E quando vocês se reunirem novamente, conversem de maneira racional. Permitam que cada pessoa tenha a chance de falar sem ser interrompida e deem a cada um a chance de esclarecer o que foi dito, para que não haja má interpretação. Esvaziar um pouquinho do balão de cada um ajudará a evitar que irritações pequenas se tornem grandes explosões. Isso também ensina a seus adolescentes que as melhores decisões são tomadas quando todos estão calmos, e não em um estado de revolta.

Especialmente para meninas

Ciclos menstruais determinam todo tipo de emoções em meninas — elas ficam briguentas, oprimidas, doloridas, magoadas, superemotivas. A coisa mais inteligente que uma mãe pode fazer é preparar sua filha desde cedo para a experiência da menstruação (considerando que elas podem começar a menstruar já com 9 ou 10 anos), de modo que a garotinha não fique impressionada ou surpresa quando acontecer. Se esse estágio é apresentado como parte normal da vida e um passo para se tornar uma mocinha, do mesmo modo que o desenvolvimento dos seios, o crescimento de pelos no púbis, nas axilas e nas pernas, sua filha estará bem preparada. Mas continue depois a prepará-la para as mudanças físicas e a lidar com elas. Também converse sobre as mudanças emocionais que ela vai enfrentar durante cada ciclo. Algumas garotas sofrem muito com a TPM, sentindo-se inchadas e deprimidas. Outras meninas não são afetadas. Se você perceber que sua filha está tendo problemas com esses sintomas, converse com o farmacêutico ou o médico. Há vários tipos de produtos que podem ajudar durante essas semanas críticas.

Também é importante que sua filha sinta que pode se abrir com você — de uma maneira respeitosa, é claro — sem ser julgada. Suas mudanças hormonais também a estão preparando para seu interesse em meninos (em maior ou menor extensão) e para a maternidade. De repente sua filha de 12 anos, que quase não prestava atenção em bebês, agora acha que eles são "fofos". Essa mudança é uma preparação natural para namorar, casar-se e ter filhos um dia. Meninas que sabem o que esperar e que podem conversar sobre essas mudanças emocionais com a mãe, e que têm pais compreensivos, superam seus anos de desenvolvimento com muito menos dificuldade.

Especialmente para meninos

Ouça o que eu digo: não há um homem sobre a terra que não possa contar sobre um sonho molhado que já teve. Para quem está mal informado, um sonho molhado é aquele que culmina com um garotinho experimentando um orgasmo durante o sono, associado a um sonho que pode ser ilustrativo demais para ser descrito neste livro. Para as senhoras que estão dizendo "O que é isso? Meu filho jamais teria algo assim!", chame seu marido de lado e pergunte se ele já teve um sonho molhado. Dependendo do nível de idiotice ou bravura, ele pode compartilhá-lo com você.

Seria sensato de sua parte preparar seus meninos, mesmo aos 11 anos, para o que vai acontecer com eles e por quê. Você pode um dia dizer algo como: "Um dia pode ser que você acorde com sêmen em sua cueca, pensamentos loucos, coração batendo forte e fique chocado, pensando no que acabou de acontecer. Você pode ficar tentado a procurar um fósforo e queimar a cueca. Mas não desperdice sua roupa de baixo — é só colocar para lavar. Tudo bem ter sonhos molhados; são normais. Garotas ficam menstruadas, garotos têm esses sonhos".

Quando seu filho tiver seu primeiro sonho, isso vai fazer sentido na cabeça dele. "Veja só, mamãe e papai não são tão por fora quanto eu pensei. Lembro-me de que eles me falaram sobre isso." Mesmo se você tiver o menininho de 11 anos mais doce do mundo, algum dia ele vai pensar (mesmo que brevemente) que você é um idiota ambulante, simplesmente porque ele é adolescente e sabe de tudo.

• • •

Preparação é a chave. Se você tem um filho ou uma filha, precisa ter uma conversa com seu adolescente mais ou menos assim:

"Muitas coisas vão acontecer durante a sua adolescência sobre as quais você vai ficar em dúvida. Você pode dizer a si mesmo: 'Eu jamais poderia conversar sobre isso com mamãe ou papai'. Então me deixe lhe dizer sem rodeios que seja lá o que você esteja pensando, vou considerar um privilégio se você conversar comigo a respeito. E isso significa qualquer coisa que vier à sua cabeça nos próximos anos. Haverá meninos malvados que vão insultar você na escola. Você vai se sentir por fora, como se ninguém ligasse. Mas quero que saiba que eu me importo com você e com tudo a seu respeito. Se algum dia estiver em uma situação em que não deveria estar e não quiser ficar, me ligue. Vou buscá-lo, sem perguntas.

"Não sou responsável por sua vida. Não controlo sua vida. É você que faz isso. Mas quero que saiba que tenho confiança em você para tomar boas decisões na vida. A tentação de ser 'descolado' sempre estará por aí. 'Seja como nós, cheire isso, beba aquilo, fume aquilo outro', vão dizer os garotos. Mas acredito que você é forte o suficiente para permanecer firme e defender as coisas em que nossa família acredita. E tenho orgulho de você".

Preparar seus adolescentes para as mudanças hormonais comuns da adolescência, esperar o melhor deles e ter um senso de humor saudável são fundamentais para a convivência com o grupo hormonal.

SALVA-VIDAS

Isso também passará.

MÚSICA

Toda geração tem sua música. Quando Elvis apareceu, o pioneiro da TV Ed Sullivan deixou claro que só filmaria o cantor do peito para cima. Ele tinha dúvidas de que os Estados Unidos estivessem prontos para aqueles rodopios. Em 1964, os Beatles eram considerados "ultrajantes" pela maneira como usavam o cabelo. Agora pense no conteúdo de artistas atuais como Eminem, 50 Cent, Snoop Dogg e Lil Wayne.

A música muda em cada geração. Não há muitos registros históricos de pais que digam: "Uau, eu adoro a música que meus filhos ouvem". Mas o pai inteligente vai descobrir alguma coisa boa para dizer sobre essa música — seja a batida, a voz do cantor ou a letra.

Quando você e seu adolescente estão ouvindo música no carro, diga: "Querido, você pode aumentar um pouquinho?". Se a letra for um lixo, seu filho provavelmente ficará constrangido. Mas independentemente do que diz a letra, ouvir junto lhe dá a oportunidade de conversar com seu filho.

Não há muitos registros históricos de pais que digam: "Uau, eu adoro a música que meus filhos ouvem".

Há certas músicas — se é que podemos chamá-las assim — de *rappers* que são totalmente desagradáveis, nojentas e humilhantes para as mulheres. Você tem de impor o limite nesse tipo de coisa. Mas também precisa se dar conta de que seu adolescente pode não ter ideia do que realmente está ouvindo. Eu cantei algumas músicas durante anos antes de me dar conta do que a letra estava de fato dizendo. Eu tenho a animada canção "Oh, What a Night" — popularizada por Frankie Vallie and the Four Seasons — em um vinil de 45 rotações em meu toca-discos; cantei essa letra por muitos anos já adulto, antes de descobrir o que realmente significava: eles estavam descrevendo a primeira noite de um sujeito com uma prostituta.

Muitos adolescentes também não ligam os pontos em relação às músicas que ouvem. Se eles aumentarem o som do rádio do carro e começarem a cantar felizes da vida, sem nenhum constrangimento quanto a certos tipos de letra, você vai ter uma boa pista de que seu filho não tem ideia do verdadeiro significado da canção. Se eles ficarem constrangidos, *voilá* — são pegos no flagra e perceberão que você sabe que eles têm noção do que estão ouvindo. E há menos probabilidade de ouvirem essa música novamente — pelo menos na sua frente.

Funcionou para mim

Sua conversa sobre filhos e música colocou as coisas em uma perspectiva totalmente diferente para mim. Cresci em uma casa muito conservadora, onde "não se bebe, não se dança e não se sai com garotas que façam isso", e para mim foi difícil lidar com as músicas dos meus filhos. Pareciam tão vulgares. Mas sua dica de ouvir as letras em vez da batida foi boa para mim. Fiquei surpreso ao perceber que muitas letras que meus filhos estavam ouvindo na verdade eram positivas. E isso me deu uma chance de discutir as poucas músicas negativas que ouvi.

Quando disse a meu filho outro dia no carro: "Ei, aumente o som; quero ouvir também", ele olhou para mim e sorriu. "Você é legal, pai", disse. Isso só demonstra que até um cachorro velho pode aprender truques novos.

Randall, Kentucky

Você pode não gostar da batida e tudo mais da música de seu adolescente, mas existe valor em conversar com ele sobre a letra das músicas e por que algumas são aceitáveis e outras não.

A música é parte significativa de nossa vida; está difundida na sociedade. Até no restaurante, há sempre uma musiquinha de fundo.

Eu gostaria de poder viver o suficiente para ver alguns dos adolescentes de hoje dançarem, na reunião do 50º aniversário de formatura do ensino médio, o som das músicas que eles cresceram ouvindo. Seria divertido, não acha?

E agora uma palavrinha rápida sobre aulas de música. Se *seu* sonho em relação a seu adolescente é que ele tenha aulas de música, mas não o dele, pare por aí. Você está procurando confusão. Vá você aprender.

Alguns jovens têm uma inclinação para a música. Se for assim, apoiar a curiosidade deles, deixá-los experimentar um instrumento e praticá-lo e pagar por aulas de música pode estimular esse interesse natural. Mas e se seu adolescente começar a ter aulas de um instrumento e, algumas semanas depois, quiser desistir? A regra de Leman é sempre essa: você pode escolher uma atividade por semestre, mas uma vez que escolheu, tem de continuar durante o semestre todo.

Vamos dizer então que seu adolescente tenha frequentado aulas de música desde os 8 anos. Talvez ele realmente precise de uma pausa por um ano. Não seria o fim do mundo lhe dar a possibilidade de respirar um pouco.

Por outro lado, há vários profissionais de música que dizem: "Que bom que meus pais não me deixaram desistir, mesmo quando as coisas ficaram difíceis". Se isso é parte de sua preocupação, então faça uma avaliação honesta do talento de seu filho na área musical. Se ele tem um dom para a música, encoraje-o a permitir que esse dom se desenvolva. Mas você o forçaria a continuar com as aulas? Não. Se seu filho adora música, ele voltará depois de um tempo. Se não, você saberá disso também.

Falando sem rodeios, não entre em guerra por causa da música de seu adolescente, quer ele a esteja ouvindo ou criando.

SALVA-VIDAS

Toda geração tem sua música.

ORDENS

Filhos são mandões. Eles adoram dizer uns aos outros o que fazer — principalmente aos irmãos.

Holly, nossa filha mais velha, estava sempre dizendo à irmã Krissy, dezoito meses mais nova, o que fazer. Muitas vezes tive de pedir a Holly que fosse remar a própria canoa. "Você não é responsável por sua irmã mais nova", eu dizia a Holly. "Essa tarefa é nossa, nós somos os pais dela."

Holly deixava Krissy enfurecida quando elas jogavam Marco Polo, aquele jogo na piscina em que alguém diz "Marco" e outra pessoa diz "Polo", e um tem de encontrar o outro de olhos fechados. As regras dizem que os dois precisam estar na piscina. Bem, Holly ficava do lado de fora, só com o dedão na água. Krissy, seguindo as regras, nadava para lá e para cá, tentando encontrá-la. Finalmente, abria os olhos e via o sorrisinho na cara da irmã. Quando Krissy descobria que estava sendo enganada, saía da piscina, cruzava os braços e dizia de maneira calma e provocativa: "Não brinco mais".

Então Holly a chamava de "covarde", o que a enfurecia mais ainda. Houve vezes em que eu, como pai, simplesmente tinha de dizer: "Vocês duas se merecem".

Com dezoito meses de diferença e o mesmo gênero, elas eram rivais fortes, e ambas tinham um bom estoque de palavras de ordem em seu vocabulário (Holly, especialmente).

Quando Holly tinha 14 anos e Krissy, 12, ouvi-as tiranizando uma à outra sobre quem tinha usado qual suéter e trazido para casa sujo, e o que deveria ter sido feito. Conforme a tirania aumentou, saquei um édito ao estilo de Julio Cesar: "Nunca mais usareis as roupas uma da outra". Fiz isso para minha própria proteção, não a delas. As ordens e a briga pararam abruptamente. O silêncio era música para meus ouvidos.

Duas garotas que têm idades próximas vão dar ordens uma para a outra e realmente vão brigar mais; idem para dois meninos de idades próximas. Se você tem dois adolescentes de gêneros diferentes, provavelmente ouvirá menos ordens, apesar de nenhuma casa estar imune.

Se seus filhos estão mandando uns nos outros, peça a eles uma coisa: que saiam de seu campo auditivo. É incrível o que essas palavrinhas conquistam. Afinal, a natureza intencional da tirania é atrair a atenção do pai e da mãe. Quando isso não funciona, o comportamento cessa... Ou pelo menos dobra a esquina, e você pode ler seus *e-mails* em paz.

SALVA-VIDAS

Reme sua própria canoa.

PERDER A HORA

"Ah, eu já sei o que você vai dizer neste caso, Leman. Você vai dizer: 'Ele dormiu depois que o despertador tocou, então o fedelho pode levantar o traseiro da cama e ir sozinho para a escola'".

Errado. Meu conselho é que você se ofereça para levar seu filho *de carro* até a escola.

Com isso em mente, vamos mudar um pouco o contexto. Essa é a terceira vez que seu adolescente perdeu a hora de se levantar para a escola. A história agora é outra.

Todo jovem no planeta já esqueceu o lanche ou a lição uma vez ou outra. Então, se você vai passar pela escola uma hora depois, não há nada de mais em deixar o lanche ou a lição de seu filho. Isso é uma gentileza. Todos nós esquecemos as coisas. Não é necessário que todos os momentos sejam didáticos. A paternidade deve ser temperada com graça, gentileza e a afirmação de que somos todos imperfeitos.

Alguns jovens que têm sono pesado vão dormir depois de o despertador tocar. Mas estou falando de um jovem que, de forma crônica, não se levanta. É aquele que, mesmo quando você o acorda e tenta fazê-lo andar, ele não se levanta. Então vamos ao Plano B: diga ao diretor da escola que seu adolescente não tem motivo para estar atrasado. Peça para a secretária chamar seu filho assim que ele chegar à escola e fazê-lo explicar por que se atrasou. Quase sempre é melhor que essa pressão venha de terceiros.

> Vamos ao Plano B.

Se seu filho tem de caminhar até a escola por um motivo ou por outro, que seja. Se você acabar sendo o motorista, fique atento, porque seu adolescente pode tentar arrumar uma briga com você no caminho da escola. Afinal, de algum modo, é culpa sua o fato de ele não ter se levantado. Se isso acontecer, apenas sorria. Quando ele sair do carro, diga: "Tenha um ótimo dia, querido".

E a vida continua. Não seja feito de bobo; não se envolva na batalha. Não suba nas tamancas: "Eu não entendo por que você, que tem 15 anos, não pode ser responsável o bastante para conseguir ir à escola".

Poupe seu fôlego. Deixe o diretor, o coordenador de alunos, a secretária e as professoras realizarem o trabalho por você.

Faz mais efeito.

SALVA-VIDAS

Poupe seu fôlego.

PIERCINGS

Certa noite meu filho de 15 anos, Kevin II — que lembrava muito alguém na adolescência — soltou esta durante o jantar, sem qualquer aviso:

— Vou colocar um brinco.

Bem, eu gostaria que você tivesse visto a cara de minha esposa. Quero dizer, ela desmontou. Com uma expressão de horror, ela me deu "o olhar" (nós maridos sabemos bem o que isso significa) e depois apontou para a própria orelha.

Como se dissesse: "Leemie, diga alguma coisa. Você ouviu o que nosso filho acabou de dizer? Ele quer colocar um *brinco*!".

Foi como se Kevin II tivesse dito: "Sou adorador do diabo".

O garoto somente queria colocar um brinco.

Depois do jantar, minha querida esposa se postou diante de mim, lembrando-me novamente — como se eu pudesse esquecer: "Kevin Leman, quero que você fale com seu filho".

Nota: é o "*seu* filho".

Ela continuou: "Vá dizer a seu filho que ele não vai colocar um brinco!".

Depois de cerca de três dias ouvindo-a buzinar na minha orelha (e não de uma forma afetiva), decidi dar jeito na história.

Apareci no jantar com um brinco na orelha.

Para minha tristeza, enquanto eu estava ali sentado esperando uma reação, Kevin II nem percebeu. Ele era um adolescente, e comia feito um porco no cocho.

Então me movimentei e me coloquei em uma posição mais favorável.

Ele vislumbrou a cena de relance e me encarou. Estreitando os olhos, disse:

— Você está totalmente ridículo.

— Sério? — eu disse. — Sua mãe gosta.

Agora Kevin Leman II passou dos 30. Acho que posso apostar que ele não vai colocar um brinco.

Alguns dos leitores deste livro têm *piercings* no corpo. Outros adoram tatuagens. Gastaram uma grana nisso, e estão satisfeitos. Bem, pode me chamar de antiquado, mas meu conselho para os pais, em relação a *piercings*, é: sem problemas, desde que seu filho tenha uma certa idade e possa pagar por eles.

Você pode discordar totalmente de mim nessa questão, tudo bem. Se for assim, deixe-me dizer agora mesmo: qualquer coisa que você vir neste livro de que não gostar, pode riscar. Na verdade, você pode deparar com uma página ou duas das quais discorda com veemência. Eu o aconselho a picar essas páginas. Arranque-as do livro. Duas pessoas nunca vão concordar em tudo, então boa parte da vida é uma questão de julgamento. Tudo que estou dizendo é que se você quer ser um pai inteligente, haverá vezes em que vai recorrer ao cartão amarelo que está em seu bolso.

Se você quer que seu filho seja uma criatura perfurada aqui e ali, e tudo bem para você, então que seja. Em algumas culturas, é comum furar a orelha do bebê. Eu não tenho problemas com furos de orelha, mas qualquer outro lugar perfurado para mim é uma medida extrema.

Você precisa se lembrar de outra coisa. Os adolescentes vivem em seu mundo particular, não no mundo adulto, e nem se preocupam muito com ele, na verdade. Os adolescentes olham uns para os outros e dizem: "Isso é legal. Eu quero!".

Mas seu adolescente não vai parar para pensar: "Hum, gostaria de saber o que meu futuro chefe vai pensar sobre meu *piercing* de nariz e de língua quando eu me candidatar ao cargo de contador um dia".

O grupo hormonal tem uma cultura diferente, uma linguagem diferente e uma percepção diferente da realidade. Esse grupo não é muito esclarecido acerca do futuro, de como o *piercing* pode afetar sua vida algum dia.

Seu adolescente não vai parar para pensar: "Hum, gostaria de saber o que meu futuro chefe vai pensar sobre meu *piercing* de nariz e de língua quando eu me candidatar ao cargo de contador um dia".

Os jovens crescem rápido demais na sociedade. Por que outro motivo você vê um menino de 4 anos com cabelo moicano? O que você acha quando vê isso? Eu penso: "O que acontece com esses pais? Eles realmente querem um filho de cabelo moicano? Será que essa é a maneira deles de dizer: 'Olha, eu quero ter certeza de que meu filho é descolado'? Ou será que foi a criança que disse, em um momento de impulso, 'Ei, eu quero cortar o cabelo moicano', e os pais foram idiotas o bastante para concordar? Seja como for, esses pais são burros feito uma porta".

Oh, eu adoro meu ego intolerante!

Pais ou figuras de autoridade precisam estabelecer o limite em algumas coisas. Meu limite é: bem, se você quer furar a orelha (note: um furo em cada orelha), tudo bem para mim. Mas se você começa a furar outras partes do corpo ou sua orelha múltiplas vezes, e houver mais metal em você do que em uma aeronave ultraleve, e você mal conseguir pronunciar as palavras porque sua língua emite ruídos, há algo errado nessa história.

Pais, não se esqueçam de que, para os outros, *piercings* indicam postura. É surpreendente a rapidez com que pingentes metálicos que chamam a atenção são removidos quando graduados na faculdade começam a procurar emprego e receber suas primeiras rejeições por causa de sua aparência.

SALVA-VIDAS

A aparência é importante.

PORNOGRAFIA

Semana passada você, mãe, encontrou seu filho de 13 anos devorando um *site* pornô com os olhos. O que você diz? Por onde começa (especialmente no caso de uma mãe que viveu uma vida de certa forma modesta, bastante correta, descobrir que seu filho está vendo a pornografia mais repugnante que se possa imaginar)? A maioria das mães mudaria o nome de seu filho para Isaque e tentaria matá-lo na hora. Mas essa não é uma boa ideia.

Pornografia é um dos comportamentos mais viciantes em que uma pessoa pode se envolver. Pessoalmente, acho que possui a força dos poderes viciantes do *crack*. As imagens que seu adolescente vê não podem ser facilmente apagadas da mente.

As pessoas definem *pornô* de várias maneiras. Algumas acham que o catálogo da Victoria Secret's é pornográfico. Mas a pornografia da qual estou falando são os *sites* que seus filhos acessam no celular ou nos computadores, e que apresentam mulheres em trajes indecentes (ou sem traje algum), em posições libertinas com homens, outras mulheres ou sozinhas.

> Pornografia é um dos comportamentos mais viciantes em que uma pessoa pode se envolver.

Infelizmente, a pornografia na internet não vai desaparecer. O que fazer, portanto, se você descobrir seu filho envolvido nisso?

Primeiro, seja honesta sobre como você está desapontada por encontrá-lo visitando esse *site*. "Tenho de lhe dizer a verdade. Eu realmente pensei que você estivesse acima disso. Agora vejo claramente que não é verdade, você não está acima disso. E estou muito decepcionada".

Deixe isso maturar por um minuto, então continue: "Estou contente por ver que você está interessado no sexo oposto. Mas esse sexo não é o que Deus criou. Essa é a forma pervertida de um dos maiores presentes que Deus nos deu".

Note que escolhi a mãe para falar com o filho, não o pai. Afinal, quem melhor do que a mulher para conversar com um jovem sobre como as mulheres querem ser tratadas? Nenhuma mulher quer ser comparada a um site pornô. Nenhuma mulher gosta de ser usada e abusada.

O jovem que tem maior probabilidade de visitar sites pornôs com regularidade geralmente é o que se sente inadequado em relacionamentos com o sexo oposto. Costuma ser o jovem que começou a ter sonhos molhados e não sabe o que fazer com eles. É um adolescente que está apenas começando a vivenciar o fato de que certas partes de seu corpo são mais prazerosas que outras. É muito provável que ele esteja se masturbando de maneira regular.

Se seu filho quer aprender sobre sexo, ele precisa aprender com você. Há muitos livros disponíveis, inclusive um de meus favoritos: *A Chicken's Guide to Talking Turkey with Your Kids about Sex*. (Já o mencionei, mas vale a pena repetir aqui.)

Para dar nome aos bois, o pecado sexual é uma decisão que se toma com consequências para toda a vida — é outro motivo pelo qual chamo esses anos de críticos.

Por isso é tão importante que aconteça o diálogo entre mãe e filho em relação ao que é uma vida sexual saudável e como as garotas querem ser vistas e tratadas. Entretanto, não há um jovem no planeta que queira falar de sexo com seus pais. Se você não acredita que isso é verdade, coloque este livro de lado por um segundo. Mantenha este momento em suspenso. Agora, pense em seu pai e sua mãe fazendo sexo...

"Argh, Leman, você realmente precisava escrever isso? Acabou de estragar meu dia".

Certa vez, em um de meus seminários, uma mulher me olhou nos olhos e disse: "Minha mãe não faria uma coisa dessas".

Eu não pude deixar de pensar: "Bem, então como é que você veio parar aqui?".

Então, mãe, quando você descobre o interesse de seu filho pela pornografia, tire vantagem desse ponto áspero da vida para ensiná-lo o que há de especial no sexo. (As garotas também não são imunes à pornografia, mas é menos provável que aconteça com elas; porém, quando acontece, você está com a batata quente na mão, pai.)

Funcionou para mim

Nunca pensei que a pornografia atingiria nossa família até que Jason, meu filho de 14 anos, começou a acessar *sites* pornográficos em seu iPhone. A irmã dele o surpreendeu e me contou, mesmo depois de ele implorar a ela para não fazer isso. Fiquei doente ao saber que meu filho havia chegado por conta própria a esse tipo de imagem. Tirei o iPhone dele e o fiz sentar-se à mesa da cozinha e escrever um trabalho de cinco páginas, usando meu computador e pesquisa, sobre o que o hábito de ver pornografia faz à mente e ao coração.

Quando chegou a hora de ele ir ao ensaio de teatro, aceitei seu conselho. Ele não foi a lugar nenhum. Na verdade, fiz que ligasse para o diretor e explicasse por que não podia ir. Ele ouviu um monte do diretor também, já que seu papel na peça é central. Mas eu disse a Jason que a vida não poderia continuar até que o trabalho estivesse feito e que tivéssemos uma chance de discutir isso. (Nunca vi meu filho escrever um trabalho tão rápido.)

Essa foi uma das melhores conversas que Jason e eu tivemos durante sua adolescência, porque ele teve de encarar o que fez e como isso o afetará dali em diante. Ele perdeu os privilégios de usar o computador por uma semana, teve de explicar aos professores por que não conseguiu concluir seus trabalhos, e ficou sem usar seu iPhone por um mês. Durante esse período, eu pedi a um especialista para apagar todos os *links* de pornografia do telefone e limpar o histórico. Dessa forma eu ficaria sabendo, no futuro, se Jason continua a acessar esses *sites*.

Seis meses depois, eu ainda estou atenta, já que sei que pornografia é viciante. De tempos em tempos, confiro o histórico no computador dele — sem que ele saiba. Mas estou muito satisfeita por ter descoberto isso tão cedo.

Linda, Nova York

Pode me chamar de dinossauro — um dinossauro fervendo de amor — mas é nisso que acredito: o melhor sexo é o que acontece nos domínios seguros do casamento, com duas pessoas que realmente se amam, assumiram um compromisso uma com a outra e se conhecem intimamente.

SALVA-VIDAS

Conversas difíceis acabam sendo as melhores conversas.

PORTAS BATENDO

Os filhos batem portas. O que faz a maioria dos pais?

Levam isso para o pessoal. Ficam irritados, loucos e contra-atacam. "Venha já aqui, mocinha!" ou "Se você quer que eu arranque essa porta, rapazinho, eu com certeza consigo. Experimente".

Porém, a gritaria ou o revide resolvem alguma coisa? Ameaçar prendê-los em casa pela vida toda (a versão adolescente para o temido "Vá já para o canto" da criança)? O máximo que você vai conseguir com suas ameaças talvez seja um "Me desculpe, mãe" quando sua filha quiser ir até a casa da melhor amiga mais tarde. Mas então a vida continua sem consequências. Bem, obviamente um problema existe, ou seu filho não estaria batendo portas.

Mais uma vez, você é o adulto na história. Quanto mais você encontra maneiras criativas e até bem-humoradas de olhar para o mesmo velho problema, melhor você se sai. A vida em sua casa não pode ter portas batendo nem uma disputa constante na base do grito. Mas muitos pais jogam as mãos para o alto e dizem: "Desisto". Não torne seus problemas maiores que a vida em si.

Funcionou para mim

Há um ano, ficamos cansados de ouvir nosso filho bater portas, e meu marido finalmente tirou a porta do quarto dele. Mas isso não resolveu o comportamento que estava por trás dessa atitude. Ele continuou grosseiro como sempre. Então ouvimos você dizer no rádio que "C não acontece até que A e B sejam resolvidos" e entendemos a mensagem. Na vez seguinte em que entrou em casa pisando duro, deixamos que ele continuasse. Não gritamos; não fomos atrás dele. Mas assim que ele quis ir a algum lugar, dissemos não. Quando ele gritou conosco, não retrucamos. (Você está certo — uma frente unida realmente funciona.) Ele ficou em casa naquela noite. Foram necessárias várias vezes até que ele finalmente entendesse. Mamãe e papai não são mais pessoas fracas; não estamos recuando. Agora temos um filho totalmente transformado que pede gentilmente que nós o levemos a algum lugar.

Karlene, Illinois

E se, em vez disso, você dissesse: "Quero dar uma resposta a essa batida de porta, mas não tenho muita certeza do que isso significa. Significa que você está cansado de me ouvir pedir para você fazer o que precisa fazer? Está querendo me dizer que eu deveria ir para aquele lugar? Está querendo dizer que está muito satisfeito por faltarem apenas 2 anos, 3 meses, 7 dias, 21 horas e 31 minutos de pena a cumprir aqui nesta prisão antes de sair por aí por conta própria? Ou está cansado de viver em uma casa de 230 metros quadrados que tem internet sem fio, três refeições completas por dia e uma TV de tela plana? De qualquer maneira, estarei lá embaixo esperando por você".

> Quanto mais você encontra maneiras criativas e até bem-humoradas de olhar para o mesmo velho problema, melhor você se sai

Isso é o que um pai ou mãe inteligente e calmo diz. E com isso você quer dizer: "Vamos lidar com isso antes que a vida continue. Isso significa que você não vai a lugar algum hoje à noite. Vamos resolver isso porque nossa casa e nossas relações familiares são o mais importante. Tudo o mais é secundário".

Em situações assim, você precisa exercer a autoridade que ser pai ou mãe implica. Mas tenha cuidado para estabelecer igualdade com seus filhos. Você não é melhor que eles, e eles não são melhores que você; vocês desempenham papéis diferentes.

Mas bater portas é inaceitável e inegociável. Com calma, portanto, corte o mal pela raiz.

SALVA-VIDAS

Mantenha seu veleiro longe de seu adolescente ventania.

POSTURA

Como você já leu em páginas anteriores, a postura é algo importantíssimo. Não, não estou falando sobre o modo de agir de seu filho ou filha, estou falando sobre o seu. Uma boa postura será sua melhor aliada quando chegar a hora de enfrentar com humor e equilíbrio esses anos de excesso de hormônios.

A postura de seu adolescente pode ser a pior do mundo neste momento. Ela vai mudar dia após dia, e até momento a momento. Mas você é o adulto. Quando você escolhe não discutir nem se envolver em uma batalha com um filho que apresenta má postura, seu relacionamento vai melhorar bem depressa — e a temperatura abrasadora em sua casa esfriará quase imediatamente.

De modo geral, a própria palavra *postura* transmite negatividade. Mas deixe-me destacar que essa palavra também tem um lado positivo. Quando você vir seu adolescente fazendo algo positivo, entre em ação. Diga: "Estou tão impressionado. Você demonstrou grande maturidade e discernimento quando fez isso, e eu não poderia ter mais orgulho de ser sua mãe". A sua postura positiva é para ele um presente para a vida inteira. Para o leitor que ainda está procurando uma forma de elevar a autoestima de seu filho, saiba que é possível orientá-lo pouco a pouco na direção de uma autovalorização positiva e saudável ao notar e comentar as coisas que ele faz bem na vida.

Tenha em mente que seu filho de 17 anos pode fazer o que quiser, mas é só devido ao respeito por você — e por sua atitude positiva, estimuladora, de confiança nele — que ele não faz.

Seu encorajamento faz toda a diferença. Portanto, transmita sua boa postura e sua crença em seus filhos. Deixe escapar aquela propaganda subliminar que diz: "Ei, você foi bem. Estou realmente orgulhoso de você". Então relaxe e observe a postura deles — e a sua — melhorarem a cada dia.

Funcionou para mim

Cresci em um lar em que ninguém agradecia a ninguém por nada. Sempre chamavam nossa atenção quando fazíamos algo errado, mas nunca éramos elogiados pelo que fazíamos certo. Nunca atinei que estava fazendo a mesma coisa com meus quatro filhos até que ouvi você falar sobre isso no programa *Fox & Friends*. Agora faço questão de deixar escapar para cada um de meus filhos uma propaganda todos os dias. Não sabia quanto isso significava para eles até que Kasey, minha filha de 14 anos, entrou na sala certa noite, lá pelas 23 horas, e disse: "Pai, você não me disse que eu fui bem hoje". Fiquei impressionado. E ainda mais impressionado quando ela me mostrou seu diário, onde tinha registrado todas as coisas boas que eu havia dito no mês anterior, desde que comecei a fazer isso. Deixar escapar uma propaganda por dia para meus filhos é um hábito que não quero perder.

John, Texas

SALVA-VIDAS

Deixe escapar a propaganda subliminar.

PRESSÃO DOS COLEGAS

A pressão dos colegas, bem como a rivalidade entre irmãos, está por aí desde os tempos de Caim e Abel, e não vai embora tão cedo. É uma grande influência na vida de qualquer adolescente. Porém, a *extensão* da influência da pressão dos colegas sobre seus filhos depende de quão seguros eles se sentem em relação a sua casa. Sua casa é a proteção que permite a seus adolescentes resistir às tentações propostas pelos colegas. É mais fácil para os filhos conseguirem resistir à pressão dos amigos quando são criados em casas nas quais:

- Os valores são vivenciados em vez de serem empurrados goela abaixo.
- Eles são responsabilizados por suas ações e têm de confessar os erros que cometeram.
- Os pais estão prontamente disponíveis para discutir tópicos preocupantes, participar de eventos nos quais os filhos estão envolvidos e ter a diversão e os jantares em família como prioridade.

Seu filho vai balançar a cabeça e dizer sobre os grandes baladeiros de sua classe: "Esses caras são bobos. Estão acabando com a própria vida".

Isso significa que você vai isolar seus filhos para protegê-los do que existe lá fora? Não. Ninguém quer ser um faisão sob uma redoma de vidro — especialmente o faisão. Você precisa conscientizar seus adolescentes quanto às pressões e tentações à volta deles: drogas, álcool, sexo, xingamentos, fofoca etc. Mas se você for parceiro deles, participar de suas vitórias e derrotas, e esperar o melhor deles, ficará surpreso ao ver como os filhos vão se posicionar contrariamente às pressões, mesmo em tempos difíceis.

> Seus filhos querem agradá-lo.

Se seus filhos tiverem de escolher entre a expectativa dos pais e a pressão dos colegas, o vencedor sempre será a expectativa dos pais. Isso porque, no fundo, seus filhos querem agradá-lo. E eles não são felizes quando mamãe e papai não estão felizes.

Você tem um impacto maior sobre seu adolescente do que pensa.

SALVA-VIDAS

Não subestimem seu poder como pais.

PRIVACIDADE

Todo mundo precisa de privacidade. Os pais precisam; os filhos também.

Para o adolescente, o quarto é seu domínio. É o castelo dentro do castelo. Alguns pais chegam a extremos para fazer seus filhos sentirem que esse é o espaço deles — os jovens podem até pintar as paredes. Isso é um pouco demais para mim, mas a questão persiste. O quarto de seu filho é dele, o que significa que ele tem de ser responsável por sua manutenção, ou seja, limpá-lo e colocar a roupa suja no cesto apropriado com a frequência mínima necessária para que a vigilância sanitária não tenha de ser chamada para condenar o cômodo.

Dentro dos domínios dessa privacidade, seu filho fará a lição de casa, escreverá bilhetes e *e-mails* e terá acesso à internet.

Os pais costumam me perguntar em seminários: "Tudo bem dar uma espiada no quarto de meu filho, em seu computador ou diário, para ver o que ele está pensando?".

Basicamente, minha resposta é não. Seu adolescente precisa de privacidade.

Contudo, se seu filho de 17 anos de repente tem um monte de dinheiro e está comprando coisas que não teria condições de comprar com a quantia que você lhe deu, e ele não possui um emprego, você pode ter acertado no alvo ao suspeitar que ele esteja vendendo drogas. Mais ainda, você não pôde deixar de notar que um dos desenhos no *notebook* dele é uma folha de maconha. Não precisa ter um doutorado para descobrir isso.

Você deve espiar então?

Claro!

"Se tenho medo de que meu adolescente esteja envolvido em algum tipo de atividade ilegal, devo dar uma espiadinha?", você pergunta.

"Devo dar uma espiadinha?"

Sim, deve.

"Mas xeretar não destrói relacionamentos?"

Sim, pode destruir, mas isso também acontece quando alguém é preso, tem de parar de estudar e precisa cumprir pena. Você realmente quer que seu filho ou filha tenha ficha criminal? E quer gastar os milhares de dólares que serão necessários para defender alguém que foi preso por posse ou venda de drogas?

Portanto, confie em seus filhos, dê-lhes privacidade e respeite-a. Às vezes eles só precisam de um lugar para relaxar, refletir sobre o sentido da vida, enviar mensagens, conversar ao telefone e fazer a lição de casa sem interrupção. Mas há vezes em que seu nariz paterno vai lhe dizer que algo está errado. Nesses momentos você precisa ser um cão de caça: farejar o problema. E isso às vezes significa violar a confiança básica e os limites de privacidade que você estabeleceu em sua casa.

SALVA-VIDAS

Confie em seus instintos.

PRIVILÉGIO DE DIRIGIR

Em que momento seu adolescente está pronto para dirigir? E como você faz para prepará-lo? As leis de trânsito norte-americanas variam de estado para estado, assim como em outros países. Com isso, os pais devem verificar a lei válida em seu território para saber as idades específicas exigidas para a permissão de aprendiz e a habilitação. Mas há algo mais a se considerar. Seu filho está *preparado* para a responsabilidade de dirigir? Ele é responsável? É cuidadoso e tem consideração pelos outros? Ou é folgado, respondão e não respeita a autoridade? Dirigir não é um direito de quando se completa a idade permitida. É um privilégio garantido àqueles que são responsáveis o suficiente para estar atrás do volante de um carro. Por que você colocaria alguém irresponsável na rua? Alguém que pode acabar atingindo você e os outros porque não está atento?

Portanto, antes de concordar que seu filho ou filha tenham a permissão de aprendiz ou a habilitação, reflita cuidadosamente. Seu filho é maduro o suficiente para aceitar a responsabilidade de dirigir? Ele compreende as regras básicas de direção (nada de mensagens de texto, nada de falar ao telefone celular enquanto está na rua etc.)? Se não, espere até que ele amadureça mais — mesmo que todos os amigos estejam tirando as habilitações *deles*. Quando isso acontece, você pode ficar surpreso com o repentino surto de respeito e maturidade que vai encontrar por parte de seu filho ao chegar em casa. É como mágica para conseguir ajuda no lar.

Ensinei quatro de meus cinco filhos a dirigir. Nunca vou me esquecer da vez que nossa mais velha, Holly, estava dirigindo, comigo no banco do passageiro e Sande no banco de trás. Conforme nos aproximamos de um cruzamento, Holly estava tão concentrada na direção que não percebeu o semáforo vermelho. Quando Sande engasgou, Holly, assustada, enfiou o pé no freio (e eu quero dizer *enfiou*). Ela ficou tão assustada que seu pé escorregou do freio, fazendo com que avançássemos alguns metros no cruzamento. Dessa vez eu apitei: "Holly Kristine Leman!" (nessas horas, só o primeiro nome é pouco). Assustada de novo, ela deixou o pé escapar outra vez. E disparamos alguns metros mais no cruzamento.

> Dois segundos depois, eu estava fora do carro, jogando as mãos para cima e fazendo a dança da chuva em volta de nossa caminhonete, o que com certeza os outros motoristas apreciaram.

Dois segundos depois, eu estava fora do carro, jogando as mãos para cima e fazendo a dança da chuva em volta de nossa caminhonete, o que com certeza os outros motoristas apreciaram. (Se algum deles fosse um pai ensinando o filho a dirigir, ficaria solidário comigo.) Sim, eu dei um *show*. Veja, mesmo psicólogos fazem bobagem com suas famílias de vez em quando.

Você vê por que, quando tivemos nossa filha número 5, decidi que já havia tido o suficiente? E, com Lauren, minha idade também foi um fator. Disse a Sande: "Olha, eu já fiz isso quatro vezes — cobrindo meus olhos, me colocando em posição de emergência e gritando 'Pare!'. Não sei ao certo se esse velho coração aguenta mais uma vez".

Então, para provar que com a idade você realmente fica mais esperto, ligamos para uma autoescola.

Foi uma grande experiência em todos os sentidos. Eu sabia que valeria a pena porque mais tarde, quando Lauren estivesse no carro comigo, eu dirigindo, ela me diria: "Ai, papai, você está em cima da faixa". (Lauren tem a incrível capacidade de falar objetivamente e ainda assim ser gentil.) A autoescola foi uma dádiva dos deuses. A senhora que a ensinou era gentil, e Lauren a adorou. Elas passearam horas pela cidade e pela estrada; Lauren até aprendeu a fazer baliza. Foi o melhor investimento de 300 dólares que já fiz.

SALVA-VIDAS

Às vezes vale a pena pagar.

PROCRASTINAÇÃO

Nos idos de 1985, publiquei uma obra chamada *The Birth Order Book* [O livro da ordem de nascimento].[10] Demorou um pouquinho para convencer o editor de que as pessoas teriam interesse em algo como ordem de nascimento. Tenho falado e dado palestras sobre isso desde 1966, e concluí meu doutorado em 1974, onze anos antes de publicar o livro. Bem, lá em 1985, fui convidado para falar no programa de TV *Phil Donahue Show*. Certo, você tem de ser velho o suficiente para se lembrar de Phil, pois ele era anterior à Oprah. Naquela época, se você participasse de um bloco do programa, era como participar de um bloco do programa da Oprah. E eu não só estava no Donahue, como participei do programa inteiro — espaço geralmente reservado para atores famosos, atrizes e artistas. Minha aparição no programa foi o que projetou o livro ao topo da lista dos dez mais vendidos.

Veja que interessante, a parte do livro que mais chamou a atenção dos leitores foi a que tratava de procrastinação. Conversamos sobre a natureza intencional do comportamento, isto é, que ele existe por uma razão, e forneci duas explicações. A primeira era ser criado por pais com olhar crítico — essas pessoas que sabem exatamente como a vida deve ser, e mais ainda como *a vida do outro* deve ser. O tipo de pai que nunca está satisfeito com o desempenho alheio. Não importa quão alto você salte, sempre estará um centímetro aquém das expectativas. E nunca perdem uma oportunidade de dizer o que poderia ter sido feito melhor. Em consequência disso, a natureza crítica dos pais se incorpora a sua vida e ao modo como você se vê — você nunca é bom o suficiente.

Quando expliquei isso, os adultos de todo o país que leram meu livro e me ouviram falar viram uma luz se acender em seus cérebros. "Uau, esse sou eu. Começo vários projetos e não os termino. Quando estou bem, sou ótimo, mas quando estou mal, sou quase imprestável. Vou começar um projeto, faço 90% em tempo recorde e bem feito, mas então paro e não termino a tarefa. Por quê?"

Eu expliquei. "É por causa de seu medo de ser avaliado e, mais especificamente, seu medo de ser criticado. Assim, seu processo de pensamento é: 'Se eu não completar a tarefa, não posso ser criticado. Posso me enganar dizendo que se tivesse mais tempo ou disposição — ou qualquer coisa — eu poderia ter feito'."

Bem, tive milhares de respostas de leitores e ouvintes sobre essa parte específica do livro. Isso realmente demonstra para mim a grande quantidade de pessoas que vive sob o olhar crítico dos pais.

Portanto, pais, se vocês têm um adolescente procrastinador, e são obrigados a empurrá-lo para fazer tudo, pode ser que isso tenha muito a ver com sua própria capacidade de apontar falhas.

> Todos nós temos falhas, de modo que não é difícil implicar com as falhas de seu filho.

Confie em mim, todos nós temos falhas, de modo que não é difícil implicar com as falhas de seu filho. Mas se seu filho está pagando o preço de sua implicância — com falta de realização, baixo rendimento ou procrastinação regular — é hora de uma mudança... de *sua* parte.

Do contrário esses adolescentes vão crescer e se tornar adultos que estão sempre prestes a marcar um golaço mas que nunca chutam a bola. Pessoas que saem de um emprego para outro e a todo instante dizem a si mesmos esta mentira: "Já é hora de eu tirar a sorte grande". Mas nunca tiram, e continuam a sofrer por conta dos pensamentos negativos.

É por isso que as palavras que você escolhe usar — ou não — com seu adolescente fazem toda a diferença do mundo.

SALVA-VIDAS

Suas palavras fazem toda a diferença.

QUARTO BAGUNÇADO

Esse tem sido um problema para os pais desde o início dos tempos. Tenho certeza de que o filho do homem das cavernas era lembrado de que tinha de recolher suas peles da sala de estar. Se eu entrar nesse instante no quarto de minha filha mais nova, Lauren, verei coisas pelo chão, incluindo uma pistola de cola quente, papel e coisinhas brilhantes. Lauren é uma artesã detalhista, e está sempre fazendo coisas. Ela passa horas criando presentes feitos à mão para membros da família, não só nos aniversários e no Natal, mas também em outras ocasiões.

> Às vezes entro no quarto dela, balanço a cabeça e digo: "*Isto* é uma obra-prima".

Às vezes entro no quarto dela, balanço a cabeça e digo: "*Isto* é uma obra-prima". É o meu jeito de dizer: "Lauren, eu notei como está seu quarto".

Se acha que o quarto de seu adolescente deve ser limpo diariamente e estar impecavelmente arrumado, bem, você pode ir por esse caminho, mas provavelmente não é uma boa ideia. Em minha estimativa, a batalha não compensa. Se a bagunça realmente o incomoda, feche a porta. Mas se é uma coisa de fato importante para você que seu filho tire a sujeira do quarto duas vezes por semana, então diga: "Sei que esse é seu espaço, seu quarto, mas você é membro desta família, e seu quarto faz parte da casa. Então, pedimos respeitosamente que você o arrume duas vezes por semana. Você escolhe os dias". Preferivelmente, um deveria ser o sábado, quando é mais provável que o jovem esteja em casa.

Se seu adolescente não levar em consideração sua instrução, contrate um irmão para entrar e limpar o quarto, e pague-o com a mesada dele. Ou contrate o filho do vizinho para limpar o quarto. Ou até mesmo pague a si mesmo um bom dinheiro tirado da mesada dele. Isso vai transmitir a mensagem rapidinho (especialmente porque os adolescentes não gostam que ninguém toque em suas coisas).

Essa solução simples também representa a vida real. Você pode levar seu carro para lavar e pagar 20 reais, ou pode lavar sozinho em sua garagem e guardar o dinheiro. Da mesma forma, seu filho pode até pagar para alguém limpar o quarto dele ou pode limpá-lo sozinho e guardar o dinheiro.

Não há o que discutir.

SALVA-VIDAS

Deixe que sua casa reflita o mundo real.

QUESTÕES DE DINHEIRO E TRABALHO

Se eu desse ouvidos a todo mundo que conversava comigo na minha adolescência, certamente poderia concluir que não estava indo a lugar algum. Eu me saía mal na vida e na escola. Mas, ao olhar para trás, vejo que realmente era um garoto bastante empreendedor. Eu recuperava bolas de golfe que caíam no riacho do clube de campo local e tive uma banca de frutas.

> O que você pensa sobre dinheiro e como você o trata são coisas que afetam tudo na vida.

Os tempos, porém, mudaram desde aquela banca de frutas. Hoje o futuro financeiro, não só dos indivíduos e famílias, mas do próprio país, está em risco. Países inteiros da Europa estão à beira de um colapso financeiro.

O que você pensa sobre dinheiro e como você o trata são coisas que afetam tudo na vida. (É interessante como o dinheiro é mencionado bem mais de cem vezes na Bíblia.) Questões de dinheiro estão à volta de todos nós: a enorme dívida do país; as dificuldades econômicas; o alto custo da educação superior; o fracasso da previdência, com cidades vindo a público para dizer que não conseguem pagar as aposentadorias de seus funcionários. Em um contexto assim, é indispensável que você ensine seus filhos a economizar (e, se você é uma pessoa de fé, a pagar o dízimo) e a gastar o dinheiro que eles têm com sensatez.

Ensine questões de finanças a seus filhos o mais cedo possível. Compre ações ou bônus em nome deles: essa é uma ótima maneira de educá-los sobre o mercado de ações e sobre como ele funciona. Ao fazer isso, estará comunicando: "Você precisa entender essas coisas, porque o governo não vai cuidar disso para você".

A previdência social como a conhecemos hoje será tremendamente diferente em 25 anos. A idade de aposentadoria vai aumentar a fim de tornar mais fácil para o governo lidar com a quantidade imensa de *baby boomers*[11] que estão chegando a esse estágio. Seus adolescentes precisam entender que vão se dar melhor caso se responsabilizem por seu próprio bem-estar financeiro.

É por isso que, se seu adolescente estiver disposto a colocar 10 reais na poupança, você cobre com mais 10. Deixe seu filho ver esse dinheiro crescer e acumular juros. Mas essa disposição tem de começar com ele.

"Mas, dr. Leman", dizem alguns, "o dinheiro é a raiz de todo o mal. A Bíblia diz isso. Você não está colocando muito foco no dinheiro?".

Não, a Bíblia diz que o *amor* ao dinheiro é a raiz de todo o mal. Confira isso você mesmo em 1Timóteo 6.10. Você precisa criar filhos inteligentes, que percebam que sua segurança financeira tem mais a ver com suas escolhas ponderadas em relação ao dinheiro do que com qualquer coisa que um governo federal ou patrão possam fazer por eles com um fundo de aposentadoria.

Mesadas

Acredito do fundo do coração que jovens devem ter mesadas.

Já escuto alguns de vocês dizendo nesse instante: "Dr. Leman, é fácil para você dizer isso, mas nós mal conseguimos nos manter".

Mas você gasta dinheiro com seu filho, certo? Você compra roupas para ir à escola; dá dinheiro para o lanche e compra alimentos para preparar as refeições. Por que não colocar parte da quantia na forma de mesada? Dê a seu filho o controle sobre um pouco de dinheiro e como ele é gasto. Se fizer isso, ele vai aprender o valor de cada centavo, porque o dinheiro vai passar pela mão dele — bem rápido nas primeiras vezes. Mas conforme ele fica mais acostumado a lidar com dinheiro, vai ficar mais esperto sobre como administrá-lo.

Isso também dá a você alguns momentos didáticos e influencia outras situações na casa. Se seu adolescente não conclui as tarefas esperadas e você tem de pedir à irmã mais nova para fazê-las, a próxima mesada que ele receberá será um pouco menor. A quantia que você pagar a sua filha para fazer a tarefa do irmão será deduzida da mesada dele.

Os filhos aprendem rapidinho quando você usa essa solução simples. Eu garanto.

Trabalho

Seu adolescente deve ter um trabalho fora de casa?

É saudável para jovens ter trabalhos de meio período. Eles podem ganhar um bom dinheiro tomando conta de crianças. Sempre digo aos pais que a melhor *baby-sitter* que se pode arrumar é uma garota de 12 anos que ainda não se interessou pelo mistério dos garotos. E o custo não é tão alto.

Jovens podem cortar grama, cuidar do jardim, limpar a casa etc., mesmo antes dos 15 ou 16 anos. É bom para os adolescentes de qualquer idade ter de ouvir o que outra pessoa — o chefe — diz sobre como o projeto precisa ser executado. Isso lhe dá um gostinho do que é a vida, além do conhecimento de que no trabalho eles nem sempre estão no banco do motorista. Nem sempre podem dar uma paradinha quando querem; param quando lhes dizem para parar.

No entanto, é importante que os jovens se deem conta de que trabalho é um *privilégio* e não um *direito*. As prioridades vêm sempre nesta ordem: casa, escola e outras coisas (incluindo trabalho). Seu adolescente, portanto, deve trabalhar apenas se contribui adequadamente com a casa, e se seu desempenho na escola for aceitável (note que eu não disse *perfeito*). Só então o trabalho pode se tornar uma das "outras coisas" que ele faz. Trabalhar é um privilégio a ser conquistado se as outras duas áreas principais da vida estiverem atendidas.

> Trabalhar é um privilégio a ser conquistado

Se seu adolescente começa a trabalhar fora de casa, mas passa a ter problemas porque não realiza as tarefas domésticas (por exemplo, você disse a ele três vezes esta semana para levar o lixo para fora, e isso é três vezes mais que o necessário), qual o momento de puxar o tapete dele? Se você está nessa situação, ligue para o gerente da loja e diga: "Meu filho está trabalhando para o senhor há sete meses e gosta muito disso. Em meu entendimento, o senhor está satisfeito com o trabalho dele. Mas, com toda justiça ao senhor, eu gostaria de avisá-lo de que ele talvez não continue por muito mais tempo. Ele não está cuidando das responsabilidades que tem aqui em casa, e acreditamos que a primeira responsabilidade dele é com o lar, depois com a escola e então com outras coisas, o que inclui o trabalho. E, a propósito, esta não é uma conversa confidencial — sinta-se à vontade para conversar com meu filho e informá-lo de que eu telefonei para o senhor".

Posso ler sua mente agora mesmo. Você está pensando: "Como assim, ligar para o gerente da loja? Você não deveria conversar com o garoto e dar a ele um aviso antes?".

Bem, avisos não fazem parte desse plano de jogo. Se você realmente quer transformar seu adolescente até sexta-feira, esse tipo de ação vai chamar a atenção de seu filho; vai fazê-lo parar na mesma hora e pensar: "Uau, meus pais realmente estão falando sério sobre isso".

Tenha em mente que, na maioria das casas, os pais previnem, seduzem, subornam e ameaçam, e mesmo assim nenhuma mudança de comportamento acontece. Bem, *Transforme seu adolescente até sexta* não é um livro qualquer. Mas eu garanto que se começar a fazer as coisas de maneira diferente, você *vai* transformar seu adolescente até sexta-feira.

Pais, vocês não estão desamparados. Vocês estão com todos os ases na mão. Às vezes é preciso puxar um deles e usá-lo.

Economias/previdência privada

Quando eu tinha 14 anos, era visto como um tonto. Mas esse tonto na verdade carregava tacos no Country Club de Buffalo, e levava dois sacos de golfe por vez (chama-se um "duplo"). Recebia pagamentos de 70 dólares por semana — muito dinheiro naquele tempo. Ao olhar para trás, percebi que estava ganhando quase a mesma coisa que meu pai. Eu também era um poupador cuidadoso. Trabalhava duro e guardava o dinheiro.

Vendo como essa mentalidade compensou, encorajei meus filhos a fazer o mesmo.

Quando nossos filhos trabalharam em acampamentos de verão e ganharam dinheiro, eu troquei os cheques para eles, agindo como um banco. Mas o que eu realmente fiz foi depositar o cheque em uma conta. Eu lhes dava a quantia total do pagamento para que tivessem o dinheiro que ganharam como resultado de seu trabalho, e então depositava o cheque na conta, depositando do meu bolso o mesmo valor que haviam recebido. Demonstrei a eles que poupar um pouco por vez poderia render mais rápido do que imaginavam. Nossos filhos têm planos de previdência privada para lhes dar um bom começo. Em muitos

Funcionou para mim

Sempre dei muita importância ao fato de nossos filhos trabalharem fora de casa assim que atingissem a idade de 13 anos, seja cortando grama ou empacotando compras. Cresci trabalhando quando era garoto, e queria que nossos meninos entendessem o valor do trabalho duro. Dois deles se saíram muito bem, conciliando casa e escola com o trabalho. Nosso filho do meio adora o trabalho, mas as notas começaram a cair e sua atitude em casa teve uma queda brusca. Aceitamos seu conselho e o tiramos do trabalho. Ele não ficou feliz, mas não lhe demos escolha. Você está certo. Às vezes um pai deve sacar aquele ás da manga e usá-lo.

Jeff, Nevada

bancos e até para alguns tipos de ações e bônus, só é necessária uma pequena quantia para dar o pontapé inicial. Por que não experimentar?

Faculdade/Universidade

Tenha uma conversa honesta com seu filho ou filha sobre bolsas de estudo, auxílio e empréstimos para custear a faculdade. Eu conheço pessoalmente alguns jovens que estão saindo da faculdade com milhares de dólares em dívidas! Pais cuja renda é modesta mas que têm filhos que vão bem na escola, uau, que bênção. Seu filho pode entrar em uma universidade pública ou conseguir uma bolsa de estudos em alguma faculdade particular. Mas para quem não se encaixa nessa categoria, deixe-me perguntar: realmente vale a pena manter seu filho durante quatro anos em uma faculdade e sentir o peso dessa dívida, se ele não tem um objetivo específico em mente — tornar-se um médico, por exemplo? Afinal, não há nada de errado em trabalhar um ano ou dois depois do ensino médio, caso seu adolescente não tenha certeza do que quer fazer.

Permita-me fazer um apelo pessoal aqui. Se você é financeiramente capaz de pagar a faculdade de seu filho ou parte dela, faça isso. Não deixe seus filhos saírem da faculdade ou da universidade com o peso imenso de uma dívida no início da vida por causa do "princípio" de que eles deveriam pagar sozinhos seus estudos. Ajude sempre que for possível. Mas também tenha uma comunicação honesta com seu estudante universitário para saber que seu investimento está sendo aproveitado com sabedoria (ou seja, que seu estudante está indo a algum lugar — no sentido de uma graduação real ou de um trabalho potencial, em vez de só dar uma olhada nas coisas — com todo o dinheiro que você está gastando).

SALVA-VIDAS

O dinheiro realmente importa, e muito.

RAIVA

Recentemente, recebi uma carta de um pai que estava no limite, sem ideia do que fazer:

> Meu filho sempre foi dado a chiliques, mas está ainda pior. Ele agora tem 15 anos, e na semana passada fez um buraco na parede da cozinha quando não o deixei sair com os amigos. Minha esposa chora e bate em retirada quando Michael fica furioso. Eu demonstro minha desaprovação na mesma hora. O comportamento dele está rachando nossa família. Precisamos de conselhos, e bem rápido.
>
> Jason, New Jersey

Jason não é o único. Em minhas conversas com pais por todo o território dos Estados Unidos, a raiva é sempre motivo de preocupação para pais de adolescentes. A raiva é uma emoção muito natural, e todos nós já experimentamos isso. Há vezes em que é *bom* sentir raiva — quando a injustiça se apresenta.

Mas a raiva também pode ser usada de uma maneira manipuladora e poderosa por adolescentes que aprenderam logo nos primeiros anos que isso produz o que eles querem dos adultos: resultados. Quer aquele iPod novo? É só começar a gritar sobre como seu irmãozinho consegue tudo e sair pisando duro furiosamente de seu quarto, e se mamãe se sentir culpada o suficiente, ela pode simplesmente encomendar um novo iPod pela internet na mesma noite.

Isso remete novamente ao comportamento intencional sobre o qual já falamos neste livro. "A raiva produz resultados", pensa seu adolescente, "então por que não aumentar um pouco as apostas e conseguir resultados maiores e melhores com mais rapidez?". É assim que a raiva aumenta gradualmente em uma casa.

> "A raiva produz resultados", pensa seu adolescente, "então por que não aumentar um pouco as apostas e conseguir resultados maiores e melhores com mais rapidez?".

As pessoas geralmente dizem: "Rapaz, ele consegue me deixar com raiva!". Na verdade, você *escolhe* ficar com raiva (ou não) em relação a algo que alguém diz ou faz.

É por isso que é tão importante ensinar uma criança, mesmo de pouca idade, a lidar de maneira apropriada com a raiva. Um pirralho poderoso que tem chiliques com 2 ou 3 anos, e não sofre as consequências, vai se tornar um pequeno ditador com 8 anos, e depois um adolescente ainda mais poderoso e nervoso com 13. Ser nervoso e manipulador pode compensar bastante se seu filho se tornar advogado em algum tribunal; mas, durante a maior parte do tempo, vai causar todo tipo de problemas em casa, na escola ou em qualquer outro ambiente em que ele estiver.

Quando ele ficar com raiva, tire o veleiro da frente de seu filho ventania. Se você entrar na briga com seu adolescente, será sempre o perdedor. Ele não tem nada a perder. Nada. Quando você começa a recriminá-lo no *shopping center* ou em qualquer outro lugar público, as pessoas ao redor olharão para ele pensando: "Uau, esse garoto é uma peça rara". Mas adivinhe o que mais eles vão pensar? "Que tipo de pai é ESSE para criar um garoto assim?" Portanto, quem ficará mais constrangido e provavelmente cederá às exigências de seu filho raivoso? Você!

Mas não se engane. Todos nós ficamos nervosos; faz parte do processo de crescimento. Até Jesus sentiu raiva. Porém, as coisas que dizemos e fazemos com raiva precisam ser enfrentadas. No momento em que as palavras de raiva saem de nossa boca, não podem ser retiradas. (E estou falando de ambos os lados da cerca aqui, pais: o que seu adolescente diz a você, e o que você diz a ele.)

Então como você pode apagar a fagulha da raiva de seu filho? E da sua também?

Lembra-se de quando você era criança e estourava balões por diversão? Uma de suas brincadeiras favoritas era perturbar sua irmã com aquele guincho horrível que os balões soltam quando você deixa o ar sair aos pouquinhos. Para uma pessoa com problemas de raiva, conversar sobre o que a está incomodando é como deixar o ar sair aos poucos do balão.

Se você deixa pequenos problemas se acumularem, continua assoprando ar naquele balão até que fique ainda maior e cada vez mais rígido. No final, estica tanto que explode. Mas e se, em vez disso, você deixasse sair um pouco de ar do balão, deixando-o falar sobre o que o incomoda? Um balão frouxo é mais flexível; não estoura.

> Se você entrar na briga com seu adolescente, será sempre o perdedor.

Ofereça a seu adolescente a oportunidade de conversar sobre o que o deixa com raiva. Mantenha a boca fechada e apenas ouça, sem julgar ou discutir. Lembre-se de que a perspectiva de seu filho não necessariamente refletirá a realidade ("você *sempre* faz isso" e "você *nunca* me deixa fazer aquilo"). Mas as palavras que ele diz refletem a realidade particular dele — o modo como pensa e se sente naquele momento.

Da próxima vez que um fusível de seu filho queimar, leve-o a um lugar onde você possa falar com ele sem interrupções. "Querido, estou muito chateada com o que aconteceu na cozinha com sua irmã e seu pai. Sua reação e as palavras que você escolheu foram totalmente inadequadas, mas eu quero saber o que causou essa resposta. O que fez você sentir que tinha de dizer o que disse? A agir como agiu?"

Ofereça a seu adolescente a oportunidade de conversar sobre os sentimentos dele. Tenha em mente que esses sentimentos não são certos ou errados; são simplesmente sentimentos. Mas a maioria dos pais acha que tem de contra-argumentar, dizendo "Você não deveria se sentir assim!". Em vez disso, dê o valor real aos sentimentos de seu filho.

— Estou cheio do jeito como vocês me tratam — despeja seu filho. — Odeio levar o lixo lá fora e sempre fazer...

Ouça-o antes de abrir a boca. Ouça de verdade não só o que ele diz, mas os sentimentos por trás das palavras. Então, surpreenda-o.

— Estou disposta a reorganizar a lista de tarefas. Afinal, você tem 15 anos. É hora de mudar algumas coisas. Por que você não monta sua agenda para a nossa família esta semana e a apresenta na hora do jantar na sexta-feira? Nós todos podemos avaliar juntos. Pense nisso, seu irmãozinho vai ser um ótimo lixeiro.

Existe um ótimo termo no mundo dos negócios: *empowerment*, que significa fortalecer a capacidade de exercer o poder. Todos os bons líderes querem dar poder às pessoas sob sua liderança para que elas realizem bem suas tarefas, sintam-se parte do grupo, saibam que suas contribuições são ouvidas e apreciadas. Converse com qualquer professora do ensino fundamental e pergunte a ela como é importante para um aluno dessa idade ser o chefe da fila ou monitor de porta — a criança que pode escolher quem é o primeiro da fila. As crianças adoram esse tipo de delegação de poder. E o mesmo vale para seu adolescente. Você precisa dar poder para que ele não se sinta impotente.

Se você já esteve ao telefone enquanto ouve uma voz automatizada de computador citar um menu depois do outro, sabe como é frustrante não ter a oportunidade de dizer o que realmente quer.

Tenha isso em mente com seu adolescente. Não conceder a seu filho a oportunidade de dizer o que está em sua cabeça vai levar à síndrome do balão estourado ou à frustração de nunca ser ouvido.

> A raiva é como a gasolina.

A raiva é como a gasolina: conduz a situações explosivas. Se você não lida com isso em casa, terá problemas maiores, como o pai que foi arrastado ao tribunal quando seu filho deu um soco em uma professora na escola. Ou a mãe que recebeu uma ligação avisando que sua filha havia atropelado e matado alguém depois de ter um surto de raiva no trânsito.

Esses são anos críticos, e dominar a raiva é crucial para seu adolescente. É por isso que passei tanto tempo nesta seção. Isso afeta tudo que seu adolescente será agora e no futuro.

Olhe em retrospecto para uma situação de raiva em sua casa. Em que ponto isso começou a aumentar até chegar onde está hoje? As pessoas que hoje são raivosas ao extremo foram capazes de escapar impunes anteriormente.

O momento de deter a raiva é agora.

SALVA-VIDAS

Uma resposta suave manda a raiva embora.

RANCOR

Há todo tipo de motivos para um adolescente ser rancoroso.

- Ele passa metade do tempo na casa do pai e metade na casa da mãe.
- Ela tem três novos meios-irmãos para quem não dá a menor bola.
- As notas dele não estão muito boas.

- Ela não parece estar se ajustando bem na escola.
- Ele tem um caso grave de acne.
- Poucos amigos ligam para o telefone dela.
- Ele foi cortado do time de basquete.

Confie em mim, quando você vê jovens rancorosos, existe um motivo para isso. Todos desenvolvem um "tema de vida" logo cedo. Há adolescentes cuja filosofia é: "Sou uma vítima. A vida é sempre injusta comigo. Sempre será injusta". Sentem-se menosprezados por conta de ofensas reais e/ou imaginadas.

Há adolescentes cuja filosofia é: "Sou uma vítima. A vida é sempre injusta comigo. Sempre será injusta".

Se seu adolescente sofreu abuso, pode ser que carregue um grande peso. Há uma antiga música que diz "You Always Hurt the One You Love" [Você sempre magoa quem você ama], e os resultados psicológicos disso estão devastando famílias em toda parte. Quando seu filho sente que a vida foi injusta, quando é machucado pela vida, ele pensa (em geral em seu inconsciente): "Tenho o direito de atacar outras pessoas". E quando ele de fato ataca, faz isso em relação a estranhos? Normalmente não, pois não tem muito acesso a eles. Ao contrário, ataca as pessoas a quem tem mais acesso, isto é, os membros de sua família.

Funcionou para mim

Desde que Dan e eu unimos nossas famílias há três anos, em nossa casa foi decretada a Terceira Guerra Mundial. Nossos filhos simplesmente não se entendem. Eu é que sei o que é amar o detestável; temos muita experiência com isso. Mas estamos cansados das guerras e das atitudes rancorosas.

Depois de ouvi-lo falar sobre o que passam os filhos de pais divorciados, decidimos convocar um conselho familiar. Dissemos a nossos filhos que compreendíamos que eles não estavam felizes com a nova situação — ou por terem ganhado irmãos que não queriam — e que tinham razão de estar zangados com isso. Mas tínhamos uma escolha: permanecer zangados uns com os outros, ou tentar resolver as coisas. Então perguntamos: "O que podemos fazer para ajudar?".

Nossos filhos ficaram pasmos e em silêncio de início, então começaram a falar. As coisas que disseram foram difíceis de ouvir: a decepção deles com a desintegração dos casamentos anteriores, o fato de papai e mamãe não fazerem mais parte de suas vidas. Mas pela primeira vez conversamos em vez de gritar. Aquela noite foi um ponto de virada para nós. Agora temos conselhos familiares uma vez por semana — para deixar o ar sair do balão, como você sugeriu, antes de estourar. A vida não é perfeita, mas está funcionando!

Eileen, Novo México

A realidade é que alguns jovens foram prejudicados pela vida. Esfregar este livro na cabeça deles como se fosse uma lâmpada mágica não vai lhes proporcionar um conserto automático. Talvez não seja fácil amar seu filho. Mas, sendo o adulto da situação, você precisa fazer o melhor para amar o "detestável". Há uma velha canção que diz "*What the world needs now is love, sweet love*" [O que o mundo precisa agora é de amor, doce amor]. Amar é uma escolha, e nem sempre é fácil. Então, no calor do momento, *você* tem de ser o primeiro a dizer: "Me perdoe. Eu não deveria ter dito isso".

Você não vai chegar a lugar algum com um filho rancoroso ao colocar o dedo no nariz dele e assumir uma postura autoritária: "Olha, é melhor você sair dessa já".

Em vez disso, diga: "Estou preocupado com você", "Você parece incomodado" ou "Você parece irritado". Isso pode abrir o diálogo para começar a restaurar seu relacionamento.

Às vezes dizer simplesmente a ele: "Uau, se eu estivesse no seu lugar, eu também estaria bravo" estabelece igualdade. Coloca os dois no mesmo patamar. Você não dá a impressão de ser melhor que seu adolescente; você se identifica com ele. Além disso, acrescente: "Considerando o que aconteceu com você em tão pouco tempo, estou impressionado de ver como você chegou longe. Diga, o que posso fazer para ajudar?".

Veja as comportas do diálogo se abrirem. Então, permaneça calado e simplesmente ouça, até que as palavras dele tenham sido completamente despejadas.

SALVA-VIDAS

Estabeleça a igualdade.

REBELDIA

Para ser rebelde, é preciso haver algo contra o que se rebelar. Os adolescentes tendem a ser rebeldes quando estão presos a ambientes extremos — autoritários demais ou permissivos demais. As chances de um jovem se tornar rebelde em uma casa onde reina o equilíbrio, onde haja boa saúde, discussões saudáveis entre os membros da família e onde os filhos sejam ouvidos, respeitados e responsabilizados é praticamente zero.

O que estimula a revolta na cabeça de um jovem é seu ambiente. Se os pais estão sempre lhe dizendo o que fazer, esse é o precedente do comportamento rebelde. Afinal, você gostaria que alguém lhe dissesse o que fazer o tempo todo? É muito provável que você também se rebelasse!

Você gostaria que alguém lhe dissesse o que fazer o tempo todo? É muito provável que você também se rebelasse!

Uma de minhas histórias favoritas de todos os tempos é a do filho pródigo na Bíblia. Eu gosto muito dela porque reflete os relacionamentos familiares, e sempre gostei de histórias com final feliz — mesmo que comecem de uma forma um pouco difícil.

A história tem início com o irmão mais novo cansado de trabalhar duro todos os dias nos campos da propriedade de seu pai. Ele diz: “Sabe o quê? Estou cheio deste lugar. Estou cheio de me dizerem o que fazer. Isso é muito tedioso. Vou cair fora. Vou embora e vou pedir ao pai agora mesmo que me dê minha parte nesta propriedade”.

Surpreendentemente, o pai concede ao filho mais novo a parte que lhe cabe. (Você pode imaginar o que esse pai estava pensando quando ouviu todas as reclamações do filho? Como o coração dele ficou em pedaços?)

O filho vai embora para uma terra distante. Isso significa que esse esbanjador, que era judeu, foi para um lugar ocupado pelos gentios, não judeus. Em outras palavras, ele queria estar o mais longe possível de casa. Para você ver como essa casa era ruim para esse jovem.

Bem, ele foi meio soberbo, não é? Essa é a parte da história que adoro, porque reflete muito bem a sociedade de hoje. Meu pai costumava dizer: “Ninguém é tão idiota quando um idiota velho”. Penso em muitos casos em que a frase poderia ser: “Ninguém é tão idiota quando um idiota jovem”. Há idiotas de todas as formas e tamanhos.

Temos aqui, portanto, o rapaz que acha que sabe tudo e tem dinheiro para torrar. Ele vai embora e vive a vida em grande estilo. Vai a festas e se diverte muito. Estou presumindo que ele viveu uma vida regada a vinho, mulheres e muita música.

Mas então seu estilo de vida festeiro sofre uma freada brusca no dia em que ele se vê sem recursos financeiros. Ele se dá conta de que ser trabalhador braçal na fazenda do pai era melhor que sua atual situação. No momento, ele está alimentando porcos, e sente tanta fome que até a lavagem dos animais lhe parece boa.

Eis aqui esse rapaz agindo da maneira mais descolada possível, mas, como diz o ditado, “Tudo que sobe tem que descer”.

Eis aqui esse rapaz agindo da maneira mais descolada possível, mas, como diz o ditado, “Tudo que sobe tem que descer”. E o filho pródigo estava mesmo no fundo do poço. Ele havia gasto tudo. Então, decide: “Vou voltar para casa e pedir perdão a meu pai”.

Outra coisa que adoro nessa história é o que acontece quando o pai vê seu filho à distância. Ele diz: “Oh, não consigo acreditar no que meus olhos estão vendo. Olhe só quem deu as caras! Já está cansado da vida na cidade, garotão?”?

Não, não é isso o que diz a história. Diz que o pai correu até o filho — ele o viu à distância e correu em sua direção. Não só isso, mas abraçou o filho, pediu que os empregados colocassem um manto sobre ele e pusessem um anel em seu dedo, e mandou fazer um banquete em sua homenagem. Quando serviu o novilho gordo, comemorou o fato de que seu filho havia voltado para casa.

Isso não é amor de verdade?

Esse pai tinha todo o direito de dizer: "Bem, seu espertinho, você aprendeu a lição lá no mundo real, não foi?".

Ele poderia facilmente ter esfregado o nariz do filho na terra.

Mas não. Ele recebeu o filho em casa de braços abertos.

Então chega o outro irmão, que havia trabalhado sem parar na fazenda e no campo, fazendo o que se esperava que ele fizesse. Quando descobre que o pai está dando uma festa em homenagem ao caçula, o irmão mais velho tem um chilique. "Meu pai está dando uma festa para esse meu irmão imprestável? O que fugiu de suas responsabilidades e me deixou aqui carregando o piano? Isso é brincadeira! Como é que eu nunca tive uma festa?"

Ah, isso não reflete bem as famílias de hoje?

Uma nota para os estudiosos da Bíblia por aí afora. Não, eu não sou idiota. Eu sei que o propósito principal dessa história não é nos ensinar sobre relações familiares. Na verdade, a intenção é descrever uma pessoa que se volta ao Deus Todo-poderoso depois de sair do caminho estreito e então recebe perdão e um local no céu com o próprio Deus.

Funcionou para mim

Quando você falou sobre filhos pródigos em um evento recente, achei inacreditável. Foi como se estivesse falando diretamente para mim. Nossa filha fugiu de casa quando tinha 16 anos e voltou um ano depois. Mas eu estava lutando para aceitá-la de volta em nossa casa depois de tudo o que ela fez e da tristeza e dor que nos causou, especialmente para minha esposa. Ouvi a história do filho pródigo dezenas de vezes, mas dessa vez ela calou fundo. Em vez de ser o pai — de ficar feliz ao receber minha filha de volta — eu estava agindo como o irmão, que guardou rancor. E era a minha *filha* — eu era *pai* dela! Depois de pedir perdão a Deus, fui direto até minha filha e disse a ela como estava arrependido pela forma como a havia tratado.

Isso aconteceu há um mês. Nada agradável é conquistado da noite para o dia, sei disso. Nosso relacionamento ainda é cauteloso — temos muitos anos de mau relacionamento para superar — mas agora estamos começando a confiar um no outro. Obrigado por sua fala direta, que calou fundo. Eu realmente, realmente precisava disso.

Evan, Vermont

Antes de concluir este item, porém, preciso falar com os pais que fizeram tudo certo e que ainda assim acabaram com um filho pródigo. Um filho que, apesar de tudo que lhe foi ensinado em casa, decidiu em seu coração e mente rejeitar esses valores. Encontrei pais de coração partido em toda cidade que visitei. Eram pessoas doces que levaram a vida como deviam, mas, ainda assim, seu filho saiu da linha em algum lugar. Esse jovem decidiu, como o filho pródigo: "Vou cair fora daqui".

Amigos, essa escolha se chama livre-arbítrio. Deus criou a todos de maneira que, ao chegarmos a este mundo, tivéssemos livre-arbítrio. Sem querer parecer um pregador de televisão, acho que isso reforça quanto Deus realmente nos ama: dar-nos o presente maravilhoso de escolher por conta própria aceitá-lo ou não.

Da mesma forma, seu adolescente tem livre-arbítrio. Cabe a ele decidir aceitar o que você lhe ensina ou rejeitar seus valores. Você não pode controlar isso.

Mas está em seu controle amar o pródigo, quer ele esteja por perto ou em uma terra distante. O perdão é uma coisa maravilhosa — para vocês dois.

SALVA-VIDAS

Ame-os, apesar do que eles fazem.

RECOLHIMENTO

Por que os adolescentes se recolhem ao abrigo de seus quartos? Todos precisam de privacidade; todos precisam de tempo e de um momento sozinhos. Você precisa, e seu filho ou filha também. Um tempo de tranquilidade depois de chegar da escola ou do trabalho é bom para todo mundo.

Mas há uma diferença entre dar-se um tempo de tranquilidade e recolher-se da vida.

Quando os jovens se afastam da família, isso geralmente acontece porque as pessoas mal conversam entre si e os adolescentes só ouvem o que têm de fazer. Se você recebesse ordens o tempo todo, como reagiria? Provavelmente também se recolheria.

Pais inteligentes atraem o adolescente para o centro da vida familiar ao dizer coisas como: "Ei, querido, estou na dúvida. Preciso de uma ajuda. Não sei o que fazer. Adoraria saber sua opinião sobre a situação. Você estaria disposto a ajudar? Meu problema é o seguinte...".

O que esse pai ou mãe está dizendo a seu filho? "Acho que você é um jovem inteligente e muito talentoso. Sua contribuição para mim e para esta família é importante. Não sei o que faríamos sem você".

Se você tem um adolescente que tende a se afastar, faça a ele perguntas como: "O que você acha que deveríamos fazer? Estamos planejando uma viagem em família, e estou pensando para onde deveríamos ir. O que você acha?".

Afirmações como essas convidam à participação, oferecem a seu filho um motivo para entrar na conversa. E quando seu filho abrir a porta e se envolver, mantenha a boca fechada. Não desautorize as ideias dele. Receba-as bem, mesmo se você achar que são idiotas.

Convide à participação.

Diga: "Uau, é interessante. Conte mais". Ou: "Sabe, nunca pensei dessa maneira. Bom trabalho". Ou: "Que ideia intrigante. Vou recorrer a você outras vezes para saber sua opinião. E você nem cobra consultoria, não é?".

Encoraje seu filho a falar, a fim de que faça parte do centro de decisões familiares.

Parte de crescer e ser um adolescente significa precisar de tempo para processar pensamentos e emoções, sonhar acordado e ficar sozinho. Assim, experimente maneiras de atrair seu adolescente para fora da concha sem que ele se desgaste.

SALVA-VIDAS

Convide seu adolescente para a festa chamada vida.

RESPONSABILIDADE

Tenho notícias para você. Se seu filho não é responsável com 5, 8 ou 10 anos, ele não será responsável com 14 ou 16. Um filho que não foi ensinado a ser responsável não será responsável.

Esta bola, pais, está totalmente na quadra de vocês. Se você fingiu que não viu, deu desculpas ou aplainou as estradas da vida de seu filho, e agora você e ele estão pagando por isso, é hora de assumir o controle. O tempo é curto, especialmente se seu filho tem 15 ou 17 anos.

A vida possui uma forma particular de tornar seu adolescente responsável — e isso inclui o departamento de trânsito, os policiais, os professores, o diretor da escola, o coordenador e qualquer outra pessoa que tenha autoridade sobre ele. Todos vão reagir negativamente à irresponsabilidade de seu adolescente.

Sempre procuro evitar que os pais se sintam culpados, mas se há um caso em que a culpa se aplica, é nessa área. Então, tome uma colher de sopa de culpa; você merece caso tenha permitido que seu filho se tornasse irresponsável.

A responsabilidade é de imensa importância na vida. Se seu filho contou mentiras, apontou o dedo, deu chiliques e fez todo tipo de peripécias para evitar assumir a responsabilidade em diversas situações, é hora de mudar as coisas. Se seu adolescente não aprender responsabilidade agora, vai aprender quando?

Quanto mais jovem for o filho, mais maleável será. Quanto mais velho, mais difícil a tarefa. Mas, pais, a bola está com vocês. Não há alternativa. Vocês, seus filhos e o mundo à sua volta vão pagar por isso caso você não faça nada.

SALVA-VIDAS

Você colhe o que planta.

RESPOSTAS MAL-EDUCADAS

Quando seu filho começa a dar respostas mal-educadas, qual é sua reação instintiva? Você quer jogá-lo embaixo do ônibus. Mas não revide. Na verdade, eu sugeriria que você ficasse calado, permanecesse calado e demonstrasse certa distância em seu comportamento (a linguagem corporal, o tom de voz).

Inevitavelmente o filho vai se aproximar de você. Afinal, ele precisa de algo.

— Mãe, você sabe onde está meu suéter?

Apenas diga calmamente:

— Não.

— Posso dar uma corrida até a casa do Jack para jogar basquete? — ele pergunta.

— Xi, não vai dar.

Use o mínimo possível de palavras. Então espere pelo momento didático, aquela hora em que seu adolescente vai se aproximar de você e dizer:

— Ué, o que você tem?

> Espere pelo momento didático, aquela hora em que seu adolescente vai se aproximar de você e dizer: "Ué, o que você tem?".

Agora o refletor está aceso. É sua hora de brilhar. O que você vai dizer?

— Você quer mesmo saber o que eu tenho? — pergunte em tom calmo. Seu filho balança a cabeça. — Então vou dizer. Estou muito chateada com a conversa que tivemos há duas horas.

Repare que isso é tudo que você diz. Não insista. Termine a conversa aí. Devolve a bola de tênis para a quadra de seu filho.

Agora é a vez dele, quer ele queira continuar a conversa ou não.

Ele pode dizer:

— E daí?

Se for isso, ele não está pronto para ouvir a verdade. Alguns jovens são lentos para aprender. Então, deixe estar — por enquanto. Você precisa lidar com a situação, mas tentar fazer isso como faz com um cachorrinho que faz cocô no tapete — esfregando o nariz dele — não vai funcionar.

Mantenha esse jeito calado, distanciado. Seu filho vai perceber seu comportamento diferente, sua atitude, sua falta de atenção. Por fim, ele provavelmente vai voltar e dizer:

— Me desculpe, mãe, pelo que eu disse.

Você aceita as desculpas. Diz que o ama. A vida continua.

Mas agora é o *verdadeiro* momento didático. Sem dúvida seu filho vai lhe pedir um favor.

— Não, Jake — você diz — não vamos fazer isso.

Você não explica por quê; simplesmente afirma os fatos e deixa que ele tire as próprias conclusões. "Ah, eu não posso ir à casa do meu amigo agora por causa do que disse esta manhã." Seu filho vai entender; confie em mim.

Pais, vocês não podem se dar ao luxo de recuar. Se querem transformar seu adolescente até sexta, deve haver consequências para o comportamento anterior dele. Não se pode fazer as coisas das mesmas maneiras que colocaram vocês na atual posição. É preciso fazer de um jeito diferente. Isso significa tomar uma decisão e permanecer com ela.

Deus não o colocou no mundo para ser atropelado por seu filho. Quando você lança para seu adolescente essa bola emocional — algo que ele não espera que aconteça — você lhe ensina uma lição.

SALVA-VIDAS

Devolva para eles a bola emocional.

REVIRAR DE OLHOS

Filhos reviram os olhos. Não é o fim do mundo.

Eu diria, com senso de humor: "Ah, pode parar. Você faria isso de novo? Em câmera lenta, não tão rápido? Quero mostrar para sua mãe. Sério, você fica muito mais bonita revirando os olhos. Acho que você deveria praticar mais".

A essa altura, um sorriso terá se instalado no rosto de sua filha.

Revirar os olhos é parte do desenvolvimento do adolescente.

Se tudo correr bem, quando ela tiver uns 30 anos, isso vai passar.

SALVA-VIDAS

Não faça tempestade em copo d'água.

RIVALIDADE ENTRE IRMÃOS

Lá nos idos de 1985, entreguei um manuscrito a meu editor com este título: *Abel fez por merecer.*

— Kevin — disse o editor — você não pode usar um título assim.

— Por que não? — eu disse. — Tem um ótimo sabor familiar... E é verdade.

— Bem, não dá — disse o editor.

— Certo, *tudo bem* — eu disse do meu jeito, como um caçula mimado — então você escolhe o nome do livro.

Então eles se saíram com um título muito instigante: *O livro da ordem de nascimento.*[12]

Felicitações a todos vocês, primogênitos e filhos únicos, tão criativos...

Mas meu ponto permanece. A rivalidade entre irmãos está por aí desde que Eva deu à luz os irmãos Caim e Abel. Os dois eram diferentes como a noite e o dia, e não facilitavam para Eva a tarefa de manter a paz em casa. Eles foram rivais até o último e mais amargo momento, quando um matou o outro por ciúmes.

A rivalidade entre irmãos se baseia em competição. Isso cheira a "eu sou maior que você", "eu sou melhor que você" e "eu vou mostrar a você". E o ímpeto aumenta quando os pais estão assistindo.

Batalhas entre irmãos vão irromper. A questão não é *se*, mas *quando*. E quando isso acontece, o que um pai faz?

- Não se envolva na briga. Coloque a bola de volta na quadra dos irmãos briguentos.
- O mais rápido que puder, isole os contendores em outro quarto ou, em regiões de clima quente, fora da casa.
- Diga: "Eu quero que vocês resolvam o problema sozinhos. Estou cansado de ouvir isso".
- Diga: "Se vocês não resolverem isso, vou resolver de uma maneira que com certeza não vai agradar a nenhuma das partes".

Seus filhos vão envolvê-lo nas batalhas deles sem necessidade. A natureza do comportamento intencional deles é atraí-lo e transmitir o lado deles da questão diante de você, juiz papai ou juíza mamãe.

Não faça isso. Não vá por esse caminho.

> Seus filhos vão envolvê-lo nas batalhas deles sem necessidade.

Em vez disso, leve-os para um quarto no qual eles possam assumir a discussão sozinhos. Então, sente-se e assista aos resultados previsíveis. Eles cairão fora em um minuto, tentando de todas as maneiras envolvê-lo novamente na rixa.

Mande-os de volta para o quarto. Ignore os pés batendo, as vozes altas e os xingamentos. Conscientize-se de que muito disso é para tirar vantagem de você, para ver se Mamãe Ursa (especialmente) ou Papai Urso vão interferir.

Se os pais não fizerem isso, vai ser incrível ver como todo o ambiente se torna mais calmo.

É só assistir e comprovar.

SALVA-VIDAS

Não jogue o jogo do "juiz e júri".

ROUPAS

O gosto para roupas é individual, e muito provavelmente o que seu adolescente quer usar não é algo que você usaria. Então como estipular os limites?

Vamos dizer que sua filha de 13 anos, bem desenvolvida, vá passear no *shopping* com as amigas e leve para casa uma camiseta que não só vai ressaltar seus dotes óbvios, como irá torná-los mais que visíveis para estranhos a 15 metros de distância. É aí que você, pai ou mãe, saca o cartão amarelo do bolso. Diga com firmeza:

— Nós não vamos a lugar algum com essa roupa.

— Mas, mãe! — ela vai dizer, e a discussão se instala. (Lembre-se do que você já aprendeu: é preciso dois para discutir, e você já se tornou esperto demais para isso, não é?)

Você simplesmente diz:

— Querida, há certas coisas sobre as quais você tem domínio, outras não. Quando você estiver fora de casa, trabalhando para viver e pagando suas próprias contas, poderá usar qualquer coisa. Mas por enquanto essa camiseta volta para a loja, pois não é adequada.

Funcionou para mim

Você acabou de encerrar uma confusão enorme em nossa casa com sua dica de estabelecer um orçamento e dar o dinheiro na mão de nossos adolescentes. Nossa filha sempre quis o jeans mais moderno, a bolsa mais cara etc. Meu marido perdeu o emprego no ano passado e só conseguia encontrar serviços temporários para trazer algum dinheiro para casa. Trabalho numa creche e não ganho muito. Estava cansada de ouvir Charlene reclamar que suas roupas não eram legais o bastante. Então calculei quanto gastamos em roupas para ela durante o ano, e disse-lhe o orçamento e que daríamos o dinheiro todo mês para ela gastar como quisesse.

Ela torrou o dinheiro do primeiro mês em um item só. Quando não demos mais dinheiro para outros itens, como costumávamos, ela entendeu a questão. No mês seguinte, Charlene e uma amiga começaram a comprar ofertas e pesquisar. Agora as duas trocam mensagens sobre quanto "economizaram", e não quanto custa um item. Isso com certeza acabou com o sofrimento de comprar roupas para mim!

Andrea, Michigan

Agora seria um momento perfeito para o papai (ou outra figura masculina, se você é mãe solteira) ter uma conversa com sua filha sobre como os homens enxergam as mulheres. Muitas coisas que mulheres jovens acham que são modernas, os rapazes podem ver como provocativas. Não que eu queira parecer alguém com o pé na cova, mas recato — seja em roupas ou qualquer outra coisa — é uma grande qualidade que, de alguma maneira, escapa à população em geral hoje em dia.

Recato é a melhor política em qualquer geração.

Como, então, decidir quanto seu adolescente pode gastar em roupas? Eis aqui minha solução fácil. Toda família é diferente em relação ao orçamento disponível para roupas. O importante é estabelecer qual é esse orçamento que a família considera viável para as roupas de cada filho. Em seguida diga a seu adolescente a quantia que você tem em mãos e deixe-o tomar a decisão sobre o que quer comprar. Diga: "Temos um total de 600 reais para gastar em roupas para a escola este ano. O que você quiser gastar é por sua conta, mas uma vez gasto, já era".

Quando você colocar dinheiro nas mãos de sua adolescente, ficará surpreso, pois ela pode se tornar uma ótima compradora. A primeira vez que fizer isso, talvez ela gaste tudo em um só dia. Mas quando você se mantém firme e diz: "Não tem mais", ela vai aprender muito rapidamente que se comprar duas peças em liquidação, pode comprar mais itens. Nossos cinco adolescentes adoravam comprar em brechós; eles encontravam itens legais que adoravam, por uma fração do preço.

Quando você colocar dinheiro nas mãos de sua adolescente, ficará surpreso, pois ela pode se tornar uma ótima compradora.

Isso significa que você simplesmente entrega o dinheiro para seu adolescente e o deixa por conta própria? Não, você vai comprar com ele. Agora, eu sou um sujeito que detesta fazer compras, e nós homens provavelmente preferiríamos deixar essa parte para as mulheres. Isso quer dizer que a tarefa costuma ficar sob a responsabilidade. Vão com Deus!

SALVA-VIDAS

Recato — em tudo — é uma ótima qualidade.

SABICHÕES

Sabichões são extremamente chatos, não são?

Mais do que isso, provocam em você a grande tentação de se envolver em uma briga com eles. Você sabe que o que disseram não é verdade, que não é bem aquilo. E você, sendo pai ou mãe, tem a *necessidade* de esclarecer as coisas... Mas não faça isso.

A realidade é que os momentos mais didáticos para o sr. Sabichão ou a srta. Sabichona vão surgir de maneira muito natural. Vamos dizer que o trabalho de sua filha de 13 anos seja para segunda-feira de manhã. Você fica no pé dela o fim de semana todo para que o faça? Não. Vou dizer mais uma vez: de quem é a lição?

A noite de domingo corre solta. Ela está sentada com os irmãos na sala da família, assistindo a um filme. Você sabe que ela não fez nada. Você a faz lembrar? Não.

O mais prudente a ser feito é mandar um *e-mail* para a professora na manhã de segunda-feira:

> Até onde eu sei, Annabelle não chegou nem perto do trabalho que deveria entregar esta manhã. Acho que seria melhor se você conversasse com ela.

O pai esperto recruta a ajuda de uma terceira pessoa, alguém que não mora com vocês. Então é mais fácil que as consequências naturais atuem.

Vamos dizer que seu filho está saindo sem casaco. Você ouviu a previsão do tempo: chuva e granizo para esta tarde. Você diz a seu filho:

— Querido, o casaco...

— Ah, mãe — ele revira os olhos — não preciso. Não vai esfriar.

Que seja.

Depois da escola, quando estiver chovendo pedra, seu filho provavelmente desejará ter um casaco. Talvez, apenas talvez, congelar um pouco possa traduzir-se em ouvir o que a mãe tem a dizer, ou pelo menos ser mais aberto a isso.

Se seu filho tem problemas de saúde, porém, então a tática não se aplica, porque as consequências naturais de não usar um casaco podem ter efeitos horríveis sobre a saúde de um jovem com asma ou baixa imunidade. Assim, você saca seu ás paterno e diz: "Sei que você não quer usar o casaco, mas vai chover granizo esta tarde, e você vai ter de usar".

> Deixe as consequências naturais agirem por si mesmas.

Não se esqueça: guarde seus ases paternos para quando forem fundamentais. Deixe as consequências naturais agirem por si mesmas. Elas serão um professor melhor do que você nesse estágio da vida de seu filho.

SALVA-VIDAS

Sabichões não saberão de tudo por muito tempo.

SEXO

Certa vez fui convidado para um casamento no qual a primeira vez que o noivo e a noiva se beijaram foi no altar. Pessoalmente, não sou a favor disso. Se minha futura esposa tivesse halitose crônica, eu gostaria de saber bem antes de chegar ao altar.

Onde existem pessoas, sempre haverá opiniões diferentes, e haverá extremos. Em nosso mundo de hoje, ainda há casamentos arranjados. Mesmo assim, no mundo ocidental os jovens geralmente crescem rápido demais e correm para namorar quando não estão emocionalmente prontos para o relacionamento, ou suas consequências. Conheço pais que acham normal se seus adolescentes fazem sexo, desde que usem "proteção". Conheço outros pais que não deixam seus filhos namorar até que estejam na faculdade ou vivendo por conta própria.

Vamos direto ao ponto. A maneira de namorar mudou muito desde a época em que namorei minha então futura esposa, Sande, e nossa ideia de namoro era dividir um sorvete. Eu ainda me lembro de quando tivemos de fazer um exame de sangue antes de nos casarmos. Minha adorável esposa era tão ingênua que perguntou à pessoa que colhia o sangue:

— Por que exatamente nós temos de fazer isso, afinal?

— Oh — respondeu a enfermeira — porque temos de ver se você tem sífilis ou gonorreia.

Minha futura esposa bateu os olhos vinte vezes rapidamente, em choque, e então saiu com essa:

— Minha nossa, bem... Eu posso simplesmente dizer a você que não tenho isso.

Em janeiro de 2011, o Alan Guttmacher Institute divulgou:

> Apesar de apenas 13% dos adolescentes terem tido sexo vaginal aos 15 anos, a atividade sexual é comum aos 18 ou 19 anos. Em seu 19º aniversário, 7 em 10 adolescentes de ambos os sexos já tiveram relações sexuais. Na média, pessoas jovens têm sexo pela primeira vez por volta dos 17 anos, mas não se casam até terem cerca de 25 anos. Isso significa que jovens adultos estão em risco cada vez maior de gravidez indesejada e doenças sexualmente transmissíveis (DSTs) por aproximadamente uma década.[13]

O *site* NewsStrategist.com registra que a idade média de iniciação sexual é mais ou menos a mesma para homens e mulheres. Mas há algumas observações interessantes:

- Pessoas que moraram com o pai e a mãe com a idade de 14 anos esperavam mais para se envolver em sexo pela primeira vez do que os que viviam em outra situação familiar.

• Para a maioria das mulheres, a iniciação sexual acontece com homens ligeiramente mais velhos, enquanto a maioria dos homens têm relações com uma mulher de sua idade ou mais nova.

• Entre as adolescentes, quanto mais jovem a garota era em sua primeira relação, mais provavelmente seu parceiro era consideravelmente mais velho. Entre as garotas, 11% que tinham menos de 15 anos na primeira relação sexual, e 10% das que tinham menos de 15 anos, perderam sua virgindade com homens com 20 anos ou mais.[14]

Muito bem, pai ou mãe de garotas, eu duvido que você queira que sua filha de 14 anos se torne o receptáculo sexual de um rapaz excitado de 17 anos. Mas basicamente é isso o que vem acontecendo em nossa sociedade. E, é claro, todos os prazeres do sexo incluem doenças venéreas, como sífilis (que está retornando em grandes proporções), clamídia e herpes.

A própria linguagem atual desses adolescentes — "Oh, ele é tão gostoso" — estende os limites do sexo e do que é socialmente aceitável. E hoje não são só os garotos os agressores; as meninas podem ser tão agressivas quanto. Também não é tão incomum hoje em dia que os adolescentes pratiquem sexo oral e digam a si mesmos que não fizeram sexo; só se empolgaram um com o outro. Já ouvi relatos de jovens que fazem sexo oral em ônibus escolares!

> Eu duvido que você queira que sua filha de 14 anos se torne o receptáculo sexual de um rapaz excitado de 17 anos. Mas basicamente é isso o que vem acontecendo em nossa sociedade.

Claramente, pais, todos os parâmetros sobre sexo na sociedade foram removidos, e os filmes, música, TV e muitas outras imagens bombardeiam nossos filhos com entretenimento sensual, forçando-os a crescer rápido demais.

Os números estão gritando bem alto. Em que medida os adolescentes de hoje são sexualmente ativos? Talvez a fonte mais confiável sejam os Centros de Controle e Prevenção de Doenças mantido pelo governo dos Estados Unidos. Eles informam que, em 2001 (o último ano em que esses dados foram divulgados), mais de um terço dos homens e mulheres no ensino médio haviam tido relações sexuais.[15]

Nem sempre há concordância entre os números em diferentes estudos, mas o princípio é claro. Seu adolescente *vai* enfrentar pressão para fazer sexo... e será intensa. Como você vai prepará-lo para quando esse momento chegar?

Se você ainda não conversou com seu filho sobre sexo antes de ele chegar aos 9 anos, essa conversa provavelmente não vai acontecer agora. Ou, se acontecer, será tratada de uma maneira incômoda, constrangedora. Um ótimo material para fazer a cabeça dos pais sobre o assunto está em meu livro *A Chicken's Guide to Talking Turkey with Your Kids about Sex*. (Certo, sei que dizer isso pela terceira vez parece uma propaganda descarada, mas é um livro bom, básico, do qual pais e filhos podem tirar bom proveito.)

Pais, vocês não podem andar atrás de seu adolescente 24 horas por dia, especialmente nos Estados Unidos, em que eles têm acesso a carros aos 16 anos. (Repare a idade em que a atividade sexual começa: 17 anos. A idade da liberdade — mais dinheiro, acesso ao carro e a estacionamentos em locais isolados...) Nada vai evitar que seu adolescente estacione e faça a dança do acasalamento, a menos que algo permanente tenha sido impresso em sua mente e diga: "Isso é errado. Não é bom para mim".

Mas como conduzir seu filho até esse ponto? Especialmente em um mundo em que o sexo é esperado no primeiro ou segundo encontro — mesmo na população adulta? E quando adolescentes que estão saindo do ensino médio ainda virgens são a exceção?

Nada vai evitar que seu adolescente estacione e faça a dança do acasalamento, a menos que algo permanente tenha sido impresso em sua mente e diga: "Isso é errado. Não é bom para mim".

Exponha seu filho ou filha a boas informações sobre por que é melhor não fazer sexo com ninguém fora dos limites do casamento. Além dos altos riscos de doenças venéreas, seu adolescente corre grandes riscos de sofrer dor emocional por causa de alguém que pode apenas estar querendo adicionar outro nome para sua lista de conquistas. Amor só é amor se é comprometido, dentro dos limites do casamento, e entre duas pessoas pela vida toda. Então, e só então, o sexo é "seguro".

Não deixe de dizer a seu adolescente como sexo é bom, como é prazeroso. Você precisa dizer-lhe a verdade, mas também a realidade. Se não for assim, e ele ouvir de um amigo como foi bom "marcar um ponto" na sexta à noite, seu filho pode pensar: "Ei, meus pais estão mentindo". Mas se você contar a seu filho: "Uau, sexo é ótimo. Vale a pena esperar!", então está mostrando a seu adolescente que na verdade você não veio da Idade das Trevas e que entende as emoções e a urgência de fazer sexo. Mas tudo tem a ver com a hora certa, o lugar certo e o homem ou a mulher certos — num casamento para a vida toda.

Mais uma vez, tem tudo a ver com tornar-se parceiro de seu adolescente — ser *a favor* dele em vez de ser *contra*. Apresente os fatos diretamente, sem suposições nem constrangimento. Os pais precisam conversar com as filhas; as mães precisam falar com os filhos. Quem melhor do que uma pessoa do sexo oposto que ama você para lhe dizer sem rodeios o que o sexo oposto está olhando e pensando?

Sempre disse que o melhor órgão sexual que temos é nossa cabeça, e acredito realmente nisso. Quando você cresce em amor real, em um relacionamento comprometido, é pela mente que você se conecta.

Ensine seu adolescente a usar o cérebro que Deus deu a ele para que imaginasse terminar com integridade seu caminho pela vida, sem danos ou lesões causados por pessoas cuja missão é usar e abusar dos outros.

O sexo é sagrado, e deve ser tratado assim. Tratá-lo de qualquer outra maneira é realmente brincar com fogo.

Com frequência, quando estou em meus seminários com pais, eles me perguntam: "Até onde devemos permitir que nossos filhos cheguem em namoros?". Aqui vai uma resposta rápida que torna tudo fácil: mantenha-se vestido o tempo todo. O que é privado permanece privado e não deve ser visto por ninguém mais além de seu médico.

"Até onde devemos permitir que nossos filhos cheguem em namoros?" Aqui vai uma resposta rápida que torna tudo fácil: mantenha-se vestido o tempo todo.

Essa solução simples resolve muitos problemas.

Certifique-se de que seu adolescente acredite que vale a pena esperar pelo sexo. "Marcar pontos" fora do casamento só leva a culpa, traição e relações desfeitas,

Funcionou para mim

Cresci em uma casa em que simplesmente não se falava sobre sexo ou qualquer coisa "particular", e não me sinto confortável ao falar sobre isso. Então eu realmente era uma boa candidata a seu livro *A Chicken's Guide to Talking Turkey with Your Kids about Sex*. Quando meu filho fez 11 anos, uma amiga me emprestou e disse: "Você precisa ler isso". Ela estava certa. Como cresci com a visão de que sexo é algo privado, reuni toda a minha coragem para conversar com meu filho sobre sexo, o que as garotas querem (e não querem) e por que vale a pena esperar. Mas eu sabia que você estava certo — eu não podia passar o bastão para meu marido. Quem melhor que uma mulher para conversar com um menino sobre garotas?

Foram necessários dois dias para me recuperar da experiência, mas parece que meu filho absorveu isso tudo numa boa. Soube que a mensagem havia sido captada quando o ouvi conversar com o irmão de 9 anos. "É, a mamãe acabou de ter a tal conversa sobre sexo comigo. Mas ela disse um monte de coisas que também me deixaram surpreso. Tipo, como sexo é bom, e por que vale a pena esperar até você se casar." Isso evidentemente intrigou o irmão também, porque no dia seguinte Alec chegou para mim e disse: "Oi, mãe, eu estava pensando se poderia ser a hora de nós termos, sabe, aquela conversa sobre sexo...". Agora essa mãe não é mais covarde. Vamos para o segundo *round*!

Marlene, Idaho

além de torná-lo mais um na lista de conquistas de alguém, em vez de uma estrela aos olhos de seu futuro cônjuge.

SALVA-VIDAS

O que é privado permanece privado.

SOBRECARGAS DA VIDA

Nem tudo na vida precisa ser agendado, nem deve ser. Atividade constante não faz bem para ninguém. Então por que seu filho está correndo a toda velocidade em uma esteira rolante? É porque a filosofia de vida dele é: "Só tenho importância quando estou fazendo alguma coisa"?

Todo jovem precisa de tempo livre, inclusive o seu. Mesmo que alguns deles pareçam estar à altura de todo o estresse de suas atividades, essa ocupação toda não será boa para eles em longo prazo. Assim, pense um pouco na próxima vez que o treinador de futebol de seu filho o abordar e disser: "Ei, seu filho é muito bom. Quero que ele esteja no time de futebol da cidade — o grupo de estrelas que viaja. Será todo fim de semana por vários meses, viajando para jogar futebol contra outros times".

A maioria dos pais diria: "Puxa, que oportunidade maravilhosa! Isso é melhor que vender drogas na esquina, não é?".

Bem, deixe-me refletir a respeito por um instante. Sim, acho que é melhor que vender drogas na esquina, mas ficar viajando significa que seu filho vai perder a noite familiar de pizza, não vai orar com você e não terá descanso entre sexta e segunda. Será uma correria, sem tempo livre.

Você pode ter a melhor pilha de longa duração do mundo, mas se deixar a luz acesa, uma hora a pilha acaba.

Funcionou para mim

Você me pegou. Depois de ouvi-lo falar semana passada, fui para casa e passei a tesoura na minha agenda (bem, não literalmente, mas você entende o que quero dizer). No dia seguinte mostrei a minhas duas filhas adolescentes o que tinha feito e disse que queria ver o que elas podiam cortar de suas agendas também. Fiquei surpresa com a reação. Pareceram aliviadas. Uma ficou feliz em abrir mão das reuniões de oratória das quais participava há anos. Na verdade, ela disse que estava meio cansada disso. Minha outra filha cortou duas atividades. Decidimos que faríamos a mudança no fim do semestre, dali a duas semanas. Não só vamos poupar nosso dinheiro, mas também pouparemos muito estresse. Obrigada pelo empurrão de que eu precisava para me tornar proativa, em vez de me recostar e só deixar a vida acontecer enquanto eu me sobrecarregava.

Annemarie, Ohio

Hans Selye, um dos primeiros psicólogos a escrever sobre como o corpo reage ao estresse, afirmou que cada um de nós tem uma *energia adaptativa*. Trata-se daquela reserva — aquela bateria extra — que acende e faz que cheguemos ao fim do dia seguinte, da semana seguinte, do mês seguinte, quando nossa bateria original arriou. Porém, todos já lemos histórias sobre apresentadores, artistas e atores que desmaiaram no palco. Por que eles foram hospitalizados? Exaustão. Exaustão é o último estágio sobre o qual Selye escreveu — basicamente você só pode queimar a vela até o ponto de exaustão, seja físico, mental ou emocional. Adolescentes nunca devem chegar nem perto desse extremo. Eles precisam levar uma vida de adolescente e passar tempo fazendo coisas que querem fazer, sem avaliações constantes ou notas de desempenho no final.

> Você pode ter a melhor pilha de longa duração do mundo, mas se deixar a luz acesa, uma hora a pilha acaba.

E, aliás, pai, dê uma olhada em sua própria agenda. Você está correndo a toda velocidade? Se for assim, é hora de mudar. Todos nós temos as mesmas 24 horas por dia. A questão é: como você escolhe passar o tempo? Quando as pessoas dizem: "Não posso mudar isso", o que estão querendo dizer na verdade é: "Não estou disposto a mudar isso". Pais que enchem o tempo de seus filhos com atividades costumam sentir um estímulo psicológico ao saber que seus filhos são bem-sucedidos em tantas áreas da vida. Isso lhes dá algo para contar aos amigos. Indiretamente, muitos pais revivem sua própria vida por meio da vida dos filhos, colocando sobre eles seus próprios desejos e vontades não realizados. Mas isso é saudável para o pai ou o filho? Não.

Todos precisam respirar, sem algo ou alguém pendurado no pescoço.

SALVA-VIDAS

É hora de relaxar.

SOLITÁRIOS

Ao ouvirmos o termo *solitário*, costumamos associá-lo a uma conotação negativa, referindo-se a pessoas socialmente isoladas. Muitas vezes as pessoas que cometem crimes hediondos são descritas como solitárias. No entanto, muitas pessoas bem ajustadas também poderiam ser rotuladas assim. Elas tendem a ser primogênitas ou filhas únicas. Os livros são alguns de seus melhores amigos. Não veem problema em se divertir sozinhas, tendem a ser introspectivas e costumam se sentir desconfortáveis socialmente. Afinal, foram os primeiros ou únicos filhos na casa, relacionando-se na maior parte do tempo com adultos, e não com outras crianças.

> Muitas pessoas bem ajustadas também poderiam ser rotuladas de solitárias.

Nem sei dizer quantas vezes em minha prática como psicólogo os pais me trouxeram seus filhos e os descreveram como solitários. Eles se preocupavam com o fato de os filhos nunca convidarem outras crianças para ir a sua casa, e não se relacionarem com colegas. Ao contrário, preferiam ler livros de fantasia e ficção científica e passavam muito tempo escrevendo suas próprias músicas.

Existem três tipos de pessoas: pessoas que adoram pessoas, pessoas que adoram informação e pessoas que adoram coisas. Um traço comum em solitários é que eles tendem a ser pessoas que adoram informação e coisas. Não são pessoas muito sociáveis. Na verdade, estar em grandes grupos tende a desgastá-los.

Assim, quando os pais me trazem uma criança que eles descrevem como solitária, eu pergunto:

— Bem, e quanto aos outros filhos da família?

— Oh — dizem os pais — ela é filha única.

— Caso resolvido — eu digo. — Vão para casa e não pequem mais.

Só para constar, filhos únicos, embora possam apresentar características de solitários, de fato se dão bem na vida. Veja, por exemplo, pessoas como Anthony Hopkins, Robert DeNiro, Brooke Shields, Elvis Presley, Barack Obama (por favor, poupem-me dos *e-mails* sobre o fato de Barack Obama ter uma irmã — é uma meia-irmã, com nove anos de diferença; sendo assim, ele é um filho único funcional) e os executivos Carl Icahn e Thomas Boone Pickens, bem como os jogadores de futebol americano do Hall da Fama Joe Montana e Roger Staubach. Nem todo mundo é sociável ou gosta de amizades. Se seu adolescente não é, você deveria estar pulando de alegria agora. Se sua filha apresenta características de solitária, ela não se deixará levar pelo comportamento destrutivo ao qual muitos adolescentes aderem a fim de ser aceitos por seu grupo de colegas.

Então, mais uma vez, se seu solitário parece deprimido, não usa outra coisa além de preto, não está indo bem na escola, não se comunica com ninguém (nem com você) ou não faz quase nada, você tem um problema. É hora de fazer uma visitinha ao terapeuta mais próximo.

Dê uma olhada ao redor para os solitários adultos que você conhece. Eles são pessoas caladas — pessoas de poucas palavras. Mas geralmente são brilhantes. Por que não deixar seu filho conhecer alguns deles? Você pode chamá-los para jantar em sua casa algum dia desses.

O importante é notar que todos nós somos diferentes e respeitar essas diferenças, em vez de tentar espremer seu filho em um molde do adolescente que você acha que ele deveria ser.

SALVA-VIDAS

Cada um de nós caminha segundo a batida de um tambor diferente.

SONO CONSTANTE

Sem dúvida, os anos do grupo hormonal são cansativos. A comunidade médica poderia lhe dizer que os adolescentes que estão passando por surtos de crescimento precisam dormir mais; seus corpos exigem isso. Além disso, a vida do adolescente pode ser muito emotiva, e dormir também ajuda a mente a se reorganizar e acordar revigorada.

Para complicar essas questões da vida real, porém, muitos adolescentes tendem a assumir qualidades de guaxinim — ou seja, ficam acordados no meio da noite, especialmente no verão, quando não precisam ir à escola no dia seguinte.

Na semana passada, Lauren ficou em casa e não foi à escola porque estava resfriada e não se sentia bem. Às 14h30, eu finalmente a ouvi se mexendo em seu quarto, então bati na porta e abri, e ali estava ela, ainda na cama, apoiada em seus cotovelos e olhando alguma coisa na tela de seu computador.

> Os anos do grupo hormonal são cansativos.

"Lauren", eu disse, "quer que eu pegue o café da manhã para você? Você gostaria de um café na cama? E, a propósito, o banco ligou e disse que você está algumas horas atrasada...".

Essa foi minha maneira de dizer com gentileza e bom humor a minha filha: "Caramba. Já passou das duas da tarde e você ainda está na cama?".

Note que eu não entrei lá e disse: "Como é que você não foi à escola hoje se está se sentindo bem o suficiente para ficar na cama e mexer no computador?".

O bom humor é a maneira como os Leman levam a vida. Você pode não ser tão bom com o humor. Mas minha opinião é que você tem de encontrar um jeito de comunicar a seu adolescente que você o ama e se importa com ele, sem parecer um idiota cheio de julgamentos. Se seu filho não se sente amado, ele pode lhe fazer elogios falsos (considerando que haverá consequências se não o fizer), mas as palavras e o coração dele não estarão em sintonia.

Portanto, ao perceber que seu adolescente está dormindo demais, pergunte-se: "Será que ele está crescendo? Suas calças estão ficando mais curtas? Sua voz está se tornando mais grossa?".

Em caso afirmativo, deixe o jovem dormir quando precisar. Simplifique as atividades para que ele possa ter um pouco mais de descanso.

Mas então há aqueles jovens para quem dormir constantemente é resultado de preguiça, uma forma de escapar da vida que pode ser opressora, ou o começo de sinais de depressão. Se você está preocupado, pergunte-se: "Ele ainda está fazendo o que precisa na casa, isto é, contribuindo para o dia a dia da família? Ele está agindo de maneira desanimada ou deprimida, como se a vida fosse demais para lidar?".

Esse é o momento em que a mãe ou o pai precisam interferir para tratar da situação. Leve-o a seu médico para um *check-up* a fim de ver se alguma outra coisa está acontecendo. Do contrário, deixe-o dormir, e interaja com ele quando ele estiver totalmente alerta.

Mais uma vez, navegar pelos anos do grupo hormonal tem tudo a ver com ser parceiro de seu filho ou filha e conquistar-lhe o coração.

SALVA-VIDAS

Dormir faz bem para o corpo — a menos que o corpo esteja morto.

SUICÍDIO

O suicídio se tornou muito mais comum em crianças e adolescentes do que costumava ser. Hoje é a quarta causa principal de morte entre crianças de 10 e 14 anos e a terceira entre adolescentes de 15 a 19 anos. Para crianças nos Estados Unidos com menos de 15 anos:

> Cerca de 1 a 2 de cada 100 mil crianças vão cometer suicídio. Para a faixa etária de 15 a 19 anos, cerca de onze em cada 100 mil vão cometer suicídio.
>
> Em um ano, de 2% a 6% das crianças tentarão se matar. [...] De 15% a 50% das crianças que estão tentando se suicidar tentaram anteriormente. Isso significa que para cada trezentas tentativas de suicídio, uma se completa.
>
> Se uma criança apresenta um distúrbio depressivo profundo, ela tem sete vezes mais probabilidade de tentar o suicídio. Quase 22% das crianças depressivas tentarão o suicídio. Em outras palavras, crianças e adolescentes que tentam o suicídio têm oito vezes mais probabilidade de ter um distúrbio de humor, três vezes mais probabilidade de ter um distúrbio de ansiedade e seis vezes mais probabilidade de apresentar um problema de toxicomania. Um histórico familiar de comportamento suicida e armas disponíveis também aumentam o risco.[16]

A tentativa de suicídio, ou o aviso de que o adolescente pensa em cometer suicídio, é um pedido de ajuda. É um recurso para chamar a atenção, um clamor que diz: "As coisas não vão bem, não consigo lidar comigo mesmo". De modo geral, os adolescentes que tentam o suicídio tiveram uma perda ou crise recente, foram vítimas de *bullying*, ou tiveram um membro da família ou colega que cometeram suicídio. Alguns adolescentes que tentam cometer suicídio fazem a tentativa de maneira um tanto pública, para que os outros possam descobrir. Eles realmente desejam morrer? Geralmente, não. Mas eles estão procurando ajuda da única maneira que sabem. Por suas ações, estão gritando: "Por favor, preste atenção em mim. Ajude-me!".

> A maioria dos adolescentes entrevistados após tentar o suicídio diz que fez isso porque estava tentando escapar de uma situação que parecia impossível de lidar ou para sentir alívio de pensamentos ou sentimentos ruins...
>
> Algumas pessoas que acabam com suas vidas ou tentam suicídio poderiam estar tentando fugir de sentimentos de rejeição, dor ou perda. Outras poderiam estar irritadas, envergonhadas ou se sentindo culpadas em relação a alguma coisa. Algumas pessoas podem ficar preocupadas sobre desapontar amigos ou membros da família. E algumas podem se sentir indesejadas, não amadas ou um fardo para os outros.[17]

Em minha experiência profissional, os adolescentes que realmente querem se matar — cujo objetivo é acabar com tudo — *vão* se matar. Eles não necessariamente darão um aviso público, mas conduzirão seus planos em um local tranquilo, privativo, sem ninguém olhando e sem a esperança de que alguém interfira. Infelizmente, esses adolescentes que de fato se suicidam costumam ser primogênitos e filhos únicos — os perfeccionistas da vida.

Falo muito sobre os perigos do perfeccionismo, porque é um suicídio lento. Se você tem um adolescente perfeccionista, há um abismo imenso entre seu *eu ideal* e seu *eu real*, o que causa dissonância em sua vida. Ele nunca pode fazer o suficiente ou ser suficiente para atender às expectativas de seu *eu ideal*. Se a dissonância cresce demais, talvez o adolescente sinta que o abismo nunca será vencido, e a depressão pode se instalar.

Existem diversas razões para tentativas de suicídio, tanto para as que falham quanto para as que têm êxito. O que você, como pai, pode fazer para proteger seu filho? Esteja ciente das mudanças em seu adolescente — não, não as mudanças tradicionais, movidas pelos hormônios, de minuto a minuto, mas os sinais crescentes de depressão, enfermidade mental e afastamento de amigos, família e atividades que ele costumava adorar. Se você suspeita que seu adolescente possa estar pensando em suicídio, não o deixe sozinho em nenhum momento. Tome medidas imediatas e recorra à ajuda profissional de seu médico, que pode indicar um psicólogo.

Mas o melhor antídoto para tudo isso é seu envolvimento paterno e a comunicação com seu filho. Jovens que tentam cometer suicídio sentem que não estão sendo ouvidos, que ninguém se importa e que estão desconectados de suas famílias e amigos. Não importa quão difícil seja ouvir o que seu adolescente tem a dizer, mantenha as linhas de comunicação abertas. Fique calmo. Ouça mais do que fale. Sua capacidade aguçada de observação pode realmente ser a diferença entre vida e morte para seu filho ou filha.

SALVA-VIDAS

Seja observador — sempre.

TAREFAS DOMÉSTICAS

Tenho uma solução perfeita para qualquer confusão no que diz respeito a tarefas domésticas: alivie a carga conforme seu filho envelhece.

"Dr. Leman, o que você disse? Será que eu li isso mesmo?", você está se perguntando.

Sim, com certeza.

Uma vez que seu filho esteja na adolescência e comece a fazer atividades fora de casa que exigem mais de seu tempo, transfira para os mais novos algumas das tarefas que ele fazia rotineiramente na casa. Essa é uma ótima maneira de igualar as apostas para seu adolescente — considerando que na maioria das vezes em que algo precisa ser feito em casa os pais chamam o mais velho.

Em uma família, porém, nenhum membro é mais importante que o outro. Todos trabalham para cumprir as tarefas que precisam ser feitas. No mundo agitado de hoje, muitas mães e pais trabalham fora. Outros são pais solteiros que não têm o luxo de ter um companheiro para preparar o terreno da paternidade ou maternidade, o que torna ainda mais difícil e obrigatório que os filhos retribuam à família. Não conheço uma mãe que trabalha fora que não volte para casa pensando: "Certo, então o que vamos comer no jantar? Há alguma reunião para ir esta noite? As crianças têm alguma atividade?". Conforme dirige no trânsito, ela repassa uma lista mental imensa.

Todo mundo deveria carregar seu fardo.

Tudo que estou dizendo é que todo mundo deveria carregar seu fardo. Não é sempre responsabilidade da mãe e do pai preparar o jantar, lavar as roupas ou arrumar a casa, especialmente se eles estão trabalhando fora. Crianças que têm 8, 9, 10 e 11 anos certamente podem ajudar a preparar o jantar, garantir que o cachorro esteja lá fora, alimentado; podem ainda trazer a correspondência e arrumar a sala.

Esta manhã, enquanto eu escrevia minha adorável esposa dormia. Fui até a cozinha e vi os pratos na pia. Sou como uma foca treinada. Guardei os pratos limpos e coloquei os sujos na máquina de lavar pratos para que minha esposa cansada pudesse continuar dormindo. Não esperei que ela acordasse para fazer isso.

Todos na família trabalham; ninguém escapa.

É por isso que não é inteligente pagar seus filhos para fazer as tarefas domésticas. Afinal, você, mãe, recebe alguma coisa para preparar o jantar? E você, pai, recebe para lavar a roupa, dobrá-la e guardá-la? Em vez disso, cada familiar deve receber uma mesada porque faz parte da família.

Mas o que acontece se seu adolescente não faz as tarefas que lhe são atribuídas? Ah, é aí que a coisa fica interessante. Se ele não realiza suas tarefas, então alguma coisinha vai faltar em sua mesada — e essa coisinha é paga para você ou para a irmã por concluir as tarefas dele. Não vai demorar muito para seu filho sacar a questão e levantar-se do sofá.

Quando apresento seminários em todo o país, sempre peço que quem cresceu em fazendas levante a mão. "Certo", eu digo, "vocês que cresceram em fazendas podem sair do meu seminário, porque não vão aprender muito".

Isso porque, na vida rural, todos trabalham; todos retribuem à família. E essa é uma coisa saudável porque torna a família mais forte.

SALVA-VIDAS

Todos na família contribuem.

TEIMOSIA

Se seu adolescente é teimoso, qual é a natureza intencional desse comportamento? Muitos jovens são bons em teimosia quando os pais os forçam a fazer coisas. Mas por que um jovem gostaria de ser teimoso em vez de ceder e facilitar as coisas para si mesmo? Porque a natureza intencional da teimosia garante que ele receberá atenção de seus pais, mesmo se for uma atenção negativa. E todos os filhos são loucos por atenção, de um jeito ou de outro.

Um jovem que é teimoso está, com seu comportamento, dizendo em alto e bom som: "Não serei quem você quer que eu seja. De jeito nenhum".

> Todos os filhos são loucos por atenção, de um jeito ou de outro.

Para todo adolescente que é teimoso, posso garantir que sob o mesmo teto há outra pessoa teimosa. Essa pessoa poderia ser você? Por trás de uma criança poderosa e teimosa, sempre há um pai ou uma mãe poderoso e teimoso. A criança aprendeu o comportamento de alguém, e continua a usá-lo porque dá resultados.

Se você tem um filho teimoso e poderoso, não vai conseguir nada sendo teimoso e poderoso de volta. Você nunca vai vencer, porque tem muito a perder e ele não. Portanto, não se meta em um beco sem saída. No calor da batalha, saem da boca muitas coisas que nunca deveriam ver a luz do dia. Em vez disso, permaneça calmo. Não pense em vingança. Pense: "Humm, uma oportunidade".

Vamos dizer que seu filho se recuse a limpar a garagem uma vez por mês, e que essa seja uma das maneiras como ele deveria ajudar na casa. Não diga nada. Em vez disso, faça a irmã realizar o serviço e pague-a com o dinheiro da mesada dele.

Para a filha que se recusa a deixar alguém saber que ela não irá a um evento, deixe-a atender o telefonema do preocupado supervisor do evento. Na verdade, trabalhe um pouco por trás dos panos ligando antes para o supervisor, fazendo-o saber que ela se recusa a ligar, mas não estará presente, e peça para o supervisor ligar diretamente para sua filha a fim de que ela se explique. Faça o mesmo com seu filho, que deveria dirigir direto da escola para o consultório do dentista e decidiu sair com a namorada em vez disso. Ao receber uma ligação do dentista, diga à recepcionista: "Você poderia ligar daqui a mais ou menos uma hora, quando meu filho estiver em casa, explicar quem você é e dizer exatamente quanto você não gostou de ele ter faltado à consulta?". Como momento didático adicional, deduza da mesada dele a taxa que o dentista cobra pelo não comparecimento à consulta.

Invoque a ajuda de um terceiro por trás dos panos, e então deixe a realidade falar por si.

Funciona... sempre.

SALVA-VIDAS

Não se meta em um beco sem saída.

TELEFONE CELULAR

Estava no carro com minha filha Lauren, de 17 anos, e ela estava enviando mensagens de texto como um pica-pau hiperativo.

— Para quem você está mandando mensagens? — perguntei.

— Pro Zach — ela disse (o namorado dela).

— Por que você simplesmente não pega o telefone e conversa com ele?

Ganhei uma revirada de olhos fofa.

— Pai, eu não tenho crédito para uma conversa inteira.

Amigo, este é o mundo em que vivemos, quer você — pessoa não tecnológica — goste ou não. Enquanto eu trabalhava neste livro, perguntei a Lauren, então com 18 anos, qual deveria ser a idade mínima para crianças ganharem um telefone celular. Não fiquei surpreso ao ouvir a resposta dela: "Treze".

Já afirmei que quando um adolescente dirige um carro (com cerca de 16 anos), ele precisa de um telefone celular. Os jovens de hoje são móveis; às vezes estão em grupos com a supervisão de adultos e às vezes em grupos sem eles, nos quais podem acontecer surpresas. Gosto de saber que posso entrar em contato com minha filha quando quiser, e ela comigo.

O telefone celular não é o monstro que alguns pintam. Pode ser um amigo, uma ajuda, um salva-vidas.

Mas há um ponto mais importante aqui: ter um telefone celular é um privilégio. Há um custo envolvido. Existem duas escolas de pensamento sobre isso (e, mais uma vez, todo argumento pode ser considerado falho). Alguns pais insistem que seus adolescentes paguem uma parte de tudo que usufruem. Francamente, a menos que seu adolescente tenha um fundo de ações que está indo melhor que o meu, mais uma riqueza ilimitada escondida, esse cenário é frustrante e improvável. Uma ideia melhor é dizer a seu adolescente: "Como membro desta família, você tem certos benefícios inerentes. Nós brincamos juntos, oramos juntos e trabalhamos juntos. Quando você perde, todos perdem; quando você ganha, todos ganham. Nós apoiamos e encorajamos uns aos outros. E porque você é parte de nossa família, há certos benefícios. Um deles é ter um telefone celular em nosso plano familiar". Veja bem, seu relacionamento tem tudo a ver com respeito. O que aprendi é que, com um adolescente em casa, é melhor garantir que você tenha um plano de telefonia celular com mensagens de texto ilimitadas (escolhemos um plano familiar, o que nos faz economizar), porque se não tiver, você não vai acreditar nas contas que vai receber... ou nos zeros à direita.

> O telefone celular não é o monstro que alguns pintam. Pode ser um amigo, uma ajuda, um salva-vidas.

Agora eu tenho um *smartphone*, e adoro esse brinquedinho. Entro no Facebook com ele; leio o jornal nele. Há tantas coisas que posso fazer naquele telefone.

Gostaria de lhe dizer que os telefones celulares vão ficar cada vez maiores e melhores, mas com toda probabilidade ficarão menores e melhores. Sendo assim, um fato é certo: eles vieram para ficar.

E a influência deles está se espalhando para crianças cada vez menores ano após ano. O jornal *USA Today* publicou um artigo intitulado "Pais se preocupam com os dedinhos de seus filhos de menos de 4 anos ávidos por iPhones", que fala sobre Charlotte Stapleton, de 3 anos, que começou a dominar o iPhone da mãe há dois anos.

> "Ela sempre se sentiu atraída por ele", diz Ainsley Stapleton, contadora de 33 anos. [...] [Ela] diz que a filha constantemente implora por seu companheiro de brincadeiras *high-tech*, mas a mãe impõe limites. [...]
>
> Podem chamá-los de iBebês. Os prodígios do século 21. Crianças de 1, 2 ou 3 anos que sabem o caminho até um iPhone ou iPad melhor do que você.[18]

Existe preocupação por parte de especialistas em psicologia infantil e pais de que apresentar as crianças a essa tecnologia muito cedo leva a comportamentos antissociais e à incapacidade de fazer amigos. "Será que esses bebês minúsculos de hoje estão acompanhando seus antepassados *baby boomers* — ligando, desligando e desistindo?", diz Craig Wilson, o repórter do artigo do *USA Today*. "Entre as crianças de 6 a 9 anos, 5% possuem seus próprios [telefones celulares]", ele informa, "e a quantidade cresce a cada mês. É simplesmente parte da infância agora. Para o bem ou para o mal".[19]

Com a tecnologia que veio para ficar, nós, pais, precisamos ser espertos — sobre nosso próprio uso da tecnologia de telefonia celular e sobre o uso que nossos adolescentes fazem dela. A palavra-chave é *equilíbrio* — em todas as coisas.

SALVA-VIDAS

Privilégios são simplesmente isso: privilégios.

XINGAMENTOS

Quando adolescentes xingam, eles normalmente o fazem em relação a seus irmãos. Para mim, isso lembra duas lontras brincando lado a lado no rio. Elas dão palmadas umas nas outras, fogem e se aproximam novamente, e então, quando a pancadaria fica intensa demais, uma ou ambas fazem uma pequena pausa para um mergulho.

Qual a natureza intencional do xingamento? Eles fazem isso porque realmente não gostam do irmão? Pode ser. Mas tudo indica que é mais provável que não gostem de passar o tempo todo ao lado dos irmãos. Ficar perto de alguém 24 horas por dia pode ser cansativo.

Mas o cerne da questão é a competição. Xingar é um esporte competitivo. Seus filhos estão sempre indo para lá e para cá um com o outro a fim de tentar envolver um ao outro na competição. Isso significa que a briga e os xingamentos são na verdade um ato de cooperação.

Os pais inteligentes retiram de cena os irmãos que estão se xingando e os levam até um quarto só para os dois ou, melhor ainda, lá para fora, se você vive em um clima ameno. Por que lá fora é melhor? Porque isso mostra radicalmente a seus filhos que xingar não é permitido em sua casa. Se eles querem xingar um ao outro, podem fazê-lo fora de casa, onde você não ouve. (O que, é claro, acaba com a graça.)

Assim, depois de conduzi-los para fora pela porta de trás, diga: "Estou desapontado que vocês, com 15 e 16 anos, ajam como criancinhas que correm uma atrás da outra. Está cansando. É hora de vocês dois crescerem. Vocês precisam resolver isso. Se continuarem a se xingar e a brigar por causa do Xbox, vou interferir e cuidar disso. Mas vocês não vão gostar da minha solução".

Então feche a porta com firmeza. Levar a batalha para fora de seu campo auditivo pode reduzir a temperatura em sua casa. Você não fica nervoso porque não tem de ouvir. Seus filhos terão menos probabilidade de se xingar porque acham que serão colocados para fora por isso.

Deixe a paz reinar.

SALVA-VIDAS

Brigar é um ato de cooperação.

Epílogo

Eu adoro futebol americano universitário. Tanto que, quando estou em minha cidade, vou ao treino do time da Universidade do Arizona duas ou três vezes por semana. Ir ao treino significa ver os jogadores praticarem passes e corridas. Certamente não é a coisa mais empolgante do mundo, de modo que é preciso ser um fanático daqueles para gostar do treino. Mas esse sou eu — fanático por futebol americano. E hoje eu literalmente arrastei minha querida esposa até o treino comigo (bem, ela concordou depois de alguma relutância).

Há algo que você precisa entender sobre Sande. Ela é uma mulher que gostaria muito mais de assistir ao canal de culinária ou sentar-se em sua poltrona favorita para folhear revistas de receitas. Na verdade, a casa dos Leman ostenta, por baixo, mais de 4 mil páginas de receitas recortadas de revistas.

Mas Sande concordou em ir comigo dessa vez. No caminho de casa, devido ao trânsito complicado das cinco da tarde, tive de fazer alguns desvios por ruas laterais para chegar a uma via mais larga. Em nosso caminho tortuoso, acabamos passando pela casinha em que vivi com meus pais assim que me mudei para o Arizona, quando tinha 19 anos.

De repente, fui invadido por uma lembrança de minha mãe, que agora está no céu. Minha mãe, estou convencido, era uma santa. A maneira como ela lidou comigo, um filho que aparentemente jamais sairia do ensino médio (ela foi mais do que eu à escola — para conversar com o diretor e com os professores sobre mim) — foi bastante surpreendente. Ela sempre me amou, acreditou em mim (apesar de tudo o que fiz), comunicou-se comigo e manteve boas expectativas a meu respeito. Mesmo quando estava no ensino médio e enlouquecia as professoras, eu conseguia conversar com minha mãe. Tivemos um ótimo relacionamento.

Minha mãe também conseguiu se manter calma em meus anos críticos. E essa faceta estável de seu caráter foi especialmente importante para um filho como eu, sempre cheio de grandes ideias (nem todas muito inteligentes).

Agora, depois dessa contextualização, voltemos à minha lembrança do dia em que eu estava passando diante da velha casa...

Quando eu tinha 19 anos, anunciei no jantar certa noite:

— Mãe, fiquei noivo!

Minha mãe, que Deus a tenha, não desmaiou. Ela simplesmente disse:

— Bem, isso é bom. Você quer mais ervilhas, querido?

Eu era um traste — um jovem de 19 anos, sem objetivo nenhum e com um cigarro no canto da boca — que na época trabalhava como zelador, ganhando menos de 49 dólares por semana. Eu não tinha nenhum plano real de vida; estava vivendo despreocupadamente depois do ensino médio. Namorava a garota havia pouco tempo, tinha comprado um anel de 200 dólares na loja de departamentos Montgomery Ward, e tinha conseguido de alguma forma deixar um depósito de 20 dólares. Eu fiquei noivo... por uma ou duas semanas.

> Quando eu tinha 19 anos, anunciei no jantar certa noite: "Mãe, fiquei noivo!".

A maneira como minha mãe lidou com essa pequena crise fez toda a diferença no caminho que minha vida tomou. Mamãe poderia ter acabado comigo em poucas palavras. (Tenho certeza de que você poderia pensar em algumas delas se seu filho dissesse o que eu disse.) Mas qual teria sido o resultado? Eu poderia ter me casado com a garota só para provar que podia fazê-lo.

Em vez disso, minha mãe sabia que eu só precisava de tempo para entender a vida e a decisão por conta própria. Ela continuou a acreditar em mim — que eu faria a coisa certa, no momento certo.

Agora, quando olho para trás, percebo que teria sido terrível — para a garota e para mim — se tivéssemos nos casado. A boa notícia é que consegui os 20 paus de volta!

4 coisas para nunca esquecer

- Seu interesse pelos problemas de seu adolescente.
- O que você não diz é tão importante quanto o que você diz.
- Você tem muito mais valor do que imagina no mundo de seu adolescente.
- O que você coloca na mala de seu adolescente o define pela vida toda.

Pais, a maneira como vocês reagem durante esses anos críticos faz toda a diferença. Vocês precisam pensar, conversar e se comunicar de um modo diferente. Se fizerem isso, e se concentrarem no coração de seu adolescente em vez de considerarem a aparência e as ações dele, vocês o conquistarão por toda a vida.

Eu é que sei. Tenho cinco filhos, e cada um deles é único e especial. Assim como nosso relacionamento.

Nunca me esquecerei, porém, do dia em que minha querida esposa, Sande, me disse que o gato havia subido no telhado... pela quinta vez. Com toda a honestidade, *satisfação* não foi a primeira emoção que surgiu em meu coração. Foi algo mais para: "Como assim?" (E sim, eu tenho consciência que tive algo a ver com a questão, mas naquele momento o choque invadiu o meu corpo de 50 anos.) Três de nossos filhos, Holly, Krissy e Kevin II, estavam atravessando ou já haviam atravessado com sucesso seus anos de adolescência. Nossa quarta filha, Hannah, tinha 5 anos. E agora teríamos outro filho, bem na hora em que eu estava começando a considerar meu pedido de aposentadoria. Eu não conseguia me ver em um corredor, passando entre os assentos da formatura de colégio desse bebê, com as pessoas perguntando: "Oh, é sua neta que está se formando este ano?". Esse bebê e a *minha* formatura de colégio teriam 50 anos de diferença.

Nunca me esquecerei do dia em que minha querida Sande me disse que o gato havia subido no telhado... pela quinta vez.

Mas agora esse bebê, Lauren, está no ensino médio e é um verdadeiro presente. Não consigo imaginar o mundo sem ela. Ou nossa família sem ela. Há alguns meses, ela participou da peça *Brigadoon*. Quando ela me perguntou: "Papai, em que noite você vai assistir à peça?", eu respondi: "Em todas!" (cinco apresentações). Então completei: "Lauren, tenho tanto orgulho de você".

A resposta dela? Ela simplesmente sorriu e disse: "Sei que você tem, pai".

Sua resposta confiante me faz sorrir de orelha a orelha, pois isso me diz que fiz tudo certo ao criar meus filhos. Sei mais ainda quando ouço "Pai, eu te amo" toda vez que vejo ou converso com um de meus cinco filhos. Sei mais uma vez quando meus cinco filhos fazem de tudo para passar um tempo uns com os outros; mantêm os eventos de família como prioridade; voltam ao território da família em busca de diversão, relaxamento e conversas estimulantes; e realmente *gostam* um do outro (para vocês que estão na luta nesse momento, apenas notem que a rivalidade entre irmãos nem sempre será a experiência torturante que pode ser agora).

Mas com Lauren, ouvir "Eu amo você" me deixa embargado toda vez. Com toda probabilidade, só de fazer as contas, sei que posso não estar por perto quando ela tiver 38 anos, idade que minha filha mais velha, Holly, tem agora. Afinal, eu já tenho 68, e Lauren apenas 18.

Porém, não tenho dúvidas de que Sande e eu arrumamos bem as malas dela, com tudo de que ela precisa para ser bem-sucedida na vida — e sei que Lauren realmente se sairá bem.

Muito disso tem a ver com o fato de que nós respeitamos cada um de nossos filhos, fomos parceiros deles, e permitimos que fossem quem são, com seus talentos particulares e únicos. Não esperamos que eles fossem "normais" ou que se igualassem a (ou competissem com) qualquer outra pessoa. Simplesmente gostamos deles por quem eles eram — e são hoje.

Pai ou mãe, o que você faz neste momento conta. *Você* conta. Cada minuto que você passa com seu adolescente conta. O que você coloca na bagagem dele vai compensar. Portanto, não encha as malas dele com coisas sem valor como negócios, atividades e o que todo mundo acha que você deveria estar fazendo. Como um velho pescador me disse: "Não dê o peixe. Ensine a pescar".

Esta manhã, quando deixei Lauren na escola, e ela disse:

— Tchau, pai, eu amo você.

— Não, querida — eu disse suavemente — eu é que amo você.

Quando fui embora, sabia que ela se sairia bem, independentemente do que a vida lançasse em seu caminho.

E é o mesmo com meus outros filhos.

E será assim com os seus também.

A JOGADA VENCEDORA
E o vencedor é... tanto você como seu adolescente.

A contagem regressiva para transformar seu adolescente até sexta

10. Pense o melhor, espere o melhor, fale o melhor.
9. Estabeleça igualdade, mas com papéis variáveis.
8. Mantenha a bola na quadra certa.
7. Priorize: casa, escola e outras coisas, nessa ordem.
6. Fale a verdade em amor.
5. Seja um parceiro, mas não se intrometa.
4. Deixe a realidade fazer o trabalho em seu lugar.
3. Capriche no encorajamento.
2. Concentre-se no relacionamento e no coração de seu adolescente.
1. Tenha sempre em mente: vai passar.

Índice de tópicos de A a Z

Notas

Segunda-feira

[1]"Business Mission Statements", *The Community*. Disponível em: <https://www.stephencovey.com/mission-statements.php>. Acesso em: 3 de abr. de 2012.

[2]"Louis Pasteur Quotes", GoodReads. Disponível em: <http://www.goodreads.com/author/quotes/692216.Louis_Pasteur>. Acesso em: 3 de abr. de 2012.

Terça-feira

[1]"Young People Prefer Praise to Sex, Money", USAToday.com, 10 de jan. de 2011. Disponível em: <http://www.usatoday.com/yourlife/parenting-family/teen-ya/2011-01-08-selfesteem08_ST_N.htm>. Acesso em: 3 de abr. de 2012.

Quarta-feira

[1]Cynthia Tudor, David Petersen e Kirk Elifson, "An Examination of the Relationship between Peer and Parental Influences and Adolescent Drug Use", *Adolescence*, 1980, p. 795.

[2]US Department of Health and Human Services, *Mental Health: A Report of the Surgeon General*, 1999.

[3]Idem.

[4]Protagonista do programa de televisão norte-americano que leva seu nome, no qual ela resolve disputas propostas pelos telespectadores (N. do T.).

Sexta-feira

[1]Binyamin Appelbaum, David S. Hilzenrath e Amit R. Paley, "All Just One Big Lie", *The Washington Post*, 13 de dez. de 2008. Disponível em: <http://www.

washingtonpost.com/wp-dyn/content/article/2008/12/12/AR2008121203970.html?hpid=topnews>. Acesso em: 3 de abr. de 2012.

[2]Richard Nixon, presidente dos Estados Unidos de 1969 a 1974, envolveu-se em um escândalo de corrupção política no início dos anos 1970, conhecido como Caso Watergate. O autor se refere ao fato de Nixon ter negado sua participação até que as investigações comprovassem que ele realmente estava envolvido, o que acabou por levá-lo à renúncia do mandato. (N. do T.)

[3]Bill Clinton, presidente dos Estados Unidos de 1993 a 2001, teve sua credibilidade abalada por ter se envolvido sexualmente com uma estagiária da Casa Branca chamada Monica Lewinsky. Acusado, ele também negou e chegou até a ser julgado em um processo de *impeachment*. Clinton foi absolvido, mas comprovou-se que o caso era real. (N. do T.)

[4]Trecho baseado no texto de Provérbios 3.21; 4.5-6; 3.30-31; 3.13-15.

[5]Efésios 6.1, NBV.

[6]Efésios 6.3, NBV.

[7]Efésios 6.4, NBV.

[8]Jonnelle MARTE, "How to Give Children the Gift of Investing", *Arizona Daily Star*, 28 de nov. de 2010.

[9]Nos Estados Unidos, durante os dois primeiros anos da graduação, os alunos cursam disciplinas de conhecimento geral. É só a partir do terceiro ano que o aluno irá cursar as disciplinas específicas do curso que escolher. (N. do T.)

[10]Terry CATER, notícia de lançamento, 3 de nov. 2011, extraído do livro da dra. Louann BRIZENDINE, *The Male Brain: A Breakthrough Understanding of How Men and Boys Think*.

Pergunte ao dr. Leman

[1]Premiado comediante da televisão norte-americana. (N. do T.)

[2]Canal de televisão norte-americano cuja programação inclui seriados novos e clássicos. (N. do T.)

[3]David P. PARKER, "Bulimia", *E Medicine Health*. Disponível em: <http://www.emedicinehealth.com/bulimia/article_em.htm>. Acesso em: 3 de abr. de 2012.

[4]Equipe da Clínica Mayo, "Self-Injury/Cutting: Definition", Mayo Clinic, 3 de ago. de 2010. Disponível em: <http://www.mayoclinic.com/health/self-injury/DS00775>. Acesso em: 3 de abr. de 2012.

[5]Idem. Disponível em: <http://www.mayoclinic.com/health/self-injury/DS00775/SECTION+symptoms>. Acesso em: 3 de abr. de 2012.

[6]Donald J. Franklin, PhD, "What Is a Depressive Disorder?", Psychology Information Online, 2003. Disponível em: <http://www.psychologyinfo.com/depression/description.html>. Acesso em: 3 de abr. de 2012.

[7]Thomas L. Friedman, "We Need Students Ready to Learn, Not to Text", *Arizona Daily Star*, 27 de nov. de 2010.

[8]"Pa. College Profs Report Texting Is Now No. 1 Distraction in Class", *Arizona Daily Star*, 27 de nov. de 2010.

[9]Mike Celizic, "Her Teen Committed Suicide over 'Sexting'", TODAYshow.com, 6 de mar. de 2009. Disponível em: <http://today.msnbc.msn.com/id/29546030/ns/today-parenting/>. Acesso em: 3 de abr. de 2012.

[10]Publicado no Brasil em 2011 sob o título *Mais velho, do meio ou caçula*, pela Editora Mundo Cristão. (N. do T.)

[11]Para os norte-americanos, *baby boomers* são a geração que nasceu após a Segunda Guerra Mundial, entre o final da década de 1940 e o início dos anos 1950. (N. do T.)

[12]No Brasil, o livro foi publicado com o título de *Mais velho, do meio ou caçula*, pela Editora Mundo Cristão. (N. do T.)

[13]"Facts on American Teens' Sexual and Reproductive Health", The Guttmacher Institute, jan. de 2011. Disponível em: <http://www.guttmacher.org/pubs/FB--ATSRH.html>. Acesso em: 3 de abr. de 2012.

[14]"Seventeen Is the Average Age at First Sexual Intercourse", NewsStrategist.com. Disponível em: <http://www.newstrategist.com/productdetails/Sex.SamplePgs.pdf>. Acesso em: 3 de abr. de 2012.

[15]Centers for Disease Control and Prevention, "Trends in Sexual Risk Behaviors among High School Students — United States, 1991–2001", *MMWR Weekly*, 27 de set. de 2002, p. 856–859. Disponível em: <http://www.cdc.gov/mmwr/preview/mmwrhtml/mm5138a2.htm>. Acesso em: 3 de abr. de 2012.

[16]"Suicide and Children", Healthy Place: America's Mental Health Channel, 7 de jan. de 2009. Disponível em: <http://www.healthyplace.com/depression/children/suicide-and-children/menu-id-68/>. Acesso em: 3 de abr. de 2012.

[17]"Suicide", *Teens Health*, nov. de 2010. Disponível em: <http://kidshealth.org/teen/your_mind/feeling_sad/suicide.html>. Acesso em: 3 de abr. de 2012.

[18]Craig Wilson, "Parents Worry about Toddlers' Tiny Fingers Itching for iPhones", *USA Today*, 8 de nov. de 2010.

[19]Idem.

Bibliografia

BRIZENDINE, Louann. *The Male Brain: A Breakthrough Understanding of How Men and Boys Think.* New York: Three Rivers Press, 2010.

CAMPBELL, Ross. *Como realmente amar seu filho adolescente.* São Paulo: Mundo Cristão, 2005.

LEMAN, Kevin. *Faça a cabeça de seus filhos sem perder a sua.* Rio de Janeiro: Alta Books, 2004.

______. *Mais velho, do meio ou caçula.* São Paulo: Mundo Cristão, 2011.

______. *Running the Rapids.* Wheaton: Tyndale House Publishers, 2005.

______. *Transforme seu filho até sexta.* São Paulo: Mundo Cristão, 2009.

______. *Transforme seu marido até sexta.* São Paulo: Mundo Cristão, 2009.

______. BELL, Kathy Flores. *A Chicken's Guide to Talking Turkey with Your Kids about Sex.* Grand Rapids: Zondervan, 2004.

ROSEMOND, John. *Parenting by the Book: Biblical Wisdom for Raising Your Child.* New York: Howard Books, 2007.

______. *Teen-Proofing: A Revolutionary Approach to Fostering Responsible Decision Making in Your Teenager.* Kansas City: Andrews McMeel Publishing, 2001.

Compartilhe suas impressões de leitura escrevendo para:
opiniao-do-leitor@mundocristao.com.br
Acesse nosso *site*: www.mundocristao.com.br

Preparação: Daila Fanny
Revisão: Luciana Chagas
Diagramação: Assisnet Design Gráfico
Fonte: Adobe Garamond Pro e Square721 BT
Papel: Pólen Soft 80 g/m² (miolo)
Cartão 250 g/m² (capa)